T&P BOOKS

ARABO
VOCABOLARIO

PER STUDIO AUTODIDATTICO

ITALIANO – ARABO

Le parole più utili
Per ampliare il proprio lessico e affinare
le proprie abilità linguistiche

9000 parole

Vocabolario Italiano-Arabo per studio autodidattico - 9000 parole

Di Andrey Taranov

I vocabolari T&P Books si propongono come strumento di aiuto per apprendere, memorizzare e revisionare l'uso di termini stranieri. Il dizionario si divide in vari argomenti che includono la maggior parte delle attività quotidiane, tra cui affari, scienza, cultura, ecc.

Il processo di apprendimento delle parole attraverso i dizionari divisi in liste tematiche della collana T&P Books offre i seguenti vantaggi:

- Le fonti d'informazione correttamente raggruppate garantiscono un buon risultato nella memorizzazione delle parole
- La possibilità di memorizzare gruppi di parole con la stessa radice (piuttosto che memorizzarle separatamente)
- Piccoli gruppi di parole facilitano il processo di apprendimento per associazione, utile al potenziamento lessicale
- Il livello di conoscenza della lingua può essere valutato attraverso il numero di parole apprese

T&P Books Publishing
www.tpbooks.com

ISBN: 978-1-78716-745-2

Questo libro è disponibile anche in formato e-book.
Visitate il sito www.tpbooks.com o le principali librerie online.

VOCABOLARIO ARABO
per studio autodidattico

I vocabolari T&P Books si propongono come strumento di aiuto per apprendere, memorizzare e revisionare l'uso di termini stranieri. Il vocabolario contiene oltre 9000 parole di uso comune ordinate per argomenti.

- Il vocabolario contiene le parole più comunemente usate
- È consigliato in aggiunta ad un corso di lingua
- Risponde alle esigenze degli studenti di lingue straniere sia essi principianti o di livello avanzato
- Pratico per un uso quotidiano, per gli esercizi di revisione e di autovalutazione
- Consente di valutare la conoscenza del proprio lessico

Caratteristiche specifiche del vocabolario:

- Le parole sono ordinate secondo il proprio significato e non alfabeticamente
- Le parole sono riportate in tre colonne diverse per facilitare il metodo di revisione e autovalutazione
- I gruppi di parole sono divisi in sottogruppi per facilitare il processo di apprendimento
- Il vocabolario offre una pratica e semplice trascrizione fonetica per ogni termine straniero

Il vocabolario contiene 256 argomenti tra cui:

Concetti di Base, Numeri, Colori, Mesi, Stagioni, Unità di Misura, Abbigliamento e Accessori, Cibo e Alimentazione, Ristorante, Membri della Famiglia, Parenti, Personalità, Sentimenti, Emozioni, Malattie, Città, Visita Turistica, Acquisti, Denaro, Casa, Ufficio, Lavoro d'Ufficio, Import-export, Marketing, Ricerca di un Lavoro, Sport, Istruzione, Computer, Internet, Utensili, Natura, Paesi, Nazionalità e altro ancora ...

INDICE

GUIDA ALLA PRONUNCIA

Alfabeto fonetico T&P	Esempio arabo	Esempio italiano
[a]	طفَّى [ṭaffa]	macchia
[ā]	إختار [iχtār]	scusare
[e]	هامبورجر [hamburger]	meno, leggere
[i]	زفاف [zifāf]	vittoria
[ī]	أبريل [abrīl]	scacchi
[u]	كلكتا [kalkutta]	prugno
[ū]	جاموس [ʒāmūs]	luccio
[b]	بداية [bidāya]	bianco
[d]	سعادة [saʿāda]	doccia
[ḍ]	وضع [waḍʿ]	[d] faringale
[ʒ]	الأرجنتين [arʒantīn]	beige
[ð]	تذكار [tiðkār]	[th] faringalizzato
[ẓ]	ظهر [ẓahar]	[z] faringale
[f]	خفيف [χafīf]	ferrovia
[g]	جولف [gūlf]	guerriero
[h]	إتّجاه [ittiʒāh]	[h] aspirate
[ḥ]	أحبّ [aḥabb]	[h] faringale
[y]	ذهبيّ [ðahabiy]	New York
[k]	كرسيّ [kursiy]	cometa
[l]	لمح [lamaḥ]	saluto
[m]	مرصد [marṣad]	mostra
[n]	جنوب [ʒanūb]	novanta
[p]	كابتشينو [kaputʃīnu]	pieno
[q]	وثق [waθiq]	cometa
[r]	روح [rūḥ]	ritmo, raro
[s]	سخريّة [suχriyya]	sapere
[ṣ]	معصم [miʿṣam]	[s] faringale
[ʃ]	عشاء [ʿaʃāʾ]	ruscello
[t]	تنّوب [tannūb]	tattica
[ṭ]	خريطة [χarīṭa]	[t] faringale
[θ]	ماموث [mamūθ]	Toscana (dialetto toscano)
[v]	فيتنام [vitnām]	volare
[w]	ودّع [waddaʿ]	week-end
[χ]	بخيل [baχīl]	[h] dolce
[ɣ]	تغدّى [taɣadda]	simile gufo, gatto
[z]	ماعز [māʿiz]	rosa
[ʿ] (ayn)	سبعة [sabʿa]	fricativa faringale sonora
[ʾ] (hamza)	سأل [saʾal]	occlusiva glottidale sorda

ABBREVIAZIONI
usate nel vocabolario

Arabo. Abbreviazioni

du	-	sostantivo plurale (duale)
f	-	sostantivo femminile
m	-	sostantivo maschile
pl	-	plurale

Italiano. Abbreviazioni

agg	-	aggettivo
anim.	-	animato
avv	-	avverbio
cong	-	congiunzione
ecc.	-	eccetera
f	-	sostantivo femminile
f pl	-	femminile plurale
fem.	-	femminile
form.	-	formale
inanim.	-	inanimato
inform.	-	familiare
m	-	sostantivo maschile
m pl	-	maschile plurale
m, f	-	maschile, femminile
masc.	-	maschile
mil.	-	militare
pl	-	plurale
pron	-	pronome
qc	-	qualcosa
qn	-	qualcuno
sing.	-	singolare
v aus	-	verbo ausiliare
vi	-	verbo intransitivo
vi, vt	-	verbo intransitivo, transitivo
vr	-	verbo riflessivo
vt	-	verbo transitivo

CONCETTI DI BASE

Concetti di base. Parte 1

1. Pronomi

io	ana	أنا
tu (masc.)	anta	أنت
tu (fem.)	anti	أنت
lui	huwa	هو
lei	hiya	هي
noi	naḥnu	نحن
voi	antum	أنتم
loro	hum	هم

2. Saluti. Convenevoli. Saluti di congedo

Buongiorno!	as salāmu ʿalaykum!	السلام عليكم!
Buongiorno! (la mattina)	ṣabāḥ al χayr!	صباح الخير!
Buon pomeriggio!	nahārak saʿīd!	نهارك سعيد!
Buonasera!	masāʾ al χayr!	مساء الخير!
salutare (vt)	sallam	سلّم
Ciao! Salve!	salām!	سلام!
saluto (m)	salām (m)	سلام
salutare (vt)	sallam ʿala	سلّم على
Come sta? Come stai?	kayfa ḥāluka?	كيف حالك؟
Che c'è di nuovo?	ma aχbārak?	ما أخبارك؟
Arrivederci!	maʿ as salāma!	مع السلامة!
A presto!	ilal liqāʾ!	إلى اللقاء!
Addio!	maʿ as salāma!	مع السلامة!
congedarsi (vr)	waddaʿ	ودّع
Ciao! (A presto!)	bay bay!	باي باي!
Grazie!	ʃukran!	شكرًا!
Grazie mille!	ʃukran ʒazīlan!	شكرًا جزيلًا!
Prego	ʿafwan	عفوا
Non c'è di che!	la ʃukr ʿala wāʒib	لا شكر على واجب
Di niente	al ʿafw	العفو
Scusa!	ʿan iðnak!	عن أذنك!
Scusi!	ʿafwan!	عفوًا!
scusare (vt)	ʿaðar	عذر
scusarsi (vr)	iʿtaðar	إعتذر
Chiedo scusa	ana ʾāsif	أنا آسف

Mi perdoni!	la tu'āχiðni!	لا تؤاخذني!
perdonare (vt)	'afa	عفا
per favore	min faḍlak	من فضلك

Non dimentichi!	la tansa!	لا تنس!
Certamente!	ṭab'an!	طبعًا!
Certamente no!	abadan!	أبدًا!!
D'accordo!	ittafaqna!	إتّفقنا!
Basta!	kifāya!	كفاية!

3. Come rivolgersi

signore	ya sayyid	يا سيّد
signora	ya sayyida	يا سيدة
signorina	ya 'ānisa	يا آنسة
signore	ya ustāð	يا أستاذ
ragazzo	ya bni	يا بني
ragazza	ya binti	يا بنتي

4. Numeri cardinali. Parte 1

zero (m)	ṣifr	صفر
uno	wāḥid	واحد
una	wāḥida	واحدة
due	iθnān	إثنان
tre	θalāθa	ثلاثة
quattro	arba'a	أربعة

cinque	χamsa	خمسة
sei	sitta	ستّة
sette	sab'a	سبعة
otto	θamāniya	ثمانية
nove	tis'a	تسعة

dieci	'aʃara	عشرة
undici	aḥad 'aʃar	أحد عشر
dodici	iθnā 'aʃar	إثنا عشر
tredici	θalāθat 'aʃar	ثلاثة عشر
quattordici	arba'at 'aʃar	أربعة عشر

quindici	χamsat 'aʃar	خمسة عشر
sedici	sittat 'aʃar	ستّة عشر
diciassette	sab'at 'aʃar	سبعة عشر
diciotto	θamāniyat 'aʃar	ثمانية عشر
diciannove	tis'at 'aʃar	تسعة عشر

venti	'iʃrūn	عشرون
ventuno	wāḥid wa 'iʃrūn	واحد وعشرون
ventidue	iθnān wa 'iʃrūn	إثنان وعشرون
ventitre	θalāθa wa 'iʃrūn	ثلاثة وعشرون
trenta	θalāθīn	ثلاثون
trentuno	wāḥid wa θalāθūn	واحد وثلاثون

trentadue	iθnān wa θalāθūn	إثنان وثلاثون
trentatre	θalāθa wa θalāθūn	ثلاثة وثلاثون
quaranta	arba'ūn	أربعون
quarantuno	wāḥid wa arba'ūn	واحد وأربعون
quarantadue	iθnān wa arba'ūn	إثنان وأربعون
quarantatre	θalāθa wa arba'ūn	ثلاثة وأربعون
cinquanta	χamsūn	خمسون
cinquantuno	wāḥid wa χamsūn	واحد وخمسون
cinquantadue	iθnān wa χamsūn	إثنان وخمسون
cinquantatre	θalāθa wa χamsūn	ثلاثة وخمسون
sessanta	sittūn	ستّون
sessantuno	wāḥid wa sittūn	واحد وستّون
sessantadue	iθnān wa sittūn	إثنان وستّون
sessantatre	θalāθa wa sittūn	ثلاثة وستّون
settanta	sab'ūn	سبعون
settantuno	wāḥid wa sab'ūn	واحد وسبعون
settantadue	iθnān wa sab'ūn	إثنان وسبعون
settantatre	θalāθa wa sab'ūn	ثلاثة وسبعون
ottanta	θamānūn	ثمانون
ottantuno	wāḥid wa θamānūn	واحد وثمانون
ottantadue	iθnān wa θamānūn	إثنان وثمانون
ottantatre	θalāθa wa θamānūn	ثلاثة وثمانون
novanta	tis'ūn	تسعون
novantuno	wāḥid wa tis'ūn	واحد وتسعون
novantadue	iθnān wa tis'ūn	إثنان وتسعون
novantatre	θalāθa wa tis'ūn	ثلاثة وتسعون

5. Numeri cardinali. Parte 2

cento	mi'a	مائة
duecento	mi'atān	مائتان
trecento	θalāθumi'a	ثلاثمائة
quattrocento	rub'umi'a	أربعمائة
cinquecento	χamsumi'a	خمسمائة
seicento	sittumi'a	ستّمائة
settecento	sab'umi'a	سبعمائة
ottocento	θamānimi'a	ثمانمائة
novecento	tis'umi'a	تسعمائة
mille	alf	ألف
duemila	alfān	ألفان
tremila	θalāθat 'ālāf	ثلاثة آلاف
diecimila	'aʃarat 'ālāf	عشرة آلاف
centomila	mi'at alf	مائة ألف
milione (m)	milyūn (m)	مليون
miliardo (m)	milyār (m)	مليار

6. Numeri ordinali

primo	awwal	أوّل
secondo	θāni	ثان
terzo	θāliθ	ثالث
quarto	rābiʿ	رابع
quinto	χāmis	خامس
sesto	sādis	سادس
settimo	sābiʿ	سابع
ottavo	θāmin	ثامن
nono	tāsiʿ	تاسع
decimo	ʿāʃir	عاشر

7. Numeri. Frazioni

frazione (f)	kasr (m)	كسر
un mezzo	niṣf	نصف
un terzo	θulθ	ثلث
un quarto	rubʿ	ربع
un ottavo	θumn	ثمن
un decimo	ʿuʃr	عشر
due terzi	θulθān	ثلثان
tre quarti	talātit arbāʿ	ثلاثة أرباع

8. Numeri. Operazioni aritmetiche di base

sottrazione (f)	ṭarḥ (m)	طرح
sottrarre (vt)	ṭaraḥ	طرح
divisione (f)	qisma (f)	قسمة
dividere (vt)	qasam	قسم
addizione (f)	ʒamʿ (m)	جمع
addizionare (vt)	ʒamaʿ	جمع
aggiungere (vt)	ʒamaʿ	جمع
moltiplicazione (f)	ḍarb (m)	ضرب
moltiplicare (vt)	ḍarab	ضرب

9. Numeri. Varie

cifra (f)	raqm (m)	رقم
numero (m)	ʿadad (m)	عدد
numerale (m)	ism al ʿadad (m)	إسم العدد
meno (m)	nāqiṣ (m)	ناقص
più (m)	zāʾid (m)	زائد
formula (f)	ṣīɣa (f)	صيغة
calcolo (m)	ḥisāb (m)	حساب
contare (vt)	ʿadd	عدّ

| calcolare (vt) | ḥasab | حسب |
| comparare (vt) | qāran | قارن |

Quanto? Quanti?	kam?	كم؟
somma (f)	maʒmū‘ (m)	مجموع
risultato (m)	natīʒa (f)	نتيجة
resto (m)	al bāqi (m)	الباقي

qualche ...	‘iddat	عدّة
un po' di ...	qalīl	قليل
resto (m)	al bāqi (m)	الباقي
uno e mezzo	wāḥid wa niṣf (m)	واحد ونصف
dozzina (f)	iθnā ‘aʃar (f)	إثنا عشر

in due	ila ʃaṭrayn	إلى شطرين
in parti uguali	bit tasāwi	بالتساوى
metà (f), mezzo (m)	niṣf (m)	نصف
volta (f)	marra (f)	مرّة

10. I verbi più importanti. Parte 1

accorgersi (vr)	lāḥaz	لاحظ
afferrare (vt)	amsak	أمسك
affittare (dare in affitto)	ista’ʒar	إستأجر
aiutare (vt)	sā‘ad	ساعد
amare (qn)	aḥabb	أحبّ

andare (camminare)	maʃa	مشى
annotare (vt)	katab	كتب
appartenere (vi)	xaṣṣ	خصّ
aprire (vt)	fataḥ	فتح
arrivare (vi)	waṣal	وصل
aspettare (vt)	intazar	إنتظر

avere (vt)	malak	ملك
avere fame	arād an ya’kul	أراد أن يأكل
avere fretta	ista‘ʒal	إستعجل

avere paura	xāf	خاف
avere sete	arād an yaʃrab	أراد أن يشرب
avvertire (vt)	ḥaððar	حذّر
cacciare (vt)	iṣṭād	إصطاد
cadere (vi)	saqaṭ	سقط

cambiare (vt)	ɣayyar	غيّر
capire (vt)	fahim	فهم
cenare (vi)	ta‘aʃʃa	تعشى
cercare (vt)	baḥaθ	بحث
cessare (vt)	tawaqqaf	توقّف
chiedere (~ aiuto)	istaɣāθ	إستغاث

chiedere (domandare)	sa’al	سأل
cominciare (vt)	bada’	بدأ
comparare (vt)	qāran	قارن

confondere (vt)	iχtalaṭ	إختلط
conoscere (qn)	'araf	عرف
conservare (vt)	ḥafaẓ	حفظ
consigliare (vt)	naṣaḥ	نصح
contare (calcolare)	'add	عدّ
contare su ...	i'tamad 'ala ...	إعتمد على...
continuare (vt)	istamarr	إستمرّ
controllare (vt)	taḥakkam	تحكّم
correre (vi)	ʒara	جرى
costare (vt)	kallaf	كلّف
creare (vt)	χalaq	خلق
cucinare (vi)	ḥaḍḍar	حضّر

11. I verbi più importanti. Parte 2

dare (vt)	a'ṭa	أعطى
dare un suggerimento	a'ṭa talmīḥ	أعطى تلميحًا
decorare (adornare)	zayyan	زيّن
difendere (~ un paese)	dāfa'	دافع
dimenticare (vt)	nasiy	نسي
dire (~ la verità)	qāl	قال
dirigere (compagnia, ecc.)	adār	أدار
discutere (vt)	nāqaʃ	ناقش
domandare (vt)	ṭalab	طلب
dubitare (vi)	ʃakk fi	شكّ في
entrare (vi)	daχal	دخل
esigere (vt)	ṭālib	طالب
esistere (vi)	kān mawʒūd	كان موجودًا
essere (vi)	kān	كان
essere d'accordo	ittafaq	إتّفق
fare (vt)	'amal	عمل
fare colazione	afṭar	أفطر
fare il bagno	sabaḥ	سبح
fermarsi (vr)	waqaf	وقف
fidarsi (vr)	waθiq	وثق
finire (vt)	atamm	أتمّ
firmare (~ un documento)	waqqa'	وقّع
giocare (vi)	la'ib	لعب
girare (~ a destra)	in'aṭaf	إنعطف
gridare (vi)	ṣaraχ	صرخ
indovinare (vt)	χamman	خمّن
informare (vt)	aχbar	أخبر
ingannare (vt)	χada'	خدع
insistere (vi)	aṣarr	أصرّ
insultare (vt)	ahān	أهان
interessarsi di ...	ihtamm	إهتمّ

invitare (vt)	da'a	دعا
lamentarsi (vr)	ʃaka	شكا
lasciar cadere	awqa'	أوقع
lavorare (vi)	'amal	عمل
leggere (vi, vt)	qara'	قرأ
liberare (vt)	ḥarrar	حرّر

12. I verbi più importanti. Parte 3

mancare le lezioni	ɣāb	غاب
mandare (vt)	arsal	أرسل
menzionare (vt)	ðakar	ذكر
minacciare (vt)	haddad	هدّد
mostrare (vt)	'araḍ	عرض
nascondere (vt)	χaba'	خبأ
nuotare (vi)	sabaḥ	سبح
obiettare (vt)	i'taraḍ	إعترض
occorrere (vimp)	kān maṭlūb	كان مطلوبا
ordinare (~ il pranzo)	ṭalab	طلب
ordinare (mil.)	amar	أمر
osservare (vt)	rāqab	راقب
pagare (vi, vt)	dafa'	دفع
parlare (vi, vt)	takallam	تكلّم
partecipare (vi)	iʃtarak	إشترك
pensare (vi, vt)	ẓann	ظنّ
perdonare (vt)	'afa	عفا
permettere (vt)	raχχaṣ	رخّص
piacere (vi)	a'ʒab	أعجب
piangere (vi)	baka	بكى
pianificare (vt)	χaṭṭaṭ	خطّط
possedere (vt)	malak	ملك
potere (v aus)	istaṭā'	إستطاع
pranzare (vi)	taɣadda	تغدّى
preferire (vt)	faḍḍal	فضّل
pregare (vi, vt)	ṣalla	صلّى
prendere (vt)	aχað	أخذ
prevedere (vt)	tanabba'	تنبّأ
promettere (vt)	wa'ad	وعد
pronunciare (vt)	naṭaq	نطق
proporre (vt)	iqtaraḥ	إقترح
punire (vt)	'āqab	عاقب
raccomandare (vt)	naṣaḥ	نصح
ridere (vi)	ḍaḥik	ضحك
rifiutarsi (vr)	rafaḍ	رفض
rincrescere (vi)	nadim	ندم
ripetere (ridire)	karrar	كرّر
riservare (vt)	ḥaʒaz	حجز

rispondere (vi, vt)	aӡāb	أجاب
rompere (spaccare)	kasar	كسر
rubare (~ i soldi)	saraq	سرق

13. I verbi più importanti. Parte 4

salvare (~ la vita a qn)	anqað	أنقذ
sapere (vt)	'araf	عرف
sbagliare (vi)	aҳṭa'	أخطأ
scavare (vt)	ḥafar	حفر
scegliere (vt)	iҳtār	إختار

scendere (vi)	nazil	نزل
scherzare (vi)	mazaḥ	مزح
scrivere (vt)	katab	كتب
scusarsi (vr)	i'taðar	إعتذر

sedersi (vr)	ӡalas	جلس
seguire (vt)	taba'	تبع
sgridare (vt)	wabbaҳ	وبخ
significare (vt)	'ana	عنى
sorridere (vi)	ibtasam	إبتسم

sottovalutare (vt)	istaҳaff	إستخفّ
sparare (vi)	aṭlaq an nār	أطلق النار
sperare (vi, vt)	tamanna	تمنى
spiegare (vt)	ʃaraḥ	شرح
studiare (vt)	daras	درس

stupirsi (vr)	indahaʃ	إندهش
tacere (vi)	sakat	سكت
tentare (vt)	ḥāwal	حاول
toccare (~ con le mani)	lamas	لمس
tradurre (vt)	tarӡam	ترجم

trovare (vt)	waӡad	وجد
uccidere (vt)	qatal	قتل
udire (percepire suoni)	sami'	سمِع
unire (vt)	waḥḥad	وحّد
uscire (vi)	ҳaraӡ	خرج

vantarsi (vr)	tabāha	تباهى
vedere (vt)	ra'a	رأى
vendere (vt)	bā'	باع
volare (vi)	ṭār	طار
volere (desiderare)	arād	أراد

14. Colori

colore (m)	lawn (m)	لون
sfumatura (f)	daraӡat al lawn (m)	درجة اللون
tono (m)	ṣabҳit lūn (f)	لون

arcobaleno (m)	qaws quzaḥ (m)	قوس قزح
bianco (agg)	abyaḍ	أبيض
nero (agg)	aswad	أسود
grigio (agg)	ramādiy	رماديّ

verde (agg)	axḍar	أخضر
giallo (agg)	aṣfar	أصفر
rosso (agg)	aḥmar	أحمر

blu (agg)	azraq	أزرق
azzurro (agg)	azraq fātiḥ	أزرق فاتح
rosa (agg)	wardiy	ورديّ
arancione (agg)	burtuqāliy	برتقاليّ
violetto (agg)	banafsaʒiy	بنفسجي
marrone (agg)	bunniy	بنّيّ

| d'oro (agg) | ðahabiy | ذهبيّ |
| argenteo (agg) | fiḍḍiy | فضيّ |

beige (agg)	bɛ:ʒ	بيج
color crema (agg)	'āʒiy	عاجي
turchese (agg)	fayrūziy	فيروزيّ
rosso ciliegia (agg)	karaziy	كرزيّ
lilla (agg)	laylakiy	ليلكيّ
rosso lampone (agg)	qirmiziy	قرمزيّ

chiaro (agg)	fātiḥ	فاتح
scuro (agg)	ɣāmiq	غامق
vivo, vivido (agg)	zāhi	زاه

colorato (agg)	mulawwan	ملوّن
a colori	mulawwan	ملوّن
bianco e nero (agg)	abyaḍ wa aswad	أبيض وأسود
in tinta unita	waḥīd al lawn, sāda	وحيد اللون، سادة
multicolore (agg)	muta'addid al alwān	متعدّد الألوان

15. Domande

Chi?	man?	من؟
Che cosa?	māða?	ماذا؟
Dove? (in che luogo?)	ayna?	أين؟
Dove? (~ vai?)	ila ayna?	إلى أين؟
Di dove?, Da dove?	min ayna?	من أين؟
Quando?	mata?	متى؟
Perché? (per quale scopo?)	li māða?	لماذا؟
Perché? (per quale ragione?)	li māða?	لماذا؟

Per che cosa?	li māða?	لماذا؟
Come?	kayfa?	كيف؟
Che? (~ colore è?)	ay?	أيّ؟
Quale?	ay?	أيّ؟

| A chi? | li man? | لمن؟ |
| Di chi? | 'amman? | عمّن؟ |

| Di che cosa? | 'amma? | عمّا؟ |
| Con chi? | ma' man? | مع من؟ |

| Quanti?, Quanto? | kam? | كم؟ |
| Di chi? | li man? | لمن؟ |

16. Preposizioni

con (tè ~ il latte)	ma'	مع
senza	bi dūn	بدون
a (andare ~ ...)	ila	إلى
di (parlare ~ ...)	'an	عن
prima di ...	qabl	قبل
di fronte a ...	amām	أمام

sotto (avv)	taḥt	تحت
sopra (al di ~)	fawq	فوق
su (sul tavolo, ecc.)	'ala	على
da, di (via da ..., fuori di ...)	min	من
di (fatto ~ cartone)	min	من

| fra (~ dieci minuti) | ba'd | بعد |
| attraverso (dall'altra parte) | 'abr | عبر |

17. Parole grammaticali. Avverbi. Parte 1

Dove?	ayna?	أين؟
qui (in questo luogo)	huna	هنا
lì (in quel luogo)	hunāk	هناك

| da qualche parte (essere ~) | fi makānin ma | في مكان ما |
| da nessuna parte | la fi ay makān | لا في أي مكان |

| vicino a ... | bi ʒānib | بجانب |
| vicino alla finestra | bi ʒānib aʃ ʃubbāk | بجانب الشبّاك |

Dove?	ila ayna?	إلى أين؟
qui (vieni ~)	huna	هنا
ci (~ vado stasera)	hunāk	هناك
da qui	min huna	من هنا
da lì	min hunāk	من هناك

| vicino, accanto (avv) | qarīban | قريبًا |
| lontano (avv) | ba'īdan | بعيدًا |

vicino (~ a Parigi)	'ind	عند
vicino (qui ~)	qarīban	قريبًا
non lontano	ɣayr ba'īd	غير بعيد

sinistro (agg)	al yasār	اليسار
a sinistra (rimanere ~)	'alaʃ ʃimāl	على الشمال
a sinistra (girare ~)	ilaʃ ʃimāl	إلى الشمال

destro (agg)	al yamīn	اليمين
a destra (rimanere ~)	'alal yamīn	على اليمين
a destra (girare ~)	Ilal yamīn	إلى اليمين
davanti	min al amām	من الأمام
anteriore (agg)	amāmiy	أمامي
avanti	ilal amām	إلى الأمام
dietro (avv)	warā'	وراء
da dietro	min al warā'	من الوراء
indietro	ilal warā'	إلى الوراء
mezzo (m), centro (m)	wasaṭ (m)	وسط
in mezzo, al centro	fil wasat	في الوسط
di fianco	bi ʒānib	بجانب
dappertutto	fi kull makān	في كل مكان
attorno	ḥawl	حول
da dentro	min ad dāχil	من الداخل
da qualche parte (andare ~)	ila ayy makān	إلى أيّ مكان
dritto (direttamente)	bi aqṣar ṭarīq	بأقصر طريق
indietro	'īyāban	إيابًا
da qualsiasi parte	min ayy makān	من أي مكان
da qualche posto (veniamo ~)	min makānin ma	من مكان ما
in primo luogo	awwalan	أوَّلًا
in secondo luogo	θāniyan	ثانيًا
in terzo luogo	θāliθan	ثالثًا
all'improvviso	faʒ'a	فجأة
all'inizio	fil bidāya	في البداية
per la prima volta	li 'awwal marra	لأوَّل مرّة
molto tempo prima di…	qabl … bi mudda ṭawīla	قبل...بمدّة طويلة
di nuovo	min ʒadīd	من جديد
per sempre	ilal abad	إلى الأبد
mai	abadan	أبدًا
ancora	min ʒadīd	من جديد
adesso	al 'ān	الآن
spesso (avv)	kaθīran	كثيرًا
allora	fi ðalika al waqt	في ذلك الوقت
urgentemente	'āʒilan	عاجلًا
di solito	kal 'āda	كالعادة
a proposito, …	'ala fikra …	على فكرة...
è possibile	min al mumkin	من الممكن
probabilmente	la'alla	لعلّ
forse	min al mumkin	من الممكن
inoltre …	bil iḍāfa ila ðalik …	بالإضافة إلى...
ecco perché …	li ðalik	لذلك
nonostante (~ tutto)	bir raɣm min …	بالرغم من...
grazie a …	bi faḍl …	بفضل...
che cosa (pron)	allaði	الذي

che (cong)	anna	أنَّ
qualcosa (qualsiasi cosa)	ʃay' (m)	شيء
qualcosa (le serve ~?)	ʃay' (m)	شيء
niente	la ʃay'	لا شيء
chi (pron)	allaði	الذي
qualcuno (annuire a ~)	aḥad	أحد
qualcuno (dipendere da ~)	aḥad	أحد
nessuno	la aḥad	لا أحد
da nessuna parte	la ila ay makān	لا إلى أي مكان
di nessuno	la yaχuṣṣ aḥad	لا يخص أحدًا
di qualcuno	li aḥad	لأحد
così (era ~ arrabbiato)	hakaða	هكذا
anche (penso ~ a ...)	kaðalika	كذلك
anche, pure	ayḍan	أيضًا

18. Parole grammaticali. Avverbi. Parte 2

Perché?	li māða?	لماذا؟
per qualche ragione	li sababin ma	لسبب ما
perché ...	li'anna ...	لأنَّ...
per qualche motivo	li amr mā	لأمر ما
e (cong)	wa	و
o (sì ~ no?)	aw	أو
ma (però)	lakin	لكن
per (~ me)	li	لـ
troppo	kaθīran ʒiddan	كثير جدًا
solo (avv)	faqaṭ	فقط
esattamente	biḍ ḍabṭ	بالضبط
circa (~ 10 dollari)	naḥw	نحو
approssimativamente	taqrīban	تقريبًا
approssimativo (agg)	taqrībiy	تقريبيّ
quasi	taqrīban	تقريبًا
resto	al bāqi (m)	الباقي
ogni (agg)	kull	كلّ
qualsiasi (agg)	ayy	أيّ
molti, molto	kaθīr	كثير
molta gente	kaθīr min an nās	كثير من الناس
tutto, tutti	kull an nās	كل الناس
in cambio di ...	muqābil ...	مقابل...
in cambio	muqābil	مقابل
a mano (fatto ~)	bil yad	باليد
poco probabile	hayhāt	هيهات
probabilmente	la'alla	لعلّ
apposta	qaṣdan	قصدا
per caso	ṣudfa	صدفة

molto (avv)	ʒiddan	جدًا
per esempio	maθalan	مثلًا
fra (~ due)	bayn	بين
fra (~ più di due)	bayn	بين
tanto (quantità)	haðihi al kammiyya	هذه الكمية
soprattutto	χāṣṣa	خاصّة

Concetti di base. Parte 2

19. Giorni della settimana

lunedì (m)	yawm al iθnayn (m)	يوم الإثنين
martedì (m)	yawm aθ θulāθā' (m)	يوم الثلاثاء
mercoledì (m)	yawm al arbi'ā' (m)	يوم الأربعاء
giovedì (m)	yawm al χamīs (m)	يوم الخميس
venerdì (m)	yawm al ʒum'a (m)	يوم الجمعة
sabato (m)	yawm as sabt (m)	يوم السبت
domenica (f)	yawm al aḥad (m)	يوم الأحد
oggi (avv)	al yawm	اليوم
domani	γadan	غدًا
dopodomani	ba'd γad	بعد غد
ieri (avv)	ams	أمس
l'altro ieri	awwal ams	أوّل أمس
giorno (m)	yawm (m)	يوم
giorno (m) lavorativo	yawm 'amal (m)	يوم عمل
giorno (m) festivo	yawm al 'uṭla ar rasmiyya (m)	يوم العطلة الرسمية
giorno (m) di riposo	yawm 'uṭla (m)	يوم عطلة
fine (m) settimana	ayyām al 'uṭla (pl)	أيام العطلة
tutto il giorno	ṭūl al yawm	طول اليوم
l'indomani	fil yawm at tāli	في اليوم التالي
due giorni fa	min yawmayn	قبل يومين
il giorno prima	fil yawm as sābiq	في اليوم السابق
quotidiano (agg)	yawmiy	يومي
ogni giorno	yawmiyyan	يوميًا
settimana (f)	usbū' (m)	أسبوع
la settimana scorsa	fil isbū' al māḍi	في الأسبوع الماضي
la settimana prossima	fil isbū' al qādim	في الأسبوع القادم
settimanale (agg)	usbū'iy	أسبوعي
ogni settimana	usbū'iyyan	أسبوعيًا
due volte alla settimana	marratayn fil usbū'	مرّتين في الأسبوع
ogni martedì	kull yawm aθ θulaθā'	كل يوم الثلاثاء

20. Ore. Giorno e notte

mattina (f)	ṣabāḥ (m)	صباح
di mattina	fiṣ ṣabāḥ	في الصباح
mezzogiorno (m)	ẓuhr (m)	ظهر
nel pomeriggio	ba'd aẓ ẓuhr	بعد الظهر
sera (f)	masā' (m)	مساء
di sera	fil masā'	في المساء

notte (f)	layl (m)	ليل
di notte	bil layl	بالليل
mezzanotte (f)	muntaṣif al layl (m)	منتصف الليل

secondo (m)	θāniya (f)	ثانية
minuto (m)	daqīqa (f)	دقيقة
ora (f)	sā'a (f)	ساعة
mezzora (f)	niṣf sā'a (m)	نصف ساعة
un quarto d'ora	rub' sā'a (f)	ربع ساعة
quindici minuti	xamsat 'aʃar daqīqa	خمس عشرة دقيقة
ventiquattro ore	yawm kāmil (m)	يوم كامل

levata (f) del sole	ʃurūq aʃ ʃams (m)	شروق الشمس
alba (f)	faʒr (m)	فجر
mattutino (m)	ṣabāḥ bākir (m)	صباح باكر
tramonto (m)	ɣurūb aʃ ʃams (m)	غروب الشمس

di buon mattino	fis ṣabāḥ al bākir	في الصباح الباكر
stamattina	al yawm fiṣ ṣabāḥ	اليوم في الصباح
domattina	ɣadan fiṣ ṣabāḥ	غدًا في الصباح

oggi pomeriggio	al yawm ba'd aẓ ẓuhr	اليوم بعد الظهر
nel pomeriggio	ba'd aẓ ẓuhr	بعد الظهر
domani pomeriggio	ɣadan ba'd aẓ ẓuhr	غدًا بعد الظهر

| stasera | al yawm fil masā' | اليوم في المساء |
| domani sera | ɣadan fil masā' | غدًا في المساء |

alle tre precise	fis sā'a aθ θāliθa tamāman	في الساعة الثالثة تماما
verso le quattro	fis sā'a ar rābi'a taqrīban	في الساعة الرابعة تقريبا
per le dodici	ḥattas sā'a aθ θāniya 'aʃara	حتى الساعة الثانية عشرة
fra venti minuti	ba'd 'iʃrīn daqīqa	بعد عشرين دقيقة
fra un'ora	ba'd sā'a	بعد ساعة
puntualmente	fi maw'idih	في موعده

un quarto di …	illa rub'	إلا ربع
entro un'ora	ṭiwāl sā'a	طوال الساعة
ogni quindici minuti	kull rub' sā'a	كل ربع ساعة
giorno e notte	layl nahār	ليل نهار

21. Mesi. Stagioni

gennaio (m)	yanāyir (m)	يناير
febbraio (m)	fibrāyir (m)	فبراير
marzo (m)	māris (m)	مارس
aprile (m)	abrīl (m)	أبريل
maggio (m)	māyu (m)	مايو
giugno (m)	yūnyu (m)	يونيو

luglio (m)	yūlyu (m)	يوليو
agosto (m)	aɣusṭus (m)	أغسطس
settembre (m)	sibtambar (m)	سبتمبر
ottobre (m)	uktūbir (m)	أكتوبر
novembre (m)	nuvimbar (m)	نوفمبر

dicembre (m)	disimbar (m)	ديسمبر
primavera (f)	rabīˁ (m)	ربيع
in primavera	fir rabīˁ	في الربيع
primaverile (agg)	rabīˁiy	ربيعي
estate (f)	ṣayf (m)	صيف
in estate	fiṣ ṣayf	في الصيف
estivo (agg)	ṣayfiy	صيفي
autunno (m)	χarīf (m)	خريف
in autunno	fil χarīf	في الخريف
autunnale (agg)	χarīfiy	خريفيَ
inverno (m)	ʃitā' (m)	شتاء
in inverno	fiʃ ʃitā'	في الشتاء
invernale (agg)	ʃitawiy	شتويَ
mese (m)	ʃahr (m)	شهر
questo mese	fi haða aʃ ʃahr	في هذا الشهر
il mese prossimo	fiʃ ʃahr al qādim	في الشهر القادم
il mese scorso	fiʃ ʃahr al māḍi	في الشهر الماضي
un mese fa	qabl ʃahr	قبلَ شهر
fra un mese	baˁd ʃahr	بعد شهر
fra due mesi	baˁd ʃahrayn	بعد شهرين
un mese intero	ṭūl aʃ ʃahr	طول الشهر
per tutto il mese	ʃahr kāmil	شهر كامل
mensile (rivista ~)	ʃahriy	شهريَ
mensilmente	kull ʃahr	كل شهر
ogni mese	kull ʃahr	كل شهر
due volte al mese	marratayn fiʃ ʃahr	مرّتين في الشهر
anno (m)	sana (f)	سنة
quest'anno	fi haðihi as sana	في هذه السنة
l'anno prossimo	fis sana al qādima	في السنة القادمة
l'anno scorso	fis sana al māḍiya	في السنة الماضية
un anno fa	qabla sana	قبل سنة
fra un anno	baˁd sana	بعد سنة
fra due anni	baˁd sanatayn	بعد سنتين
un anno intero	ṭūl as sana	طول السنة
per tutto l'anno	sana kāmila	سنة كاملة
ogni anno	kull sana	كل سنة
annuale (agg)	sanawiy	سنويَ
annualmente	kull sana	كل سنة
quattro volte all'anno	arbaˁ marrāt fis sana	أربع مرّات في السنة
data (f) (~ di oggi)	tarīχ (m)	تاريخ
data (f) (~ di nascita)	tarīχ (m)	تاريخ
calendario (m)	taqwīm (m)	تقويم
mezz'anno (m)	niṣf sana (m)	نصف سنة
semestre (m)	niṣf sana (m)	نصف سنة
stagione (f) (estate, ecc.)	faṣl (m)	فصل
secolo (m)	qarn (m)	قرن

22. Orario. Varie

tempo (m)	waqt (m)	وقت
istante (m)	laḥẓa (f)	لحظة
momento (m)	laḥẓa (f)	لحظة
istantaneo (agg)	χāṭif	خاطف
periodo (m)	fatra (f)	فترة
vita (f)	ḥayāt (f)	حياة
eternità (f)	abadiyya (f)	أبديّة
epoca (f)	'ahd (m)	عهد
era (f)	'aṣr (m)	عصر
ciclo (m)	dawra (f)	دورة
periodo (m)	fatra (f)	فترة
scadenza (f)	fatra (f)	فترة
futuro (m)	al mustaqbal (m)	المستقبل
futuro (agg)	qādim	قادم
la prossima volta	fil marra al qādima	في المرّة القادمة
passato (m)	al māḍi (m)	الماضي
scorso (agg)	māḍi	ماض
la volta scorsa	fil marra al māḍiya	في المرّة الماضية
più tardi	fima ba'd	فيما بعد
dopo	ba'd	بعد
oggigiorno	fi haðihi al ayyām	في هذه الأيام
adesso, ora	al 'ān	الآن
immediatamente	ḥālan	حالًا
fra poco, presto	qarīban	قريبًا
in anticipo	muqaddaman	مقدّمًا
tanto tempo fa	min zamān	من زمان
di recente	min zaman qarīb	من زمان قريب
destino (m)	maṣīr (m)	مصير
ricordi (m pl)	ðikra (f)	ذكرى
archivio (m)	arʃīf (m)	أرشيف
durante ...	aθnā'...	...أثناء
a lungo	li mudda ṭawīla	لمدّة طويلة
per poco tempo	li mudda qaṣīra	لمدّة قصيرة
presto (al mattino ~)	bākiran	باكرًا
tardi (non presto)	muta'aχχiran	متأخّرًا
per sempre	lil abad	للأبد
cominciare (vt)	bada'	بدأ
posticipare (vt)	aʒʒal	أجّل
simultaneamente	fi nafs al waqt	في نفس الوقت
tutto il tempo	dā'iman	دائمًا
costante (agg)	mustamirr	مستمرّ
temporaneo (agg)	mu'aqqat	مؤقّت
a volte	min ḥīn li 'āχar	من حين لآخر
raramente	nādiran	نادرًا
spesso (avv)	kaθīran	كثيرًا

23. Contrari

Italiano	Traslitterazione	Arabo
ricco (agg)	ɣaniy	غنيّ
povero (agg)	faqīr	فقير
malato (agg)	marīḍ	مريض
sano (agg)	salīm	سليم
grande (agg)	kabīr	كبير
piccolo (agg)	ṣaɣīr	صغير
rapidamente	bi surʿa	بسرعة
lentamente	bi buṭ'	ببطء
veloce (agg)	sarīʿ	سريع
lento (agg)	batīʿ	بطيء
allegro (agg)	farḥān	فرحان
triste (agg)	ḥazīn	حزين
insieme	maʿan	معًا
separatamente	bi mufradih	بمفرده
ad alta voce (leggere ~)	bi ṣawt ʿāli	بصوت عال
in silenzio	sirran	سرًّا
alto (agg)	ʿāli	عال
basso (agg)	munχafiḍ	منخفض
profondo (agg)	ʿamīq	عميق
basso (agg)	ḍaḥl	ضحل
sì	naʿam	نعم
no	la	لا
lontano (agg)	baʿīd	بعيد
vicino (agg)	qarīb	قريب
lontano (avv)	baʿīdan	بعيدًا
vicino (avv)	qarīban	قريبًا
lungo (agg)	ṭawīl	طويل
corto (agg)	qaṣīr	قصير
buono (agg)	ṭayyib	طيّب
cattivo (agg)	ʃarīr	شرير
sposato (agg)	mutazawwiʒ	متزوّج
celibe (agg)	aʿzab	أعزب
vietare (vt)	manaʿ	منع
permettere (vt)	samaḥ	سمح
fine (f)	nihāya (f)	نهاية
inizio (m)	bidāya (f)	بداية

sinistro (agg)	al yasār	اليسار
destro (agg)	al yamīn	اليمين
primo (agg)	awwal	أوّل
ultimo (agg)	'āxir	آخر
delitto (m)	ʒarīma (f)	جريمة
punizione (f)	ʿuqūba (f), ʿiqāb (m)	عقوبة, عقاب
ordinare (vt)	amar	أمر
obbedire (vi)	ṭāʿ	طاع
dritto (agg)	mustaqīm	مستقيم
curvo (agg)	munḥani	منحن
paradiso (m)	al ʒanna (f)	الجنّة
inferno (m)	al ʒaḥīm (f)	الجحيم
nascere (vi)	wulid	وُلد
morire (vi)	māt	مات
forte (agg)	qawiy	قويّ
debole (agg)	ḍaʿīf	ضعيف
vecchio (agg)	ʿaʒūz	عجوز
giovane (agg)	ʃābb	شابّ
vecchio (agg)	qadīm	قديم
nuovo (agg)	ʒadīd	جديد
duro (agg)	ṣalb	صلب
morbido (agg)	ṭariy	طريّ
caldo (agg)	dāfiʾ	دافئ
freddo (agg)	bārid	بارد
grasso (agg)	θaxīn	ثخين
magro (agg)	naḥīf	نحيف
stretto (agg)	ḍayyiq	ضيّق
largo (agg)	wāsiʿ	واسع
buono (agg)	ʒayyid	جيّد
cattivo (agg)	sayyiʾ	سيئ
valoroso (agg)	ʃuʒāʿ	شجاع
codardo (agg)	ʒabān	جبان

24. Linee e forme

quadrato (m)	murabbaʿ (m)	مربّع
quadrato (agg)	murabbaʿ	مربّع
cerchio (m)	dāʾira (f)	دائرة
rotondo (agg)	mudawwar	مدوّر

triangolo (m)	muθallaθ (m)	مثلث
triangolare (agg)	muθallaθ	مثلث
ovale (m)	bayḍawiy (m)	بيضوي
ovale (agg)	bayḍawiy	بيضوي
rettangolo (m)	mustaṭīl (m)	مستطيل
rettangolare (agg)	mustaṭīliy	مستطيلي
piramide (f)	haram (m)	هرم
rombo (m)	mu'ayyan (m)	معين
trapezio (m)	murabba' munḥarif (m)	مربّع منحرف
cubo (m)	muka''ab (m)	مكعب
prisma (m)	manʃūr (m)	منشور
circonferenza (f)	muḥīṭ munḥanan muɣlaq (m)	محيط منحنى مغلق
sfera (f)	kura (f)	كرة
palla (f)	kura (f)	كرة
diametro (m)	quṭr (m)	قطر
raggio (m)	niṣf qaṭr (m)	نصف قطر
perimetro (m)	muḥīṭ (m)	محيط
centro (m)	wasaṭ (m)	وسط
orizzontale (agg)	ufuqiy	أفقي
verticale (agg)	'amūdiy	عمودي
parallela (f)	χaṭṭ mutawāzi (m)	خطّ متواز
parallelo (agg)	mutawāzi	متواز
linea (f)	χaṭṭ (m)	خطّ
tratto (m)	ḥaraka (m)	حركة
linea (f) retta	χaṭṭ mustaqīm (m)	خط مستقيم
linea (f) curva	χaṭṭ munḥani (m)	خط منحن
sottile (uno strato ~)	rafī'	رقيع
contorno (m)	kuntūr (m)	كنتور
intersezione (f)	taqāṭu' (m)	تقاطع
angolo (m) retto	zāwya mustaqīma (f)	زاوية مستقيمة
segmento	qiṭ'a (f)	قطعة
settore (m)	qiṭā' (m)	قطاع
lato (m)	ḍil' (m)	ضلع
angolo (m)	zāwiya (f)	زاوية

25. Unità di misura

peso (m)	wazn (m)	وزن
lunghezza (f)	ṭūl (m)	طول
larghezza (f)	'arḍ (m)	عرض
altezza (f)	irtifā' (m)	إرتفاع
profondità (f)	'umq (m)	عمق
volume (m)	ḥaʒm (m)	حجم
area (f)	misāḥa (f)	مساحة
grammo (m)	grām (m)	جرام
milligrammo (m)	milliɣrām (m)	مليغرام
chilogrammo (m)	kiluɣrām (m)	كيلوغرام

tonnellata (f)	ṭunn (m)	طنّ
libbra (f)	raṭl (m)	رطل
oncia (f)	ūnṣa (f)	أونصة
metro (m)	mitr (m)	متر
millimetro (m)	millimitr (m)	مليمتر
centimetro (m)	santimitr (m)	سنتيمتر
chilometro (m)	kilumitr (m)	كيلومتر
miglio (m)	mīl (m)	ميل
pollice (m)	būṣa (f)	بوصة
piede (f)	qadam (f)	قدم
iarda (f)	yārda (f)	ياردة
metro (m) quadro	mitr murabbaʿ (m)	متر مربّع
ettaro (m)	hiktār (m)	هكتار
litro (m)	litr (m)	لتر
grado (m)	daraʒa (f)	درجة
volt (m)	vūlt (m)	فولت
ampere (m)	ambīr (m)	أمبير
cavallo vapore (m)	ḥiṣān (m)	حصان
quantità (f)	kammiyya (f)	كمّيّة
un po' di ...	qalīl ...	قليل...
metà (f)	niṣf (m)	نصف
dozzina (f)	iθnā ʿaʃar (f)	إثنا عشر
pezzo (m)	waḥda (f)	وحدة
dimensione (f)	ḥaʒm (m)	حجم
scala (f) (modello in ~)	miqyās (m)	مقياس
minimo (agg)	al adna	الأدنى
minore (agg)	al aṣɣar	الأصغر
medio (agg)	mutawassiṭ	متوسّط
massimo (agg)	al aqṣa	الأقصى
maggiore (agg)	al akbar	الأكبر

26. Contenitori

barattolo (m) di vetro	barṭamān (m)	برطمان
latta, lattina (f)	tanaka (f)	تنكة
secchio (m)	ʒardal (m)	جردل
barile (m), botte (f)	barmīl (m)	برميل
catino (m)	ḥawḍ lil ɣasīl (m)	حوض للغسيل
serbatoio (m) (per liquidi)	χazzān (m)	خزّان
fiaschetta (f)	zamzamiyya (f)	زمزميّة
tanica (f)	ʒirikan (m)	جركن
cisterna (f)	χazzān (m)	خزّان
tazza (f)	māgg (m)	ماجّ
tazzina (f) (~ di caffé)	finʒān (m)	فنجان
piattino (m)	ṭabaq finʒān (m)	طبق فنجان

bicchiere (m) (senza stelo)	kubbāya (f)	كبّاية
calice (m)	ka's (f)	كأس
casseruola (f)	kassirūlla (f)	كاسرولة

bottiglia (f)	zuʒāʒa (f)	زجاجة
collo (m) (~ della bottiglia)	'unq (m)	عنق

caraffa (f)	dawraq zuʒāʒiy (m)	دورق زجاجيّ
brocca (f)	ibrīq (m)	إبريق
recipiente (m)	inā' (m)	إناء
vaso (m) di coccio	aṣīṣ (m)	أصيص
vaso (m) di fiori	vāza (f)	فازة

boccetta (f) (~ di profumo)	zuʒāʒa (f)	زجاجة
fiala (f)	zuʒāʒa (f)	زجاجة
tubetto (m)	umbūba (f)	أنبوبة

sacco (m) (~ di patate)	kīs (m)	كيس
sacchetto (m) (~ di plastica)	kīs (m)	كيس
pacchetto (m) (~ di sigarette, ecc.)	'ulba (f)	علبة

scatola (f) (~ per scarpe)	'ulba (f)	علبة
cassa (f) (~ di vino, ecc.)	ṣundū' (m)	صندوق
cesta (f)	salla (f)	سلّة

27. Materiali

materiale (m)	mādda (f)	مادّة
legno (m)	χaʃab (m)	خشب
di legno	χaʃabiy	خشبيّ

vetro (m)	zuʒāʒ (m)	زجاج
di vetro	zuʒāʒiy	زجاجيّ

pietra (f)	ḥaʒar (m)	حجر
di pietra	ḥaʒariy	حجريّ

plastica (f)	blastīk (m)	بلاستيك
di plastica	min al blastīk	من البلاستيك

gomma (f)	maṭṭāṭ (m)	مطّاط
di gomma	maṭṭāṭiy	مطّاطيّ

stoffa (f)	qumāʃ (m)	قماش
di stoffa	min al qumāʃ	من القماش

carta (f)	waraq (m)	ورق
di carta	waraqiy	ورقيّ

cartone (m)	kartūn (m)	كرتون
di cartone	kartūniy	كرتونيّ
polietilene (m)	buli iθilīn (m)	بولي إثيلين
cellofan (m)	silufān (m)	سيلوفان

legno (m) compensato	ablakāʃ (m)	أبلكاش
porcellana (f)	bursilān (m)	بورسلان
di porcellana	min il bursilān	من البورسلان
argilla (f)	ṭīn (m)	طين
d'argilla	faxxāry	فخّاري
ceramica (f)	siramīk (m)	سيراميك
ceramico	siramīkiy	سيراميكيّ

28. Metalli

metallo (m)	ma'dan (m)	معدن
metallico	ma'daniy	معدنيّ
lega (f)	sabīka (f)	سبيكة
oro (m)	ðahab (m)	ذهب
d'oro	ðahabiy	ذهبيّ
argento (m)	fiḍḍa (f)	فضّة
d'argento	fiḍḍiy	فضّيّ
ferro (m)	ḥadīd (m)	حديد
di ferro	ḥadīdiy	حديديّ
acciaio (m)	fūlāð (m)	فولاذ
d'acciaio	fulāðiy	فولاذيّ
rame (m)	nuḥās (m)	نحاس
di rame	nuḥāsiy	نحاسيّ
alluminio (m)	alumīniyum (m)	الومينيوم
di alluminio, alluminico	alumīniyum	الومينيوم
bronzo (m)	brūnz (m)	برونز
di bronzo	brūnziy	برونزيّ
ottone (m)	nuḥās aṣfar (m)	نحاس أصفر
nichel (m)	nikil (m)	نيكل
platino (m)	blatīn (m)	بلاتين
mercurio (m)	zi'baq (m)	زئبق
stagno (m)	qaṣdīr (m)	قصدير
piombo (m)	ruṣāṣ (m)	رصاص
zinco (m)	zink (m)	زنك

ESSERE UMANO

Essere umano. Il corpo umano

29. L'uomo. Concetti di base

uomo (m) (essere umano)	insān (m)	إنسان
uomo (m) (adulto maschio)	raʒul (m)	رجل
donna (f)	imra'a (f)	إمرأة
bambino (m) (figlio)	ṭifl (m)	طفل
bambina (f)	bint (f)	بنت
bambino (m)	walad (m)	ولد
adolescente (m, f)	murāhiq (m)	مراهق
vecchio (m)	ʿaʒūz (m)	عجوز
vecchia (f)	ʿaʒūza (f)	عجوزة

30. Anatomia umana

organismo (m)	ʒism (m)	جسم
cuore (m)	qalb (m)	قلب
sangue (m)	dam (m)	دم
arteria (f)	ʃaryān (m)	شريان
vena (f)	ʿirq (m)	عرق
cervello (m)	muxx (m)	مخّ
nervo (m)	ʿaṣab (m)	عصب
nervi (m pl)	aʿṣāb (pl)	أعصاب
vertebra (f)	faqra (f)	فقرة
colonna (f) vertebrale	ʿamūd faqriy (m)	عمود فقريّ
stomaco (m)	maʿida (f)	معدة
intestini (m pl)	amʿāʾ (pl)	أمعاء
intestino (m)	miʿan (m)	معى
fegato (m)	kibd (f)	كبد
rene (m)	kilya (f)	كلية
osso (m)	ʿaẓm (m)	عظم
scheletro (m)	haykal ʿaẓmiy (m)	هيكل عظميّ
costola (f)	ḍilʿ (m)	ضلع
cranio (m)	ʒumʒuma (f)	جمجمة
muscolo (m)	ʿaḍala (f)	عضلة
bicipite (m)	ʿaḍala ðāt ra'sayn (f)	عضلة ذات رأسين
tricipite (m)	ʿaḍla θulāθiyyat ar ru'ūs (f)	عضلة ثلائيّة الرءوس
tendine (m)	watar (m)	وتر
articolazione (f)	mafṣil (m)	مفصل

polmoni (m pl)	ri'atān (du)	رئتان
genitali (m pl)	a'ḍā' ʒinsiyya (pl)	أعضاء جنسيّة
pelle (f)	buʃra (m)	بشرة

31. Testa

testa (f)	ra's (m)	رأس
viso (m)	waʒh (m)	وجه
naso (m)	anf (m)	أنف
bocca (f)	fam (m)	فم
occhio (m)	'ayn (f)	عين
occhi (m pl)	'uyūn (pl)	عيون
pupilla (f)	ḥadaqa (f)	حدقة
sopracciglio (m)	ḥāʒib (m)	حاجب
ciglio (m)	rimʃ (m)	رمش
palpebra (f)	ʒafn (m)	جفن
lingua (f)	lisān (m)	لسان
dente (m)	sinn (f)	سنّ
labbra (f pl)	ʃifāh (pl)	شفاه
zigomi (m pl)	'iẓām waʒhiyya (pl)	عظام وجهيّة
gengiva (f)	liθθa (f)	لِثّة
palato (m)	ḥanak (m)	حنك
narici (f pl)	minxarān (du)	منخران
mento (m)	ðaqan (m)	ذقن
mascella (f)	fakk (m)	فكّ
guancia (f)	xadd (m)	خدّ
fronte (f)	ʒabha (f)	جبهة
tempia (f)	ṣudɣ (m)	صدغ
orecchio (m)	uðun (f)	أذن
nuca (f)	qafa (m)	قفا
collo (m)	raqaba (f)	رقبة
gola (f)	ḥalq (m)	حلق
capelli (m pl)	ʃa'r (m)	شعر
pettinatura (f)	tasrīḥa (f)	تسريحة
taglio (m)	tasrīḥa (f)	تسريحة
parrucca (f)	barūka (f)	باروكة
baffi (m pl)	ʃawārib (pl)	شوارب
barba (f)	liḥya (f)	لحية
portare (~ la barba, ecc.)	'indahu	عنده
treccia (f)	ḍifīra (f)	ضفيرة
basette (f pl)	sawālif (pl)	سوالف
rosso (agg)	aḥmar aʃ ʃa'r	أحمر الشعر
brizzolato (agg)	abyaḍ	أبيض
calvo (agg)	aṣla'	أصلع
calvizie (f)	ṣala' (m)	صلع
coda (f) di cavallo	ðayl ḥiṣān (m)	ذيل حصان
frangetta (f)	quṣṣa (f)	قصّة

32. Corpo umano

mano (f)	yad (m)	يد
braccio (m)	ðirā' (f)	ذراع
dito (m)	iṣba' (m)	إصبع
dito (m) del piede	iṣba' al qadam (m)	إصبع القدم
pollice (m)	ibhām (m)	إبهام
mignolo (m)	χunṣur (m)	خنصر
unghia (f)	ẓufr (m)	ظفر
pugno (m)	qabḍa (f)	قبضة
palmo (m)	kaff (f)	كفّ
polso (m)	mi'ṣam (m)	معصم
avambraccio (m)	sā'id (m)	ساعد
gomito (m)	mirfaq (m)	مرفق
spalla (f)	katf (f)	كتف
gamba (f)	riʒl (f)	رجل
pianta (f) del piede	qadam (f)	قدم
ginocchio (m)	rukba (f)	ركبة
polpaccio (m)	sammāna (f)	سمّانة
anca (f)	faχð (f)	فخذ
tallone (m)	'aqb (m)	عقب
corpo (m)	ʒism (m)	جسم
pancia (f)	baṭn (m)	بطن
petto (m)	ṣadr (m)	صدر
seno (m)	θady (m)	ثدي
fianco (m)	ʒamb (m)	جنب
schiena (f)	ẓahr (m)	ظهر
zona (f) lombare	asfal aẓ ẓahr (m)	أسفل الظهر
vita (f)	χaṣr (m)	خصر
ombelico (m)	surra (f)	سرّة
natiche (f pl)	ardāf (pl)	أرداف
sedere (m)	dubr (m)	دبر
neo (m)	ʃāma (f)	شامة
voglia (f) (~ di fragola)	waḥma	وحمة
tatuaggio (m)	waʃm (m)	وشم
cicatrice (f)	nadba (f)	ندبة

Abbigliamento e Accessori

33. Indumenti. Soprabiti

vestiti (m pl)	malābis (pl)	ملابس
soprabito (m)	malābis fawqāniyya (pl)	ملابس فوقانيّة
abiti (m pl) invernali	malābis ʃitawiyya (pl)	ملابس شتويّة
cappotto (m)	miʿṭaf (m)	معطف
pelliccia (f)	miʿtaf farw (m)	معطف فرو
pellicciotto (m)	ʒakīt farw (m)	جاكيت فرو
piumino (m)	ḥaʃiyyat rīʃ (m)	حشية ريش
giubbotto (m), giaccha (f)	ʒākīt (m)	جاكيت
impermeabile (m)	miʿṭaf lil maṭar (m)	معطف للمطر
impermeabile (agg)	ṣāmid lil mā'	صامد للماء

34. Abbigliamento uomo e donna

camicia (f)	qamīṣ (m)	قميص
pantaloni (m pl)	banṭalūn (m)	بنطلون
jeans (m pl)	ʒīnz (m)	جينز
giacca (f) (~ di tweed)	sutra (f)	سترة
abito (m) da uomo	badla (f)	بدلة
abito (m)	fustān (m)	فستان
gonna (f)	tannūra (f)	تنّورة
camicetta (f)	blūza (f)	بلوزة
giacca (f) a maglia	kardigān (m)	كارديجان
giacca (f) tailleur	ʒākīt (m)	جاكيت
maglietta (f)	ti ʃirt (m)	تي شيرت
pantaloni (m pl) corti	ʃūrt (m)	شورت
tuta (f) sportiva	badlat at tadrīb (f)	بدلة التدريب
accappatoio (m)	θawb ḥammām (m)	ثوب حمّام
pigiama (m)	biʒāma (f)	بيجاما
maglione (m)	bulūvir (m)	بلوفر
pullover (m)	bulūvir (m)	بلوفر
gilè (m)	ṣudayriy (m)	صديريّ
frac (m)	badlat sahra (f)	بدلة سهرة
smoking (m)	smūkin (m)	سموكن
uniforme (f)	zayy muwaḥḥad (m)	زي موحّد
tuta (f) da lavoro	θiyāb al ʿamal (m)	ثياب العمل
salopette (f)	uvirūl (m)	اوفرول
camice (m) (~ del dottore)	θawb (m)	ثوب

35. Abbigliamento. Biancheria intima

biancheria (f) intima	malābis dāҳiliyya (pl)	ملابس داخليّة
boxer (m pl)	sirwāl dāҳiliy riჳāliy (m)	سروال داخليّ رجاليّ
mutandina (f)	sirwāl dāҳiliy nisā'iy (m)	سروال داخليّ نسائيّ
maglietta (f) intima	qamīṣ bila aqmām (m)	قميص بلا أكمام
calzini (m pl)	ჳawārib (pl)	جوارب
camicia (f) da notte	qamīṣ nawm (m)	قميص نوم
reggiseno (m)	ḥammālat ṣadr (f)	حمّالة صدر
calzini (m pl) alti	ჳawārib ṭawīla (pl)	جوارب طويلة
collant (m)	ჳawārib kulūn (pl)	جوارب كولون
calze (f pl)	ჳawārib nisā'iyya (pl)	جوارب نسائية
costume (m) da bagno	libās sibāḥa (m)	لباس سباحة

36. Copricapo

cappello (m)	qubba'a (f)	قبّعة
cappello (m) di feltro	burnayṭa (f)	برنيطة
cappello (m) da baseball	kāb baysbūl (m)	كاب بيسبول
coppola (f)	qubba'a musaṭṭaḥa (f)	قبّعة مسطحة
basco (m)	birīh (m)	بريه
cappuccio (m)	ɣiṭā' (m)	غطاء
panama (m)	qubba'at banāma (f)	قبّعة بناما
berretto (m) a maglia	qubbā'a maḥbūka (m)	قبّعة محبوكة
fazzoletto (m) da capo	ʿĪჰārb (m)	إيشارب
cappellino (m) donna	burnayṭa (f)	برنيطة
casco (m) (~ di sicurezza)	ҳūða (f)	خوذة
bustina (f)	kāb (m)	كاب
casco (m) (~ moto)	ҳūða (f)	خوذة
bombetta (f)	qubba'at dirbi (f)	قبّعة ديربي
cilindro (m)	qubba'a 'āliya (f)	قبّعة عالية

37. Calzature

calzature (f pl)	aḥðIya (pl)	أحذية
stivaletti (m pl)	ჳazma (f)	جزمة
scarpe (f pl)	ჳazma (f)	جزمة
stivali (m pl)	būt (m)	بوت
pantofole (f pl)	ʃibʃib (m)	شبشب
scarpe (f pl) da tennis	ḥiðā' riyāḍiy (m)	حذاء رياضيّ
scarpe (f pl) da ginnastica	kutʃi (m)	كوتشي
sandali (m pl)	ṣandal (pl)	صندل
calzolaio (m)	iskāfiy (m)	إسكافيّ
tacco (m)	ka'b (m)	كعب

paio (m)	zawʒ (m)	زوج
laccio (m)	ʃarīṭ (m)	شريط
allacciare (vt)	rabaṭ	ربط
calzascarpe (m)	labbāsat ḥiðā' (f)	لبّاسة حذاء
lucido (m) per le scarpe	warnīʃ al ḥiðā' (m)	ورنيش الحذاء

38. Tessuti. Stoffe

cotone (m)	quṭn (m)	قطن
di cotone	min al quṭn	من القطن
lino (m)	kattān (m)	كتّان
di lino	min il kattān	من الكتّان

seta (f)	ḥarīr (m)	حرير
di seta	min al ḥarīr	من الحرير
lana (f)	ṣūf (m)	صوف
di lana	min aṣ ṣūf	من الصوف

velluto (m)	muxmal (m)	مخمل
camoscio (m)	ʒild ʃāmwāh (m)	جلد شامواه
velluto (m) a coste	quṭn qaṭīfa (f)	قطن قطيفة

nylon (m)	naylūn (m)	نايلون
di nylon	min an naylūn	من النيلون
poliestere (m)	bulyistir (m)	بوليستر
di poliestere	min al bulyastar	من البوليستر

pelle (f)	ʒild (m)	جلد
di pelle	min al ʒild	من الجلد
pelliccia (f)	farw (m)	فرو
di pelliccia	min al farw	من الفرو

39. Accessori personali

guanti (m pl)	quffāz (m)	قفّاز
manopole (f pl)	quffāz muɣlaq (m)	قفّاز مغلق
sciarpa (f)	ʃārb (m)	إيشارب

occhiali (m pl)	nazẓāra (f)	نظّارة
montatura (f)	iṭār (m)	إطار
ombrello (m)	ʃamsiyya (f)	شمسيّة
bastone (m)	'aṣa (f)	عصا
spazzola (f) per capelli	furʃat ʃa'r (f)	فرشة شعر
ventaglio (m)	mirwaḥa yadawiyya (f)	مروحة يدويّة

cravatta (f)	karavatta (f)	كرافتة
cravatta (f) a farfalla	babyūn (m)	بيبون
bretelle (f pl)	ḥammāla (f)	حمّالة
fazzoletto (m)	mandīl (m)	منديل

| pettine (m) | miʃṭ (m) | مشط |
| fermaglio (m) | dabbūs (m) | دبّوس |

forcina (f)	bansa (m)	بنسة
fibbia (f)	bukla (f)	بكلة
cintura (f)	ḥizām (m)	حزام
spallina (f)	ḥammalat al katf (f)	حمّالة الكتف
borsa (f)	ʃanṭa (f)	شنطة
borsetta (f)	ʃanṭat yad (f)	شنطة يد
zaino (m)	ḥaqībat ẓahr (f)	حقيبة ظهر

40. Abbigliamento. Varie

moda (f)	mūḍa (f)	موضة
di moda	fil mūḍa	في الموضة
stilista (m)	muṣammim azyā' (m)	مصمّم أزياء
collo (m)	yāqa (f)	ياقة
tasca (f)	ʒayb (m)	جيب
tascabile (agg)	ʒayb	جيب
manica (f)	kumm (m)	كمّ
asola (f) per appendere	ʿallāqa (f)	علّاقة
patta (f) (~ dei pantaloni)	lisān (m)	لسان
cerniera (f) lampo	zimām munzaliq (m)	زمام منزلق
chiusura (f)	miʃbak (m)	مشبك
bottone (m)	zirr (m)	زرّ
occhiello (m)	ʿurwa (f)	عروة
staccarsi (un bottone)	waqaʿ	وقع
cucire (vi, vt)	χāṭ	خاط
ricamare (vi, vt)	ṭarraz	طرّز
ricamo (m)	taṭrīz (m)	تطريز
ago (m)	ibra (f)	إبرة
filo (m)	χayṭ (m)	خيط
cucitura (f)	darz (m)	درز
sporcarsi (vr)	tawassaχ	توسّخ
macchia (f)	buqʿa (f)	بقعة
sgualcirsi (vr)	takarmaʃ	تكرمش
strappare (vt)	qaṭṭaʿ	قطّع
tarma (f)	ʿuθθa (f)	عثّة

41. Cura della persona. Cosmetici

dentifricio (m)	maʿʒūn asnān (m)	معجون أسنان
spazzolino (m) da denti	furʃat asnān (f)	فرشة أسنان
lavarsi i denti	naẓẓaf al asnān	نظّف الأسنان
rasoio (m)	mūs ḥilāqa (m)	موس حلاقة
crema (f) da barba	krīm ḥilāqa (m)	كريم حلاقة
rasarsi (vr)	ḥalaq	حلق
sapone (m)	ṣābūn (m)	صابون

shampoo (m)	ʃāmbū (m)	شامبو
forbici (f pl)	maqaṣṣ (m)	مقصّ
limetta (f)	mibrad (m)	مبرد
tagliaunghie (m)	milqaṭ (m)	ملقط
pinzette (f pl)	milqaṭ (m)	ملقط
cosmetica (f)	mawādd at taʒmīl (pl)	موادّ التجميل
maschera (f) di bellezza	mask (m)	ماسك
manicure (m)	manikūr (m)	مانيكور
fare la manicure	ʿamal manikūr	عمل مانيكور
pedicure (m)	badikīr (m)	باديكير
borsa (f) del trucco	ḥaqībat adawāt at taʒmīl (f)	حقيبة أدوات التجميل
cipria (f)	budrat waʒh (f)	بودرة وجه
portacipria (m)	ʿulbat būdra (f)	علبة بودرة
fard (m)	aḥmar xudūd (m)	أحمر خدود
profumo (m)	ʿiṭr (m)	عطر
acqua (f) da toeletta	kulūnya (f)	كولونيا
lozione (f)	lusiyun (m)	لوسيون
acqua (f) di Colonia	kulūniya (f)	كولونيا
ombretto (m)	ay ʃaduw (m)	اي شادو
eyeliner (m)	kuḥl al ʿuyūn (m)	كحل العيون
mascara (m)	maskara (f)	ماسكارا
rossetto (m)	aḥmar ʃifāh (m)	أحمر شفاه
smalto (m)	mulammiʿ al aẓāfir (m)	ملمّع الاظافر
lacca (f) per capelli	muθabbit aʃ ʃaʿr (m)	مثبّت الشعر
deodorante (m)	muzīl rawā'iḥ (m)	مزيل روائح
crema (f)	krīm (m)	كريم
crema (f) per il viso	krīm lil waʒh (m)	كريم للوجه
crema (f) per le mani	krīm lil yadayn (m)	كريم لليدين
crema (f) antirughe	krīm muḍādd lit taʒāʿīd (m)	كريم مضادّ للتجاعيد
crema (f) da giorno	krīm an nahār (m)	كريم النهار
crema (f) da notte	krīm al layl (m)	كريم الليل
da giorno	nahāriy	نهاريّ
da notte	layliy	ليلي
tampone (m)	tambūn (m)	تانبون
carta (f) igienica	waraq ḥammām (m)	ورق حمّام
fon (m)	muʒaffif ʃaʿr (m)	مجفّف شعر

42. Gioielli

gioielli (m pl)	muʒawharāt (pl)	مجوهرات
prezioso (agg)	karīm	كريم
marchio (m)	ḍamγa (f)	دمغة
anello (m)	xātim (m)	خاتم
anello (m) nuziale	diblat al xuṭūba (m)	دبلة الخطوبة
braccialetto (m)	siwār (m)	سوار
orecchini (m pl)	ḥalaq (m)	حلق

collana (f)	'aqd (m)	عقد
corona (f)	tāӡ (m)	تاج
perline (f pl)	'aqd χaraz (m)	عقد خرز

diamante (m)	almās (m)	الماس
smeraldo (m)	zumurrud (m)	زمرّد
rubino (m)	yāqūt aḥmar (m)	ياقوت أحمر
zaffiro (m)	yāqūt azraq (m)	ياقوت أزرق
perle (f pl)	lu'lu' (m)	لؤلؤ
ambra (f)	kahramān (m)	كهرمان

43. Orologi da polso. Orologio

orologio (m) (~ da polso)	sā'a (f)	ساعة
quadrante (m)	waӡh as sā'a (m)	وجه الساعة
lancetta (f)	'aqrab as sā'a (m)	عقرب الساعة
braccialetto (m)	siwār sā'a ma'daniyya (m)	سوار ساعة معدنية
cinturino (m)	siwār sā'a (m)	سوار ساعة

pila (f)	baṭṭāriyya (f)	بطّاريّة
essere scarico	tafarraɣ	تفرّغ
cambiare la pila	ɣayyar al baṭṭāriyya	غيّر البطّاريّة
andare avanti	sabaq	سبق
andare indietro	ta'aχχar	تأخّر

orologio (m) da muro	sā'at ḥā'iṭ (f)	ساعة حائط
clessidra (f)	sā'a ramliyya (f)	ساعة رمليّة
orologio (m) solare	sā'a ʃamsiyya (f)	ساعة شمسيّة
sveglia (f)	munabbih (m)	منبّه
orologiaio (m)	sa'ātiy (m)	ساعاتيّ
riparare (vt)	aṣlaḥ	أصلح

Cibo. Alimentazione

44. Cibo

carne (f)	laḥm (m)	لحم
pollo (m)	daʒāʒ (m)	دجاج
pollo (m) novello	farrūʒ (m)	فروج
anatra (f)	baṭṭa (f)	بطة
oca (f)	iwazza (f)	إوزة
cacciagione (f)	ṣayd (m)	صيد
tacchino (m)	daʒāʒ rūmiy (m)	دجاج رومي
maiale (m)	laḥm al xinzīr (m)	لحم الخنزير
vitello (m)	laḥm il 'iʒl (m)	لحم العجل
agnello (m)	laḥm aḍ ḍa'n (m)	لحم الضأن
manzo (m)	laḥm al baqar (m)	لحم البقر
coniglio (m)	arnab (m)	أرنب
salame (m)	suʒuq (m)	سجق
w?rstel (m)	suʒuq (m)	سجق
pancetta (f)	bikūn (m)	بيكون
prosciutto (m)	hām (m)	هام
prosciutto (m) affumicato	faxð xinzīr (m)	فخذ خنزير
pâté (m)	ma'ʒūn laḥm (m)	معجون لحم
fegato (m)	kibda (f)	كبدة
carne (f) trita	haʃwa (f)	حشوة
lingua (f)	lisān (m)	لسان
uovo (m)	bayḍa (f)	بيضة
uova (f pl)	bayḍ (m)	بيض
albume (m)	bayāḍ al bayḍ (m)	بياض البيض
tuorlo (m)	ṣafār al bayḍ (m)	صفار البيض
pesce (m)	samak (m)	سمك
frutti (m pl) di mare	fawākih al baḥr (pl)	فواكه البحر
caviale (m)	kaviyār (m)	كافيار
granchio (m)	salṭa'ūn (m)	سلطعون
gamberetto (m)	ʒambari (m)	جمبري
ostrica (f)	maḥār (m)	محار
aragosta (f)	karkand ʃāik (m)	كركند شائك
polpo (m)	uxṭubūṭ (m)	أخطبوط
calamaro (m)	kalmāri (m)	كالماري
storione (m)	samak al ḥaʃʃ (m)	سمك الحفش
salmone (m)	salmūn (m)	سلمون
ippoglosso (m)	samak al halbūt (m)	سمك الهلبوت
merluzzo (m)	samak al qudd (m)	سمك القدّ
scombro (m)	usqumriy (m)	أسقمريّ

tonno (m)	tūna (f)	تونة
anguilla (f)	ḥankalīs (m)	حنكليس
trota (f)	salmūn muraqqaṭ (m)	سلمون مرقّط
sardina (f)	sardīn (m)	سردين
luccio (m)	samak al karāki (m)	سمك الكراكي
aringa (f)	rinʒa (f)	رنجة
pane (m)	χubz (m)	خبز
formaggio (m)	ʒubna (f)	جبنة
zucchero (m)	sukkar (m)	سكّر
sale (m)	milḥ (m)	ملح
riso (m)	urz (m)	أرز
pasta (f)	makarūna (f)	مكرونة
tagliatelle (f pl)	nūdlis (f)	نودلز
burro (m)	zubda (f)	زبدة
olio (m) vegetale	zayt (m)	زيت
olio (m) di girasole	zayt ʿabīd aʃ ʃams (m)	زيت عبيد الشمس
margarina (f)	marɣarīn (m)	مرغرين
olive (f pl)	zaytūn (m)	زيتون
olio (m) d'oliva	zayt az zaytūn (m)	زيت الزيتون
latte (m)	ḥalīb (m)	حليب
latte (m) condensato	ḥalīb mukaθθaf (m)	حليب مكثّف
yogurt (m)	yūɣurt (m)	يوغورت
panna (f) acida	krīma ḥāmiḍa (f)	كريمة حامضة
panna (f)	krīma (f)	كريمة
maionese (m)	mayunīz (m)	مايونيز
crema (f)	krīmat zubda (f)	كريمة زبدة
cereali (m pl)	ḥubūb (pl)	حبوب
farina (f)	daqīq (m)	دقيق
cibi (m pl) in scatola	muʿallabāt (pl)	معلّبات
fiocchi (m pl) di mais	kurn fliks (m)	كورن فليكس
miele (m)	ʿasal (m)	عسل
marmellata (f)	murabba (m)	مربّى
gomma (f) da masticare	ʿilk (m)	علك

45. Bevande

acqua (f)	mā' (m)	ماء
acqua (f) potabile	mā' ʃurb (m)	ماء شرب
acqua (f) minerale	mā' maʿdaniy (m)	ماء معدنيّ
liscia (non gassata)	bi dūn ɣāz	بدون غاز
gassata (agg)	mukarban	مكرين
frizzante (agg)	bil ɣāz	بالغاز
ghiaccio (m)	θalʒ (m)	ثلج
con ghiaccio	biθ θalʒ	بالثلج

analcolico (agg)	bi dūn kuḥūl	بدون كحول
bevanda (f) analcolica	maʃrūb ɣāziy (m)	مشروب غازي
bibita (f)	maʃrūb muθallaʒ (m)	مشروب مثلج
limonata (f)	ʃarāb laymūn (m)	شراب ليمون
bevande (f pl) alcoliche	maʃrūbāt kuḥūliyya (pl)	مشروبات كحوليّة
vino (m)	nabīð (f)	نبيذ
vino (m) bianco	nibīð abyaḍ (m)	نبيذ أبيض
vino (m) rosso	nabīð aḥmar (m)	نبيذ أحمر
liquore (m)	liqiūr (m)	ليكيور
champagne (m)	ʃambāniya (f)	شمبانيا
vermouth (m)	virmut (m)	فيرموث
whisky	wiski (m)	وسكي
vodka (f)	vudka (f)	فودكا
gin (m)	ʒīn (m)	جين
cognac (m)	kunyāk (m)	كونياك
rum (m)	rum (m)	رم
caffè (m)	qahwa (f)	قهوة
caffè (m) nero	qahwa sāda (f)	قهوة سادة
caffè latte (m)	qahwa bil ḥalīb (f)	قهوة بالحليب
cappuccino (m)	kaputʃīnu (m)	كابتشينو
caffè (m) solubile	niskafi (m)	نيسكافيه
latte (m)	ḥalīb (m)	حليب
cocktail (m)	kuktayl (m)	كوكتيل
frullato (m)	milk ʃiyk (m)	ميلك شيك
succo (m)	ʿaṣīr (m)	عصير
succo (m) di pomodoro	ʿaṣīr ṭamāṭim (m)	عصير طماطم
succo (m) d'arancia	ʿaṣīr burtuqāl (m)	عصير برتقال
spremuta (f)	ʿaṣīr ṭāziʒ (m)	عصير طازج
birra (f)	bīra (f)	بيرة
birra (f) chiara	bīra xafīfa (f)	بيرة خفيفة
birra (f) scura	bīra ɣāmiqa (f)	بيرة غامقة
tè (m)	ʃāy (m)	شاي
tè (m) nero	ʃāy aswad (m)	شاي أسود
tè (m) verde	ʃāy axḍar (m)	شاي أخضر

46. Verdure

ortaggi (m pl)	xuḍār (pl)	خضار
verdura (f)	xuḍrawāt waraqiyya (pl)	خضروات ورقيّة
pomodoro (m)	ṭamāṭim (f)	طماطم
cetriolo (m)	xiyār (m)	خيار
carota (f)	ʒazar (m)	جزر
patata (f)	baṭāṭis (f)	بطاطس
cipolla (f)	baṣal (m)	بصل
aglio (m)	θūm (m)	ثوم

cavolo (m)	kurumb (m)	كرنب
cavolfiore (m)	qarnabīṭ (m)	قرنبيط
cavoletti (m pl) di Bruxelles	kurumb brūksil (m)	كرنب بروكسل
broccolo (m)	brukuli (m)	بركولي
barbabietola (f)	banʒar (m)	بنجر
melanzana (f)	bātinʒān (m)	باذنجان
zucchina (f)	kūsa (f)	كوسة
zucca (f)	qarʿ (m)	قرع
rapa (f)	lift (m)	لفت
prezzemolo (m)	baqdūnis (m)	بقدونس
aneto (m)	ʃabat (m)	شبت
lattuga (f)	χass (m)	خسّ
sedano (m)	karafs (m)	كرفس
asparago (m)	halyūn (m)	هليون
spinaci (m pl)	sabāniχ (m)	سبانخ
pisello (m)	bisilla (f)	بسلّة
fave (f pl)	fūl (m)	فول
mais (m)	ðura (f)	ذرّة
fagiolo (m)	faṣūliya (f)	فاصوليا
peperone (m)	filfil (m)	فلفل
ravanello (m)	fiʒl (m)	فجل
carciofo (m)	χurʃūf (m)	خرشوف

47. Frutta. Noci

frutto (m)	fākiha (f)	فاكهة
mela (f)	tuffāḥa (f)	تفّاحة
pera (f)	kummaθra (f)	كمّثرى
limone (m)	laymūn (m)	ليمون
arancia (f)	burtuqāl (m)	برتقال
fragola (f)	farawla (f)	فراولة
mandarino (m)	yūsufiy (m)	يوسفي
prugna (f)	barqūq (m)	برقوق
pesca (f)	durrāq (m)	دراق
albicocca (f)	miʃmiʃ (f)	مشمش
lampone (m)	tūt al ʿullayq al aḥmar (m)	توت العليق الأحمر
ananas (m)	ananās (m)	أناناس
banana (f)	mawz (m)	موز
anguria (f)	baṭṭīχ aḥmar (m)	بطّيخ أحمر
uva (f)	ʿinab (m)	عنب
amarena (f), ciliegia (f)	karaz (m)	كرز
melone (m)	baṭṭīχ aṣfar (f)	بطّيخ أصفر
pompelmo (m)	zinbāʿ (m)	زنباع
avocado (m)	avukādu (f)	افوكاتو
papaia (f)	babāya (m)	بابايا
mango (m)	mangu (m)	مانجو
melagrana (f)	rummān (m)	رمان

ribes (m) rosso	kiʃmiʃ aḥmar (m)	كشمش أحمر
ribes (m) nero	ʿinab aθ θaʿlab al aswad (m)	عنب الثعلب الأسود
uva (f) spina	ʿinab aθ θaʿlab (m)	عنب الثعلب
mirtillo (m)	ʿinab al aḥrāʒ (m)	عنب الأحراج
mora (f)	θamar al ʿullayk (m)	ثمر العليّق
uvetta (f)	zabīb (m)	زبيب
fico (m)	tīn (m)	تين
dattero (m)	tamr (m)	تمر
arachide (f)	fūl sudāniy (m)	فول سودانيّ
mandorla (f)	lawz (m)	لوز
noce (f)	ʿayn al ʒamal (f)	عين الجمل
nocciola (f)	bunduq (m)	بندق
noce (f) di cocco	ʒawz al hind (m)	جوز هند
pistacchi (m pl)	fustuq (m)	فستق

48. Pane. Dolci

pasticceria (f)	ḥalawiyyāt (pl)	حلويّات
pane (m)	χubz (m)	خبز
biscotti (m pl)	baskawīt (m)	بسكويت
cioccolato (m)	ʃukulāta (f)	شكولاتة
al cioccolato (agg)	biʃ ʃukulāṭa	بالشكولاتة
caramella (f)	bumbūn (m)	بونبون
tortina (f)	kaʿk (m)	كعك
torta (f)	tūrta (f)	تورتة
crostata (f)	faṭīra (f)	فطيرة
ripieno (m)	ḥaʃwa (f)	حشوة
marmellata (f)	murabba (m)	مربّى
marmellata (f) di agrumi	marmalād (f)	مرملاد
wafer (m)	wāfil (m)	وافل
gelato (m)	muθallaʒāt (pl)	مثلجات
budino (m)	būding (m)	بودنج

49. Pietanze cucinate

piatto (m) (≈ principale)	waʒba (f)	وجبة
cucina (f)	maṭbaχ (m)	مطبخ
ricetta (f)	waṣfa (f)	وصفة
porzione (f)	waʒba (f)	وجبة
insalata (f)	sulṭa (f)	سلطة
minestra (f)	ʃūrba (f)	شورية
brodo (m)	maraq (m)	مرق
panino (m)	sandawitʃ (m)	ساندويتش
uova (f pl) al tegamino	bayḍ maqliy (m)	بيض مقليّ
hamburger (m)	hamburger (m)	هامبورجر

bistecca (f)	biftīk (m)	بفتيك
contorno (m)	ṭabaq ǧānibiy (m)	طبق جانبيّ
spaghetti (m pl)	spaɣitti (m)	سباغيتي
purè (m) di patate	harīs baṭāṭis (m)	هريس بطاطس
pizza (f)	bītza (f)	بيتزا
porridge (m)	'aṣīda (f)	عصيدة
frittata (f)	bayḍ maxfūq (m)	بيض مخفوق

bollito (agg)	maslūq	مسلوق
affumicato (agg)	mudaxxin	مدخّن
fritto (agg)	maqliy	مقليّ
secco (agg)	muʒaffaf	مجفّف
congelato (agg)	muʒammad	مجمّد
sottoaceto (agg)	muxallil	مخلّل

dolce (gusto)	musakkar	مسكّر
salato (agg)	māliḥ	مالح
freddo (agg)	bārid	بارد
caldo (agg)	sāxin	ساخن
amaro (agg)	murr	مرّ
buono, gustoso (agg)	laðīð	لذيذ

cuocere, preparare (vt)	ṭabax	طبخ
cucinare (vi)	haḍḍar	حضّر
friggere (vt)	qala	قلي
riscaldare (vt)	saxxan	سخّن

salare (vt)	mallaḥ	ملّح
pepare (vt)	falfal	فلفل
grattugiare (vt)	baʃar	بشر
buccia (f)	qiʃra (f)	قشرة
sbucciare (vt)	qaʃʃar	قشّر

50. Spezie

sale (m)	milḥ (m)	ملح
salato (agg)	māliḥ	مالح
salare (vt)	mallaḥ	ملّح

pepe (m) nero	filfil aswad (m)	فلفل أسود
peperoncino (m)	filfil aḥmar (m)	فلفل أحمر
senape (f)	ṣalṣat al xardal (f)	صلصة الخردل
cren (m)	fiʒl ḥārr (m)	فجل حارّ

condimento (m)	tābil (m)	تابل
spezie (f pl)	bahār (m)	بهار
salsa (f)	ṣalṣa (f)	صلصة
aceto (m)	xall (m)	خلّ

anice (m)	yānsūn (m)	يانسون
basilico (m)	rīḥān (m)	ريحان
chiodi (m pl) di garofano	qurumful (m)	قرنفل
zenzero (m)	zanʒabīl (m)	زنجبيل
coriandolo (m)	kuzbara (f)	كزبرة

cannella (f)	qirfa (f)	قرفة
sesamo (m)	simsim (m)	سمسم
alloro (m)	awrāq al ɣār (pl)	أوراق الغار
paprica (f)	babrika (f)	بابريكا
cumino (m)	karāwiya (f)	كراوية
zafferano (m)	za'farān (m)	زعفران

51. Pasti

cibo (m)	akl (m)	أكل
mangiare (vi, vt)	akal	أكل
colazione (f)	futūr (m)	فطور
fare colazione	aftar	أفطر
pranzo (m)	ɣadā' (m)	غداء
pranzare (vi)	taɣadda	تغدّى
cena (f)	'aʃā' (m)	عشاء
cenare (vi)	ta'aʃʃa	تعشّى
appetito (m)	ʃahiyya (f)	شهيّة
Buon appetito!	hanī'an marī'an!	هنيئًا مريئًا!
aprire (vt)	fatah	فتح
rovesciare (~ il vino, ecc.)	dalaq	دلق
rovesciarsi (vr)	indalaq	إندلق
bollire (vi)	ɣala	غلى
far bollire	ɣala	غلى
bollito (agg)	maɣliy	مغليّ
raffreddare (vt)	barrad	برّد
raffreddarsi (vr)	tabarrad	تبرّد
gusto (m)	ta'm (m)	طعم
retrogusto (m)	al maðāq al 'āliq fil fam (m)	المذاق العالق فى الفم
essere a dieta	faqad al wazn	فقد الوزن
dieta (f)	himya ɣaðā'iyya (f)	حمية غذائية
vitamina (f)	vitamīn (m)	فيتامين
caloria (f)	su'ra harāriyya (f)	سعرة حراريّة
vegetariano (m)	nabātiy (m)	نباتيّ
vegetariano (agg)	nabātiy	نباتيّ
grassi (m pl)	duhūn (pl)	دهون
proteine (f pl)	brutināt (pl)	بروتينات
carboidrati (m pl)	naʃawiyyāt (pl)	نشويّات
fetta (f), fettina (f)	ʃarīha (f)	شريحة
pezzo (m) (~ di torta)	qit'a (f)	قطعة
briciola (f) (~ di pane)	futāta (f)	فتاتة

52. Preparazione della tavola

cucchiaio (m)	mil'aqa (f)	ملعقة
coltello (m)	sikkīn (m)	سكّين

forchetta (f)	ʃawka (f)	شوكة
tazza (f)	finʒān (m)	فنجان
piatto (m)	ṭabaq (m)	طبق
piattino (m)	ṭabaq finʒān (m)	طبق فنجان
tovagliolo (m)	mandīl (m)	منديل
stuzzicadenti (m)	χallat asnān (f)	خلة أسنان

53. Ristorante

ristorante (m)	maṭʿam (m)	مطعم
caffè (m)	kafé (m), maqha (m)	كافيه، مقهى
pub (m), bar (m)	bār (m)	بار
sala (f) da tè	ṣālun ʃāy (m)	صالون شاي
cameriere (m)	nādil (m)	نادل
cameriera (f)	nādila (f)	نادلة
barista (m)	bārman (m)	بارمان
menù (m)	qāʾimat aṭ ṭaʿām (f)	قائمة طعام
lista (f) dei vini	qāʾimat al χumūr (f)	قائمة خمور
prenotare un tavolo	ḥaʒaz māʾida	حجز مائدة
piatto (m)	waʒba (f)	وجبة
ordinare (~ il pranzo)	ṭalab	طلب
fare un'ordinazione	ṭalab	طلب
aperitivo (m)	ʃarāb (m)	شراب
antipasto (m)	muqabbilāt (pl)	مقبلات
dolce (m)	ḥalawiyyāt (pl)	حلويات
conto (m)	ḥisāb (m)	حساب
pagare il conto	dafaʿ al ḥisāb	دفع الحساب
dare il resto	aʿṭa al bāqi	أعطى الباقي
mancia (f)	baqʃīʃ (m)	بقشيش

Famiglia, parenti e amici

54. Informazioni personali. Moduli

nome (m)	ism (m)	إسم
cognome (m)	ism al 'ā'ila (m)	إسم العائلة
data (f) di nascita	tarīx al mīlād (m)	تاريخ الميلاد
luogo (m) di nascita	makān al mīlād (m)	مكان الميلاد
nazionalità (f)	ʒinsiyya (f)	جنسية
domicilio (m)	maqarr al iqāma (m)	مقر الإقامة
paese (m)	balad (m)	بلد
professione (f)	mihna (f)	مهنة
sesso (m)	ʒins (m)	جنس
statura (f)	ṭūl (m)	طول
peso (m)	wazn (m)	وزن

55. Membri della famiglia. Parenti

madre (f)	umm (f)	أمّ
padre (m)	ab (m)	أب
figlio (m)	ibn (m)	إبن
figlia (f)	ibna (f)	إبنة
figlia (f) minore	al ibna aṣ ṣaɣīra (f)	الإبنة الصغيرة
figlio (m) minore	al ibn aṣ ṣaɣīr (m)	الابن الصغير
figlia (f) maggiore	al ibna al kabīra (f)	الإبنة الكبيرة
figlio (m) maggiore	al ibn al kabīr (m)	الإبن الكبير
fratello (m)	aχ (m)	أخ
fratello (m) maggiore	al aχ al kabīr (m)	الأخ الكبير
fratello (m) minore	al aχ aṣ ṣaɣīr (m)	الأخ الصغير
sorella (f)	uχt (f)	أخت
sorella (f) maggiore	al uχt al kabīra (f)	الأخت الكبيرة
sorella (f) minore	al uχt aṣ ṣaɣīra (f)	الأخت الصغيرة
cugino (m)	ibn 'amm (m), ibn χāl (m)	إبن عمّ, إبن خال
cugina (f)	ibnat 'amm (f), ibnat χāl (f)	إبنة عم, إبنة خال
mamma (f)	mama (f)	ماما
papà (m)	baba (m)	بابا
genitori (m pl)	wālidān (du)	والدان
bambino (m)	ṭifl (m)	طفل
bambini (m pl)	aṭfāl (pl)	أطفال
nonna (f)	ʒidda (f)	جدّة
nonno (m)	ʒadd (m)	جدّ
nipote (m) (figlio di un figlio)	ḥafīd (m)	حفيد

nipote (f)	ḥafīda (f)	حفيدة
nipoti (pl)	aḥfād (pl)	أحفاد
zio (m)	ʿamm (m), χāl (m)	عمّ, خال
zia (f)	ʿamma (f), χāla (f)	عمّة, خالة
nipote (m) (figlio di un fratello)	ibn al aχ (m), ibn al uχt (m)	إبن الأخ, إبن الأخت
nipote (f)	ibnat al aχ (f), ibnat al uχt (f)	إبنة الأخ, إبنة الأخت
suocera (f)	ḥamātt (f)	حماة
suocero (m)	ḥamm (m)	حم
genero (m)	zawȝ al ibna (m)	زوج الأبنة
matrigna (f)	zawȝat al ab (f)	زوجة الأب
patrigno (m)	zawȝ al umm (m)	زوج الأمّ
neonato (m)	ṭifl raḍīʿ (m)	طفل رضيع
infante (m)	mawlūd (m)	مولود
bimbo (m), ragazzino (m)	walad ṣaȝīr (m)	ولد صغير
moglie (f)	zawȝa (f)	زوجة
marito (m)	zawȝ (m)	زوج
coniuge (m)	zawȝ (m)	زوج
coniuge (f)	zawȝa (f)	زوجة
sposato (agg)	mutazawwiȝ	متزوّج
sposata (agg)	mutazawwiȝa	متزوجة
celibe (agg)	aʿzab	أعزب
scapolo (m)	aʿzab (m)	أعزب
divorziato (agg)	muṭallaq (m)	مطلّق
vedova (f)	armala (f)	أرملة
vedovo (m)	armal (m)	أرمل
parente (m)	qarīb (m)	قريب
parente (m) stretto	nasīb qarīb (m)	نسيب قريب
parente (m) lontano	nasīb baʿīd (m)	نسيب بعيد
parenti (m pl)	aqārib (pl)	أقارب
orfano (m), orfana (f)	yatīm (m)	يتيم
tutore (m)	waliyy amr (m)	ولي أمر
adottare (~ un bambino)	tabanna	تبنّى
adottare (~ una bambina)	tabanna	تبنّى

56. Amici. Colleghi

amico (m)	ṣadīq (m)	صديق
amica (f)	ṣadīqa (f)	صديقة
amicizia (f)	ṣadāqa (f)	صداقة
essere amici	ṣādaq	صادق
amico (m) (inform.)	ṣāḥib (m)	صاحب
amica (f) (inform.)	ṣaḥiba (f)	صاحبة
partner (m)	rafīq (m)	رفيق
capo (m)	raʾīs (m)	رئيس
capo (m), superiore (m)	raʾīs (m)	رئيس
proprietario (m)	ṣāḥib (m)	صاحب

subordinato (m)	tābiʿ (m)	تابع
collega (m)	zamīl (m)	زميل
conoscente (m)	maʿruf (m)	معروف
compagno (m) di viaggio	rafīq safar (m)	رفيق سفر
compagno (m) di classe	zamīl fiṣ ṣaff (m)	زميل في الصفّ
vicino (m)	ʒār (m)	جار
vicina (f)	ʒāra (f)	جارة
vicini (m pl)	ʒirān (pl)	جيران

57. Uomo. Donna

donna (f)	imraʾa (f)	إمرأة
ragazza (f)	fatāt (f)	فتاة
sposa (f)	ʿarūsa (f)	عروسة
bella (agg)	ʒamīla	جميلة
alta (agg)	ṭawīla	طويلة
snella (agg)	raʃīqa	رشيقة
bassa (agg)	qaṣīra	قصيرة
bionda (f)	ʃaqrāʾ (f)	شقراء
bruna (f)	sawdāʾ aʃ ʃaʿr (f)	سوداء الشعر
da donna (agg)	sayyidāt	سيّدات
vergine (f)	ʿaðrāʾ (f)	عذراء
incinta (agg)	ḥāmil	حامل
uomo (m) (adulto maschio)	raʒul (m)	رجل
biondo (m)	aʃqar (m)	أشقر
bruno (m)	aswad aʃ ʃaʿr (m)	أسود الشعر
alto (agg)	ṭawīl	طويل
basso (agg)	qaṣīr	قصير
sgarbato (agg)	waqiḥ	وقح
tozzo (agg)	malyān	مليان
robusto (agg)	matīn	متين
forte (agg)	qawiy	قويّ
forza (f)	quwwa (f)	قوة
grasso (agg)	θaχīn	ثخين
bruno (agg)	asmar	أسمر
snello (agg)	raʃīq	رشيق
elegante (agg)	anīq	أنيق

58. Età

età (f)	ʿumr (m)	عمر
giovinezza (f)	ʃabāb (m)	شباب
giovane (agg)	ʃābb	شابّ
più giovane (agg)	aṣɣar	أصغر

più vecchio (agg)	akbar	أكبر
giovane (m)	ʃābb (m)	شابّ
adolescente (m, f)	murāhiq (m)	مراهق
ragazzo (m)	ʃābb (m)	شابّ
vecchio (m)	ʻaʒūz (m)	عجوز
vecchia (f)	ʻaʒūza (f)	عجوزة
adulto (m)	bāliɣ (m)	بالغ
di mezza età	fi muntaṣaf al ʻumr	في منتصف العمر
anziano (agg)	ʻaʒūz	عجوز
vecchio (agg)	ʻaʒūz	عجوز
pensionamento (m)	maʻāʃ (m)	معاش
andare in pensione	uḥīl ʻalal maʻāʃ	أحيل على المعاش
pensionato (m)	mutaqāʻid (m)	متقاعد

59. Bambini

bambino (m), bambina (f)	ṭifl (m)	طفل
bambini (m pl)	aṭfāl (pl)	أطفال
gemelli (m pl)	taw'amān (du)	توأمان
culla (f)	mahd (m)	مهد
sonaglio (m)	χaʃχīʃa (f)	خشخيشة
pannolino (m)	ḥifāẓ aṭfāl (m)	حفاظ أطفال
tettarella (f)	bazzāza (f)	بزّازة
carrozzina (f)	ʻarabat aṭfāl (f)	عربة أطفال
scuola (f) materna	rawḍat aṭfāl (f)	روضة أطفال
baby-sitter (f)	murabbiyat aṭfāl (f)	مربّية الأطفال
infanzia (f)	ṭufūla (f)	طفولة
bambola (f)	dumya (f)	دمية
giocattolo (m)	luʻba (f)	لعبة
gioco (m) di costruzione	mukaʻʻabāt (pl)	مكعّبات
educato (agg)	mu'addab	مؤدّب
maleducato (agg)	qalīl al adab	قليل الأدب
viziato (agg)	mutdalliʻ	متدلّع
essere disubbidiente	laʻib	لعب
birichino (agg)	laʻūb	لعوب
birichinata (f)	iz'āʒ (m)	إزعاج
bambino (m) birichino	ṭifl laʻūb (m)	طفل لعوب
ubbidiente (agg)	muṭīʻ	مطيع
disubbidiente (agg)	ʻāq	عاقّ
docile (agg)	ʻāqil	عاقل
intelligente (agg)	ðakiy	ذكيّ
bambino (m) prodigio	ṭifl muʻʒiza (m)	طفل معجزة

60. Coppie sposate. Vita di famiglia

baciare (vt)	bās	باس
baciarsi (vr)	bās	باس
famiglia (f)	'ā'ila (f)	عائلة
familiare (agg)	'ā'iliy	عائليّ
coppia (f)	zawʒān (du)	زوجان
matrimonio (m)	zawāʒ (m)	زواج
focolare (m) domestico	bayt (m)	بيت
dinastia (f)	sulāla (f)	سلالة
appuntamento (m)	maw'id (m)	موعد
bacio (m)	būsa (f)	بوسة
amore (m)	ḥubb (m)	حبّ
amare (qn)	aḥabb	أحبّ
amato (agg)	ḥabīb	حبيب
tenerezza (f)	ḥanān (m)	حنان
dolce, tenero (agg)	ḥanūn	حنون
fedeltà (f)	iχlāṣ (m)	إخلاص
fedele (agg)	muχliṣ	مخلص
premura (f)	'ināya (f)	عناية
premuroso (agg)	muhtamm	مهتمّ
sposi (m pl) novelli	'arūsān (du)	عروسان
luna (f) di miele	ʃahr al 'asal (m)	شهر العسل
sposarsi (per una donna)	tazawwaʒ	تزوّج
sposarsi (per un uomo)	tazawwaʒ	تزوّج
nozze (f pl)	zifāf (m)	زفاف
nozze (f pl) d'oro	al yubīl að ðahabiy liz zawāʒ (m)	اليوبيل الذهبي للزواج
anniversario (m)	ðikra sanawiyya (f)	ذكرى سنويّة
amante (m)	ḥabīb (m)	حبيب
amante (f)	ḥabība (f)	حبيبة
adulterio (m)	χiyāna zawʒiyya (f)	خيانة زوجية
tradire (commettere adulterio)	χān	خان
geloso (agg)	ɣayūr	غيور
essere geloso	ɣār	غار
divorzio (m)	ṭalāq (m)	طلاق
divorziare (vi)	ṭallaq	طلّق
litigare (vi)	taʃāʒar	تشاجر
fare pace	taṣālaḥ	تصالح
insieme	ma'an	معًا
sesso (m)	ʒins (m)	جنس
felicità (f)	sa'āda (f)	سعادة
felice (agg)	sa'īd	سعيد
disgrazia (f)	muṣība (m)	مصيبة
infelice (agg)	ta'is	تعس

Personalità. Sentimenti. Emozioni

61. Sentimenti. Emozioni

sentimento (m)	ʃu'ūr (m)	شعور
sentimenti (m pl)	maʃā'ir (pl)	مشاعر
sentire (vt)	ʃa'ar	شعر
fame (f)	ʒaw' (m)	جوع
avere fame	arād an ya'kul	أراد أن يأكل
sete (f)	'aṭaʃ (m)	عطش
avere sete	arād an yaʃrab	أراد أن يشرب
sonnolenza (f)	nu'ās (m)	نعاس
avere sonno	arād an yanām	أراد أن ينام
stanchezza (f)	ta'ab (m)	تعب
stanco (agg)	ta'bān	تعبان
stancarsi (vr)	ta'ib	تعب
umore (m) (buon ~)	ḥāla nafsiyya, mazāʒ (m)	حالة نفسيّة، مزاج
noia (f)	malal (m)	ملل
annoiarsi (vr)	ʃa'ar bil malal	شعر بالملل
isolamento (f)	'uzla (f)	عزلة
isolarsi (vr)	inzawa	إنزوى
preoccupare (vt)	aqlaq	أقلق
essere preoccupato	qalaq	قلق
agitazione (f)	qalaq (m)	قلق
preoccupazione (f)	qalaq (m)	قلق
preoccupato (agg)	maʃɣūl al bāl	مشغول البال
essere nervoso	qalaq	قلق
andare in panico	uṣīb bið ða'r	أصيب بالذعر
speranza (f)	amal (m)	أمل
sperare (vi, vt)	tamanna	تمنّى
certezza (f)	yaqīn (m)	يقين
sicuro (agg)	muta'akkid	متأكّد
incertezza (f)	'adam at ta'akkud (m)	عدم التأكّد
incerto (agg)	ɣayr muta'akkid	غير متأكّد
ubriaco (agg)	sakrān	سكران
sobrio (agg)	ṣāḥi	صاح
debole (agg)	ḍa'īf	ضعيف
fortunato (agg)	sa'īd	سعيد
spaventare (vt)	arhab	أرهب
furia (f)	ɣaḍab ʃadīd (m)	غضب شديد
rabbia (f)	ɣaḍab (m)	غضب
depressione (f)	ikti'āb (m)	إكتئاب
disagio (m)	'adam irtiyāḥ (m)	عدم إرتياح

conforto (m)	rāḥa (f)	راحة
rincrescere (vi)	nadim	ندم
rincrescimento (m)	nadam (m)	ندم
sfortuna (f)	sū' al ḥaẓẓ (m)	سوء الحظ
tristezza (f)	ḥuzn (f)	حزن
vergogna (f)	ӽaӡal (m)	خجل
allegria (f)	faraḥ (m)	فرح
entusiasmo (m)	ḥamās (m)	حماس
entusiasta (m)	mutaḥammis (m)	متحمّس
mostrare entusiasmo	taḥammas	تحمّس

62. Personalità. Carattere

carattere (m)	ṭab' (m)	طبع
difetto (m)	'ayb (m)	عيب
mente (f), intelletto (m)	'aql (m)	عقل
coscienza (f)	ḍamīr (m)	ضمير
abitudine (f)	'āda (f)	عادة
capacità (f)	qudra (f)	قدرة
sapere (~ nuotare)	'araf	عرف
paziente (agg)	ṣābir	صابر
impaziente (agg)	qalīl aṣ ṣabr	قليل الصبر
curioso (agg)	fuḍūliy	فضوليّ
curiosità (f)	fuḍūl (m)	فضول
modestia (f)	tawāḍu' (m)	تواضع
modesto (agg)	mutawāḍi'	متواضع
immodesto (agg)	ӽayr mutawāḍi'	غير متواضع
pigrizia (f)	kasal (m)	كسل
pigro (agg)	kaslān	كسلان
poltrone (m)	kaslān (m)	كسلان
furberia (f)	makr (m)	مكر
furbo (agg)	mākir	ماكر
diffidenza (f)	'adam aθ θiqa (m)	عدم الثقة
diffidente (agg)	ʃakūk	شكوك
generosità (f)	karam (m)	كرم
generoso (agg)	karīm	كريم
di talento	mawhūb	موهوب
talento (m)	mawhiba (f)	موهبة
coraggioso (agg)	ʃuӡā'	شجاع
coraggio (m)	ʃaӡā'a (f)	شجاعة
onesto (agg)	amīn	أمين
onestà (f)	amāna (f)	أمانة
prudente (agg)	ḥāðir	حاذر
valoroso (agg)	ʃuӡā'	شجاع
serio (agg)	ӡādd	جادّ

severo (agg)	ṣārim	صارم
deciso (agg)	ḥazīm	حزيم
indeciso (agg)	mutaraddid	متردّد
timido (agg)	χaʒūl	خجول
timidezza (f)	χaʒal (m)	خجل
fiducia (f)	θiqa (f)	ثقة
fidarsi (vr)	waθiq	وثق
fiducioso (agg)	sarīʕ at taṣdīq	سريع التصديق
sinceramente	bi ṣarāḥa	بصراحة
sincero (agg)	muχliṣ	مخلص
sincerità (f)	iχlāṣ (m)	إخلاص
aperto (agg)	ṣarīḥ	صريح
tranquillo (agg)	hādiʾ	هادئ
sincero (agg)	ṣarīḥ	صريح
ingenuo (agg)	sāδiʒ	ساذج
distratto (agg)	ʃārid al fikr	شارد الفكر
buffo (agg)	muḍḥik	مضحك
avidità (f)	buχl (m)	بخل
avido (agg)	baχīl	بخيل
avaro (agg)	baχīl	بخيل
cattivo (agg)	ʃarīr	شرير
testardo (agg)	ʕanīd	عنيد
antipatico (agg)	karīh	كريه
egoista (m)	anāniy (m)	أنانيّ
egoistico (agg)	anāniy	أنانيّ
codardo (m)	ʒabān (m)	جبان
codardo (agg)	ʒabān	جبان

63. Dormire. Sogni

dormire (vi)	nām	نام
sonno (m) (stato di sonno)	nawm (m)	نوم
sogno (m)	ḥulm (m)	حلم
sognare (fare sogni)	ḥalam	حلم
sonnolento (agg)	naʕsān	نعسان
letto (m)	sarīr (m)	سرير
materasso (m)	martaba (f)	مرتبة
coperta (f)	baṭṭāniyya (f)	بطّانية
cuscino (m)	wisāda (f)	وسادة
lenzuolo (m)	milāya (f)	ملاية
insonnia (f)	araq (m)	أرق
insonne (agg)	ariq	أرق
sonnifero (m)	munawwim (m)	منوّم
prendere il sonnifero	tanāwal munawwim	تناول منوّمًا
avere sonno	arād an yanām	أراد أن ينام
sbadigliare (vi)	taθāʾab	تثاءب

andare a letto	ðahab ila n nawm	ذهب إلى النوم
fare il letto	a'add as sarīr	أعدّ السرير
addormentarsi (vr)	nām	نام

incubo (m)	kābūs (m)	كابوس
russare (m)	ʃaxīr (m)	شخير
russare (vi)	ʃaxxar	شخّر

sveglia (f)	munabbih (m)	منبّه
svegliare (vt)	ayqaẓ	أيقظ
svegliarsi (vr)	istayqaẓ	إستيقظ
alzarsi (vr)	qām	قام
lavarsi (vr)	ɣasal waʒhah	غسل وجهه

64. Umorismo. Risata. Felicità

umorismo (m)	fukāha (f)	فكاهة
senso (m) dello humour	ḥiss (m)	حس
divertirsi (vr)	iṣtamta'	إستمتع
allegro (agg)	farḥān	فرحان
allegria (f)	faraḥ (m)	فرح

sorriso (m)	ibtisāma (f)	إبتسامة
sorridere (vi)	ibtasam	إبتسم
mettersi a ridere	ḍaḥik	ضحك
ridere (vi)	ḍaḥik	ضحك
riso (m)	ḍaḥka (f)	ضحكة

aneddoto (m)	ḥikāya muḍḥika (f)	حكاية مضحكة
divertente (agg)	muḍḥik	مضحك
ridicolo (agg)	muḍḥik	مضحك

scherzare (vi)	mazaḥ	مزح
scherzo (m)	nukta (f)	نكتة
gioia (f) (fare salti di ~)	sa'āda (f)	سعادة
rallegrarsi (vr)	mariḥ	مرح
allegro (agg)	sa'īd	سعيد

65. Discussione. Conversazione. Parte 1

| comunicazione (f) | tawāṣul (m) | تواصل |
| comunicare (vi) | tawāṣal | تواصل |

conversazione (f)	muḥādaθa (f)	محادثة
dialogo (m)	ḥiwār (m)	حوار
discussione (f)	munāqaʃa (f)	مناقشة
dibattito (m)	munāẓara (f)	مناظرة
discutere (vi)	xālaf	خالف

interlocutore (m)	muḥāwir (m)	محاور
tema (m)	mawḍū' (m)	موضوع
punto (m) di vista	wiʒhat naẓar (f)	وجهة نظر

| opinione (f) | ra'y (m) | رأي |
| discorso (m) | χiṭāb (m) | خطاب |

discussione (f)	munāqaʃa (f)	مناقشة
discutere (~ una proposta)	nāqaʃ	ناقش
conversazione (f)	ḥadīs (m)	حديث
conversare (vi)	taḥādaθ	تحادث
incontro (m)	liqā' (m)	لقاء
incontrarsi (vr)	qābal	قابل

proverbio (m)	maθal (m)	مثل
detto (m)	qawl ma'θūr (m)	قول مأثور
indovinello (m)	luγz (m)	لغز
fare un indovinello	alqa luγz	ألقى لغزًا
parola (f) d'ordine	kalimat al murūr (f)	كلمة مرور
segreto (m)	sirr (m)	سرّ

giuramento (m)	qasam (m)	قسم
giurare (prestare giuramento)	aqsam	أقسم
promessa (f)	wa'd (m)	وعد
promettere (vt)	wa'ad	وعد

consiglio (m)	naṣīḥa (f)	نصيحة
consigliare (vt)	naṣaḥ	نصح
seguire il consiglio	intaṣaḥ	إنتصح
ubbidire (ai genitori)	aṭā'	أطاع

notizia (f)	χabar (m)	خبر
sensazione (f)	ḍaʒʒa (f)	ضجّة
informazioni (f pl)	ma'lūmāt (pl)	معلومات
conclusione (f)	istintāʒ (f)	إستنتاج
voce (f)	ṣawt (m)	صوت
complimento (m)	madḥ (m)	مدح
gentile (agg)	laṭīf	لطيف

parola (f)	kalima (f)	كلمة
frase (f)	'ibāra (f)	عبارة
risposta (f)	ʒawāb (m)	جواب

| verità (f) | ḥaqīqa (f) | حقيقة |
| menzogna (f) | kiðb (m) | كذب |

pensiero (m)	fikra (f)	فكرة
idea (f)	fikra (f)	فكرة
fantasia (f)	χayāl (m)	خيال

66. Discussione. Conversazione. Parte 2

rispettato (agg)	muḥtaram	محترم
rispettare (vt)	iḥtaram	إحترم
rispetto (m)	iḥtirām (m)	إحترام
Egregio ...	'azīzi ...	عزيزي...
presentare (~ qn)	'arraf	عرّف
fare la conoscenza di ...	ta'arraf	تعرّف

intenzione (f)	niyya (f)	نيّة
avere intenzione	nawa	نوى
augurio (m)	tamanni (m)	تمنٍّ
augurare (vt)	tamanna	تمنّى
sorpresa (f)	'aʒab (m)	عجب
sorprendere (stupire)	adhaʃ	أدهش
stupirsi (vr)	indahaʃ	إندهش
dare (vt)	a'ṭa	أعطى
prendere (vt)	aχað	أخذ
rendere (vt)	radd	ردّ
restituire (vt)	arʒa'	أرجع
scusarsi (vr)	i'taðar	إعتذر
scusa (f)	i'tiðār (m)	إعتذار
perdonare (vt)	'afa	عفا
parlare (vi, vt)	taḥaddaθ	تحدّث
ascoltare (vi)	istama'	إستمع
ascoltare fino in fondo	sami'	سمع
capire (vt)	fahim	فهم
mostrare (vt)	'araḍ	عرض
guardare (vt)	naẓar	نظر
chiamare (rivolgersi a)	nāda	نادى
dare fastidio	ʃaɣal	شغل
disturbare (vt)	az'aʒ	أزعج
consegnare (vt)	sallam	سلّم
richiesta (f)	ṭalab (m)	طلب
chiedere (vt)	ṭalab	طلب
esigenza (f)	maṭlab (m)	مطلب
esigere (vt)	ṭālib	طالب
stuzzicare (vt)	ɣāẓ	غاظ
canzonare (vt)	saχar	سخر
burla (f), beffa (f)	suχriyya (f)	سخرية
soprannome (m)	laqab (m)	لقب
allusione (f)	talmīḥ (m)	تلميح
alludere (vi)	lamaḥ	لمح
intendere (cosa intendi dire?)	qaṣad	قصد
descrizione (f)	waṣf (m)	وصف
descrivere (vt)	waṣaf	وصف
lode (f)	madḥ (m)	مدح
lodare (vt)	madaḥ	مدح
delusione (f)	χaybat amal (f)	خيبة أمل
deludere (vt)	χayyab	خيّب
rimanere deluso	χābat 'āmāluh	خابت آماله
supposizione (f)	iftirāḍ (m)	إفتراض
supporre (vt)	iftaraḍ	إفترض
avvertimento (m)	taḥðīr (m)	تحذير
avvertire (vt)	ḥaððar	حذّر

67. Discussione. Conversazione. Parte 3

persuadere (vt)	aqna'	أقنع
tranquillizzare (vt)	ṭam'an	طمأن
silenzio (m) (il ~ è d'oro)	sukūt (m)	سكوت
tacere (vi)	sakat	سكت
sussurrare (vt)	hamas	همس
sussurro (m)	hamsa (f)	همسة
francamente	bi ṣarāḥa	بصراحة
secondo me ...	fi ra'yi ...	في رأيي...
dettaglio (m)	tafṣīl (m)	تفصيل
dettagliato (agg)	mufaṣṣal	مفصّل
dettagliatamente	bit tafāṣīl	بالتفاصيل
suggerimento (m)	iʃāra (f), talmīḥ (m)	إشارة, تلميح
suggerire (vt)	a'ṭa talmīḥ	أعطى تلميحاً
sguardo (m)	naẓra (f)	نظرة
gettare uno sguardo	alqa naẓra	ألقى نظرة
fisso (agg)	θābit	ثابت
battere le palpebre	ramaʃ	رمش
ammiccare (vi)	ɣamaz	غمز
accennare col capo	hazz ra'sah	هزّ رأسه
sospiro (m)	tanahhuda (f)	تنهّدة
sospirare (vi)	tanahhad	تنهّد
sussultare (vi)	irta'aʃ	إرتعش
gesto (m)	iʃārat yad (f)	إشارة يد
toccare (~ il braccio)	lamas	لمس
afferrare (~ per il braccio)	amsak	أمسك
picchiettare (~ la spalla)	ṣafaq	صفق
Attenzione!	xuð bālak!	خذ بالك!
Davvero?	wallahi?	والله؟
Sei sicuro?	hal anta muta'akkid?	هل أنت متأكّد؟
Buona fortuna!	bit tawfīq!	بالتوفيق!
Capito!	wāḍiḥ!	واضح!
Peccato!	ya lil asaf!	يا للأسف!

68. Accordo. Rifiuto

accordo (m)	muwāfaqa (f)	موافقة
essere d'accordo	wāfa'	وافق
approvazione (f)	istiḥsān (m)	إستحسان
approvare (vt)	istiḥsan	إستحسن
rifiuto (m)	rafḍ (m)	رفض
rifiutarsi (vr)	rafaḍ	رفض
Perfetto!	'aẓīm!	عظيم!
Va bene!	ittafaqna!	إتّفقنا!

D'accordo!	ittafaqna!	إتّفقنا!
vietato, proibito (agg)	mamnū'	ممنوع
è proibito	mamnū'	ممنوع
è impossibile	mustaḥīl	مستحيل
sbagliato (agg)	ɣalaṭ	غلط

respingere (~ una richiesta)	rafaḍ	رفض
sostenere (~ un'idea)	ayyad	أيّد
accettare (vt)	qabil	قبل

confermare (vt)	aθbat	أثبت
conferma (f)	iθbāt (m)	إثبات
permesso (m)	samāḥ (m)	سماح
permettere (vt)	samaḥ	سمح
decisione (f)	qarār (m)	قرار
non dire niente	ṣamat	صمت

condizione (f)	ʃarṭ (m)	شرط
pretesto (m)	'uðr (m)	عذر
lode (f)	madḥ (m)	مدح
lodare (vt)	madaḥ	مدح

69. Successo. Fortuna. Fiasco

successo (m)	naʒāḥ (m)	نجاح
con successo	bi naʒāḥ	بنجاح
ben riuscito (agg)	nāʒiḥ	ناجح
fortuna (f)	ḥazz (m)	حظّ
Buona fortuna!	bit tawfīq!	بالتوفيق!
fortunato (giorno ~)	murawaffiq	متوفّق
fortunato (persona ~a)	maḥzūz	محظوظ

fiasco (m)	faʃl (m)	فشل
disdetta (f)	sū' al ḥazz (m)	سوء الحظّ
sfortuna (f)	sū' al ḥazz (m)	سوء الحظّ
fallito (agg)	fāʃil	فاشل
disastro (m)	kāriθa (f)	كارثة

orgoglio (m)	faxr (m)	فخر
orgoglioso (agg)	faxūr	فخور
essere fiero di ...	iftaxar	إفتخر
vincitore (m)	fā'iz (m)	فائز
vincere (vi)	fāz	فاز
perdere (subire una sconfitta)	xasir	خسر
tentativo (m)	muḥāwala (f)	محاولة
tentare (vi)	ḥāwal	حاول
chance (f)	furṣa (f)	فرصة

70. Dispute. Sentimenti negativi

| grido (m) | ṣarxa (f) | صرخة |
| gridare (vi) | ṣarax | صرخ |

mettersi a gridare	ṣaraχ	صرخ
litigio (m)	muʃāȝara (f)	مشاجرة
litigare (vi)	taʃāȝar	تشاجر
lite (f)	muʃāȝara (f)	مشاجرة
dare scandalo (litigare)	taʃāȝar	تشاجر
conflitto (m)	χilāf (m)	خلاف
fraintendimento (m)	sū'at tafāhum (m)	سوء التفاهم
insulto (m)	ihāna (f)	إهانة
insultare (vt)	ahān	أهان
offeso (agg)	muhān	مهان
offesa (f)	ḍaym (m)	ضيم
offendere (qn)	asā'	أساء
offendersi (vr)	istā'	إستاء
indignazione (f)	istiyā' (m)	إستياء
indignarsi (vr)	istā'	إستاء
lamentela (f)	ʃakwa (f)	شكوى
lamentarsi (vr)	ʃaka	شكا
scusa (f)	i'tiðār (m)	إعتذار
scusarsi (vr)	i'taðar	إعتذر
chiedere scusa	i'taðar	إعتذر
critica (f)	naqd (m)	نقد
criticare (vt)	naqad	نقد
accusa (f)	ittihām (m)	إتهام
accusare (vt)	ittaham	إتهم
vendetta (f)	intiqām (m)	إنتقام
vendicare (vt)	intaqam	إنتقم
vendicarsi (vr)	radd	ردّ
disprezzo (m)	iḥtiqār (m)	إحتقار
disprezzare (vt)	iḥtaqar	إحتقر
odio (m)	karāha (f)	كراهة
odiare (vt)	karah	كره
nervoso (agg)	'aṣabiy	عصبيّ
essere nervoso	qalaq	قلق
arrabbiato (agg)	za'lān	زعلان
fare arrabbiare	az'al	أزعل
umiliazione (f)	iðlāl (m)	إذلال
umiliare (vt)	ðallal	ذلّل
umiliarsi (vr)	taðallal	تذلّل
shock (m)	ṣadma (f)	صدمة
scandalizzare (vt)	ṣadam	صدم
problema (m) (avere ~i)	muʃkila (f)	مشكلة
spiacevole (agg)	karīh	كريه
spavento (m), paura (f)	χawf (m)	خوف
terribile (una tempesta ~)	ʃadīd	شديد
spaventoso (un racconto ~)	muχīf	مخيف

orrore (m)	ru'b (m)	رعب
orrendo (un crimine ~)	mur'ib	مرعب
cominciare a tremare	irta'aʃ	إرتعش
piangere (vi)	baka	بكى
mettersi a piangere	baka	بكى
lacrima (f)	dama'a (f)	دمعة
colpa (f)	ɣalṭa (f)	غلطة
senso (m) di colpa	ðamb (m)	ذنب
vergogna (f)	'ār (m)	عار
protesta (f)	iḥtiʒāʒ (m)	إحتجاج
stress (m)	tawattur (m)	توتّر
disturbare (vt)	az'aʒ	أزعج
essere arrabbiato	ɣaḍib	غضب
arrabbiato (agg)	ɣaḍbān	غضبان
porre fine a …	anha	أنهى
(~ una relazione)		
rimproverare (vt)	ʃātam	شاتم
spaventarsi (vr)	χāf	خاف
colpire (vt)	ḍarab	ضرب
picchiarsi (vr)	ta'ārak	تعارك
regolare (~ un conflitto)	sawwa	سوّى
scontento (agg)	ɣayr rāḍi	غير راض
furioso (agg)	'anīf	عنيف
Non sta bene!	laysa haða amr ʒayyid!	ليس هذا أمرًا جيّدًا!
Fa male!	haða amr sayyi'!	هذا أمر سيّء!

Medicinali

71. Malattie

malattia (f)	maraḍ (m)	مرض
essere malato	maraḍ	مرض
salute (f)	ṣiḥḥa (f)	صِحّة
raffreddore (m)	zukām (m)	زكام
tonsillite (f)	iltihāb al lawzatayn (m)	التهاب اللوزتين
raffreddore (m)	bard (m)	برد
raffreddarsi (vr)	aṣābahu al bard	أصابه البرد
bronchite (f)	iltihāb al qaṣabāt (m)	إلتهاب القصبات
polmonite (f)	iltihāb ar ri'atayn (m)	إلتهاب الرئتين
influenza (f)	inflūnza (f)	إنفلونزا
miope (agg)	qaṣīr an naẓar	قصير النظر
presbite (agg)	ba'īd an naẓar	بعيد النظر
strabismo (m)	ḥawal (m)	حول
strabico (agg)	aḥwal	أحول
cateratta (f)	katarakt (f)	كاتاراكت
glaucoma (m)	glawkūma (f)	جلوكوما
ictus (m) cerebrale	sakta (f)	سكتة
attacco (m) di cuore	iḥtiʃā' (m)	إحتشاء
infarto (m) miocardico	nawba qalbiya (f)	نوبة قلبية
paralisi (f)	ʃalal (m)	شلل
paralizzare (vt)	ʃall	شلّ
allergia (f)	ḥassāsiyya (f)	حسّاسيّة
asma (f)	rabw (m)	ربو
diabete (m)	ad dā' as sukkariy (m)	الداء السكّريّ
mal (m) di denti	alam al asnān (m)	ألم الأسنان
carie (f)	naxar al asnān (m)	نخر الأسنان
diarrea (f)	ishāl (m)	إسهال
stitichezza (f)	imsāk (m)	إمساك
disturbo (m) gastrico	'usr al haḍm (m)	عسر الهضم
intossicazione (f) alimentare	tasammum (m)	تسمّم
intossicarsi (vr)	tasammam	تسمّم
artrite (f)	iltihāb al mafāṣil (m)	إلتهاب المفاصل
rachitide (f)	kusāḥ al aṭfāl (m)	كساح الأطفال
reumatismo (m)	riumatizm (m)	روماتزم
aterosclerosi (f)	taṣṣallub aʃ ʃarayīn (m)	تصلّب الشرايين
gastrite (f)	iltihāb al ma'ida (m)	إلتهاب المعدة
appendicite (f)	iltihāb az zā'ida ad dūdiyya (m)	إلتهاب الزائدة الدوديّة

| colecistite (f) | iltihāb al marāra (m) | إلتهاب المرارة |
| ulcera (f) | qurḥa (f) | قرحة |

morbillo (m)	maraḍ al ḥaṣba (m)	مرض الحصبة
rosolia (f)	ḥaṣba almāniyya (f)	حصبة ألمانية
itterizia (f)	yaraqān (m)	يرقان
epatite (f)	iltihāb al kabd al vayrūsiy (m)	إلتهاب الكبد الفيروسيّ

schizofrenia (f)	ʃizufrīniya (f)	شيزوفرينيا
rabbia (f)	dā' al kalb (m)	داء الكلب
nevrosi (f)	'iṣāb (m)	عصاب
commozione (f) cerebrale	irtiʒāʒ al muxx (m)	إرتجاج المخ

cancro (m)	saraṭān (m)	سرطان
sclerosi (f)	taṣṣallub (m)	تصلّب
sclerosi (f) multipla	taṣṣallub muta'addid (m)	تصلّب متعدد

alcolismo (m)	idmān al xamr (m)	إدمان الخمر
alcolizzato (m)	mudmin al xamr (m)	مدمن الخمر
sifilide (f)	sifilis az zuhariy (m)	سفلس الزهري
AIDS (m)	al aydz (m)	الايدز

tumore (m)	waram (m)	ورم
maligno (agg)	xabīθ	خبيث
benigno (agg)	ḥamīd (m)	حميد

febbre (f)	ḥumma (f)	حمّى
malaria (f)	malāriya (f)	ملاريا
cancrena (f)	ɣanɣrīna (f)	غنغرينا
mal (m) di mare	duwār al baḥr (m)	دوار البحر
epilessia (f)	maraḍ aṣ ṣar' (m)	مرض الصرع

epidemia (f)	wabā' (m)	وباء
tifo (m)	tīfus (m)	تيفوس
tubercolosi (f)	maraḍ as sull (m)	مرض السلّ
colera (m)	kulīra (f)	كوليرا
peste (f)	ṭā'ūn (m)	طاعون

72. Sintomi. Cure. Parte 1

sintomo (m)	'araḍ (m)	عرض
temperatura (f)	ḥarāra (f)	حرارة
febbre (f) alta	ḥumma (f)	حمّى
polso (m)	nabḍ (m)	نبض

capogiro (m)	dawxa (f)	دوخة
caldo (agg)	ḥārr	حارّ
brivido (m)	nafaḍān (m)	نفضان
pallido (un viso ~)	aṣfar	أصفر

tosse (f)	su'āl (m)	سعال
tossire (vi)	sa'al	سعل
starnutire (vi)	'aṭas	عطس
svenimento (m)	iɣmā' (m)	إغماء

svenire (vi)	ɣumiya 'alayh	غمي عليه
livido (m)	kadma (f)	كدمة
bernoccolo (m)	tawarrum (m)	تورّم
farsi un livido	iṣṭadam	إصطدم
contusione (f)	raḍḍ (m)	رضّ
farsi male	taraḍḍaḍ	ترضّض
zoppicare (vi)	'araʒ	عرج
slogatura (f)	xalʿ (m)	خلع
slogarsi (vr)	xalaʿ	خلع
frattura (f)	kasr (m)	كسر
fratturarsi (vr)	inkasar	إنكسر
taglio (m)	ʒurḥ (m)	جرح
tagliarsi (vr)	ʒaraḥ nafsah	جرح نفسه
emorragia (f)	nazf (m)	نزف
scottatura (f)	ḥarq (m)	حرق
scottarsi (vr)	taʃayyat	تشيّط
pungere (vt)	waxaz	وخز
pungersi (vr)	waxaz nafsah	وخز نفسه
ferire (vt)	aṣāb	أصاب
ferita (f)	iṣāba (f)	إصابة
lesione (f)	ʒurḥ (m)	جرح
trauma (m)	ṣadma (f)	صدمة
delirare (vi)	haða	هذى
tartagliare (vi)	tala'sam	تلعثم
colpo (m) di sole	ḍarbat ʃams (f)	ضربة شمس

73. Sintomi. Cure. Parte 2

dolore (m), male (m)	alam (m)	ألم
scheggia (f)	ʃaʒiyya (f)	شظيّة
sudore (m)	'irq (m)	عرق
sudare (vi)	'ariq	عرق
vomito (m)	taqayyuʿ (m)	تقيّؤ
convulsioni (f pl)	taʃannuʒāt (pl)	تشنّجات
incinta (agg)	ḥāmil	حامل
nascere (vi)	wulid	وُلد
parto (m)	wilāda (f)	ولادة
essere in travaglio di parto	walad	ولد
aborto (m)	iʒhāḍ (m)	إجهاض
respirazione (f)	tanaffus (m)	تنفّس
inspirazione (f)	istinʃāq (m)	إستنشاق
espirazione (f)	zafīr (m)	زفير
espirare (vi)	zafar	زفر
inspirare (vi)	istanʃaq	إستنشق
invalido (m)	muʿāq (m)	معاق
storpio (m)	muq'ad (m)	مقعد

drogato (m)	mudmin muχaddirāt (m)	مدمن مخدّرات
sordo (agg)	aṭraʃ	أطرش
muto (agg)	aχras	أخرس
sordomuto (agg)	aṭraʃ aχras	أطرش أخرس
matto (agg)	maʒnūn (m)	مجنون
matto (m)	maʒnūn (m)	مجنون
matta (f)	maʒnūna (f)	مجنونة
impazzire (vi)	ʒunn	جنّ
gene (m)	ʒīn (m)	جين
immunità (f)	manāʻa (f)	مناعة
ereditario (agg)	wirāθiy	وراثيّ
innato (agg)	χilqiy munð al wilāda	خلقيّ منذ الولادة
virus (m)	virūs (m)	فيروس
microbo (m)	mikrūb (m)	ميكروب
batterio (m)	ʒurθūma (f)	جرثومة
infezione (f)	ʻadwa (f)	عدوى

74. Sintomi. Cure. Parte 3

ospedale (m)	mustaʃfa (m)	مستشفى
paziente (m)	marīḍ (m)	مريض
diagnosi (f)	taʃχīṣ (m)	تشخيص
cura (f)	ʻilāʒ (m)	علاج
trattamento (m)	ʻilāʒ (m)	علاج
curarsi (vr)	taʻālaʒ	تعالج
curare (vt)	ʻālaʒ	عالج
accudire (un malato)	marraḍ	مرّض
assistenza (f)	ʻināya (f)	عناية
operazione (f)	ʻamaliyya ʒaraḥiyya (f)	عمليّة جرحيّة
bendare (vt)	ḍammad	ضمّد
fasciatura (f)	taḍmīd (m)	تضميد
vaccinazione (f)	talqīḥ (m)	تلقيح
vaccinare (vt)	laqqaḥ	لقّح
iniezione (f)	ḥuqna (f)	حقنة
fare una puntura	ḥaqan ibra	حقن إبرة
attacco (m) (~ epilettico)	nawba (f)	نوبة
amputazione (f)	batr (m)	بتر
amputare (vt)	batar	بتر
coma (m)	ɣaybūba (f)	غيبوبة
essere in coma	kān fi ḥālat ɣaybūba	كان في حالة غيبوبة
rianimazione (f)	al ʻināya al murakkaza (f)	العناية المركّزة
guarire (vi)	ʃufiy	شفي
stato (f) (del paziente)	ḥāla (f)	حالة
conoscenza (f)	waʻy (m)	وعي
memoria (f)	ðākira (f)	ذاكرة
estrarre (~ un dente)	χalaʻ	خلع

| otturazione (f) | ḥaʃw (m) | حشو |
| otturare (vt) | ḥaʃa | حشا |

| ipnosi (f) | at tanwīm al maɣnaṭīsiy (m) | التنويم المغناطيسيّ |
| ipnotizzare (vt) | nawwam | نوّم |

75. Medici

medico (m)	ṭabīb (m)	طبيب
infermiera (f)	mumarriḍa (f)	ممرّضة
medico (m) personale	duktūr ʃaxṣiy (m)	دكتور شخصيّ

dentista (m)	ṭabīb al asnān (m)	طبيب الأسنان
oculista (m)	ṭabīb al ʿuyūn (m)	طبيب العيون
internista (m)	ṭabīb bāṭiniy (m)	طبيب باطنيّ
chirurgo (m)	ʒarrāḥ (m)	جرّاح

psichiatra (m)	ṭabīb nafsiy (m)	طبيب نفسيّ
pediatra (m)	ṭabīb al aṭfāl (m)	طبيب الأطفال
psicologo (m)	sikulūʒiy (m)	سيكولوجيّ
ginecologo (m)	ṭabīb an nisāʾ (m)	طبيب النساء
cardiologo (m)	ṭabīb al qalb (m)	طبيب القلب

76. Medicinali. Farmaci. Accessori

medicina (f)	dawāʾ (m)	دواء
rimedio (m)	ʿilāʒ (m)	علاج
prescrivere (vt)	waṣaf	وصف
prescrizione (f)	waṣfa (f)	وصفة

compressa (f)	qurṣ (m)	قرص
unguento (m)	marham (m)	مرهم
fiala (f)	ambūla (f)	أمبولة
pozione (f)	dawāʾ ʃarāb (m)	دواء شراب
sciroppo (m)	ʃarāb (m)	شراب
pillola (f)	ḥabba (f)	حبّة
polverina (f)	ðarūr (m)	ذرور

benda (f)	ḍammāda (f)	ضمادة
ovatta (f)	quṭn (m)	قطن
iodio (m)	yūd (m)	يود

cerotto (m)	blāstir (m)	بلاستر
contagocce (m)	māṣṣat al bastara (f)	ماصّة البسترة
termometro (m)	tirmūmitr (m)	ترمومتر
siringa (f)	miḥqana (f)	محقنة

| sedia (f) a rotelle | kursiy mutaḥarrik (m) | كرسي متحرّك |
| stampelle (f pl) | ʿukkāzān (du) | عكّازان |

| analgesico (m) | musakkin (m) | مسكّن |
| lassativo (m) | mulayyin (m) | ملّين |

alcol (m)	iθanūl (m)	إيثانول
erba (f) officinale	a'ʃāb ṭibbiyya (pl)	أعشاب طبية
d'erbe (infuso ~)	'uʃbiy	عشبي

77. Fumo. Prodotti di tabaccheria

tabacco (m)	tabɣ (m)	تبغ
sigaretta (f)	sīʒāra (f)	سيجارة
sigaro (m)	sīʒār (m)	سيجار
pipa (f)	ɣalyūn (m)	غليون
pacchetto (m) (di sigarette)	'ulba (f)	علبة

fiammiferi (m pl)	kibrīt (m)	كبريت
scatola (f) di fiammiferi	'ulbat kibrīt (f)	علبة كبريت
accendino (m)	wallā'a (f)	ولّاعة
portacenere (m)	ṭaqṭūqa (f)	طقطوقة
portasigarette (m)	'ulbat saʒā'ir (f)	علبة سجائر

bocchino (m)	ḥamilat siʒāra (f)	حاملة سيجارة
filtro (m)	filtir (m)	فلتر

fumare (vi, vt)	daxxan	دخّن
accendere una sigaretta	aʃal siʒāra	أشعل سيجارة
fumo (m)	tadxīn (m)	تدخين
fumatore (m)	mudaxxin (m)	مدخّن

cicca (f), mozzicone (m)	'uqb siʒāra (m)	عقب سيجارة
fumo (m)	duxān (m)	دخان
cenere (f)	ramād (m)	رماد

HABITAT UMANO

Città

78. Città. Vita di città

città (f)	madīna (f)	مدينة
capitale (f)	'āṣima (f)	عاصمة
villaggio (m)	qarya (f)	قرية
mappa (f) della città	xarīṭat al madīna (f)	خريطة المدينة
centro (m) della città	markaz al madīna (m)	مركز المدينة
sobborgo (m)	ḍāḥiya (f)	ضاحية
suburbano (agg)	aḍ ḍawāhi	الضواحي
periferia (f)	aṭrāf al madīna (pl)	أطراف المدينة
dintorni (m pl)	ḍawāḥi al madīna (pl)	ضواحي المدينة
isolato (m)	ḥayy (m)	حي
quartiere residenziale	ḥayy sakaniy (m)	حي سكني
traffico (m)	ḥarakat al murūr (f)	حركة المرور
semaforo (m)	iʃārāt al murūr (pl)	إشارات المرور
trasporti (m pl) urbani	wasā'il an naql (pl)	وسائل النقل
incrocio (m)	taqāṭuʻ (m)	تقاطع
passaggio (m) pedonale	maʻbar al muʃāt (m)	معبر المشاة
sottopassaggio (m)	nafaq muʃāt (m)	نفق مشاة
attraversare (vt)	ʻabar	عبر
pedone (m)	māʃi (m)	ماش
marciapiede (m)	raṣīf (m)	رصيف
ponte (m)	ʒisr (m)	جسر
banchina (f)	kurnīʃ (m)	كورنيش
fontana (f)	nāfūra (f)	نافورة
vialetto (m)	mamʃa (m)	ممشى
parco (m)	ḥadīqa (f)	حديقة
boulevard (m)	bulvār (m)	بولفار
piazza (f)	maydān (m)	ميدان
viale (m), corso (m)	ʃāriʻ (m)	شارع
via (f), strada (f)	ʃāriʻ (m)	شارع
vicolo (m)	zuqāq (m)	زقاق
vicolo (m) cieco	ṭarīq masdūd (m)	طريق مسدود
casa (f)	bayt (m)	بيت
edificio (m)	mabna (m)	مبنى
grattacielo (m)	nāṭiḥat saḥāb (f)	ناطحة سحاب
facciata (f)	wāʒiha (f)	واجهة
tetto (m)	saqf (m)	سقف

finestra (f)	ʃubbāk (m)	شبّاك
arco (m)	qaws (m)	قوس
colonna (f)	'amūd (m)	عمود
angolo (m)	zāwiya (f)	زاوية
vetrina (f)	vatrīna (f)	فترينة
insegna (f) (di negozi, ecc.)	lāfita (f)	لافتة
cartellone (m)	mulṣaq (m)	ملصق
cartellone (m) pubblicitario	mulṣaq i'lāniy (m)	ملصق إعلاني
tabellone (m) pubblicitario	lawḥat i'lānāt (f)	لوحة إعلانات
pattume (m), spazzatura (f)	zubāla (f)	زبالة
pattumiera (f)	ṣundūq zubāla (m)	صندوق زبالة
sporcare (vi)	rama zubāla	رمى زبالة
discarica (f) di rifiuti	mazbala (f)	مزبلة
cabina (f) telefonica	kuʃk tilifūn (m)	كشك تليفون
lampione (m)	'amūd al miṣbāḥ (m)	عمود المصباح
panchina (f)	dikka (f), kursiy (m)	دكّة, كرسيّ
poliziotto (m)	ʃurṭiy (m)	شرطيّ
polizia (f)	ʃurṭa (f)	شرطة
mendicante (m)	ʃaḥḥāð (m)	شحّاذ
barbone (m)	mutaʃarrid (m)	متشرّد

79. Servizi cittadini

negozio (m)	maḥall (m)	محلّ
farmacia (f)	ṣaydaliyya (f)	صيدليّة
ottica (f)	al adawāt al baṣariyya (pl)	الأدوات البصريّة
centro (m) commerciale	markaz tiʒāriy (m)	مركز تجاريّ
supermercato (m)	subirmarkit (m)	سوبرماركت
panetteria (f)	maχbaz (m)	مخبز
fornaio (m)	χabbāz (m)	خبّاز
pasticceria (f)	dukkān ḥalawāniy (m)	دكّان حلوانيّ
drogheria (f)	baqqāla (f)	بقّالة
macelleria (f)	malḥama (f)	ملحمة
fruttivendolo (m)	dukkān χuḍār (m)	دكّان خضار
mercato (m)	sūq (f)	سوق
caffè (m)	kafé (m), maqha (m)	كافيه, مقهى
ristorante (m)	maṭ'am (m)	مطعم
birreria (f), pub (m)	ḥāna (f)	حانة
pizzeria (f)	maṭ'am pizza (m)	مطعم بيتزا
salone (m) di parrucchiere	ṣālūn ḥilāqa (m)	صالون حلاقة
ufficio (m) postale	maktab al barīd (m)	مكتب البريد
lavanderia (f) a secco	tanẓīf ʒāff (m)	تنظيف جافّ
studio (m) fotografico	istūdiyu taṣwīr (m)	إستوديو تصوير
negozio (m) di scarpe	maḥall aḥðiya (m)	محلّ أحذية
libreria (f)	maḥall kutub (m)	محلّ كتب

negozio (m) sportivo	maḥall riyāḍiy (m)	محلّ رياضيّ
riparazione (f) di abiti	maḥall xiyāṭat malābis (m)	محلّ خياطة ملابس
noleggio (m) di abiti	maḥall ta'ʒīr malābis rasmiyya (m)	محلّ تأجير ملابس رسمية
noleggio (m) di film	maḥal ta'ʒīr vidiyu (m)	محلّ تأجير فيديو

circo (m)	sirk (m)	سيرك
zoo (m)	ḥadīqat al ḥayawān (f)	حديقة حيوان
cinema (m)	sinima (f)	سينما
museo (m)	matḥaf (m)	متحف
biblioteca (f)	maktaba (f)	مكتبة

teatro (m)	masraḥ (m)	مسرح
teatro (m) dell'opera	ubra (f)	أوبرا
locale notturno (m)	malha layliy (m)	ملهى ليليّ
casinò (m)	kazinu (m)	كازينو

moschea (f)	masʒid (m)	مسجد
sinagoga (f)	kanīs maʿbad yahūdiy (m)	كنيس معبد يهوديّ
cattedrale (f)	katidrā'iyya (f)	كاتدرائيّة
tempio (m)	maʿbad (m)	معبد
chiesa (f)	kanīsa (f)	كنيسة

istituto (m)	kulliyya (m)	كلّيّة
università (f)	ʒāmiʿa (f)	جامعة
scuola (f)	madrasa (f)	مدرسة

prefettura (f)	muqāṭaʿa (f)	مقاطعة
municipio (m)	baladiyya (f)	بلديّة
albergo, hotel (m)	funduq (m)	فندق
banca (f)	bank (m)	بنك

ambasciata (f)	safāra (f)	سفارة
agenzia (f) di viaggi	ʃarikat siyāḥa (f)	شركة سياحة
ufficio (m) informazioni	maktab al istiʿlāmāt (m)	مكتب الإستعلامات
ufficio (m) dei cambi	ṣarrāfa (f)	صرّافة

| metropolitana (f) | mitru (m) | مترو |
| ospedale (m) | mustaʃfa (m) | مستشفى |

| distributore (m) di benzina | maḥaṭṭat banzīn (f) | محطّة بنزين |
| parcheggio (m) | mawqif as sayyārāt (m) | موقف السيّارات |

80. Cartelli

insegna (f) (di negozi, ecc.)	lāfita (f)	لافتة
iscrizione (f)	bayān (m)	بيان
cartellone (m)	mulṣaq iʿlāniy (m)	ملصق إعلانيّ
segnale (m) di direzione	ʿalāmat ittiʒāh (f)	علامة إتّجاه
freccia (f)	ʿalāmat iʃāra (f)	علامة إشارة

avvertimento (m)	taḥðīr (m)	تحذير
avviso (m)	lāfitat taḥðīr (f)	لافتة تحذير
avvertire, avvisare (vt)	ḥaððar	حذّر

giorno (m) di riposo	yawm 'utla (m)	يوم عطلة
orario (m)	ӡadwal (m)	جدول
orario (m) di apertura	awqāt al 'amal (pl)	أوقات العمل

BENVENUTI!	ahlan wa sahlan!	أهلًا وسهلًا
ENTRATA	duχūl	دخول
USCITA	χurūӡ	خروج

SPINGERE	idfa'	إدفع
TIRARE	isḥab	إسحب
APERTO	maftūḥ	مفتوح
CHIUSO	muɣlaq	مغلق

| DONNE | lis sayyidāt | للسيدات |
| UOMINI | lir riӡāl | للرجال |

SCONTI	χaṣm	خصم
SALDI	taχfīḍāt	تخفيضات
NOVITÀ!	ӡadīd!	جديد!
GRATIS	maӡӡānan	مجّانًا

ATTENZIONE!	intibāh!	إنتباه!
COMPLETO	kull al amākin maḥӡūza	كل الأماكن محجوزة
RISERVATO	maḥӡūz	محجوز

| AMMINISTRAZIONE | idāra | إدارة |
| RISERVATO AL PERSONALE | lil 'āmilīn faqaṭ | للعاملين فقط |

ATTENTI AL CANE	iḥðar wuӡūd al kalb	إحذر وجود الكلب
VIETATO FUMARE!	mamnū' at tadχīn	ممنوع التدخين
NON TOCCARE	'adam al lams	عدم اللمس

PERICOLOSO	χaṭīr	خطير
PERICOLO	χaṭar	خطر
ALTA TENSIONE	tayyār 'āli	تيّار عالي
DIVIETO DI BALNEAZIONE	as sibāḥa mamnū'a	السباحة ممنوعة
GUASTO	mu'aṭṭal	معطّل

INFIAMMABILE	sarī' al iſti'āl	سريع الإشتعال
VIETATO	mamnū'	ممنوع
VIETATO L'INGRESSO	mamnū' al murūr	ممنوع المرور
VERNICE FRESCA	iḥðar ṭilā' ɣayr ӡāff	إحذر طلاء غير جاف

81. Mezzi pubblici in città

autobus (m)	bāṣ (m)	باص
tram (m)	trām (m)	ترام
filobus (m)	truli bāṣ (m)	ترولي باص
itinerario (m)	χaṭṭ (m)	خط
numero (m)	raqm (m)	رقم

| andare in ... | rakib ... | ركب... |
| salire (~ sull'autobus) | rakib | ركب |

scendere da ...	nazil min	نزل من
fermata (f) (~ dell'autobus)	mawqif (m)	موقف
prossima fermata (f)	al maḥaṭṭa al qādima (f)	المحطّة القادمة
capolinea (m)	āxir maḥaṭṭa (f)	آخر محطّة
orario (m)	ӡadwal (m)	جدول
aspettare (vt)	intazar	إنتظر

| biglietto (m) | taðkira (f) | تذكرة |
| prezzo (m) del biglietto | uӡra (f) | أجرة |

cassiere (m)	ṣarrāf (m)	صرّاف
controllo (m) dei biglietti	taftīʃ taðkira (m)	تفتيش تذكرة
bigliettaio (m)	mufattiʃ taðākir (m)	مفتّش تذاكر

essere in ritardo	ta'axxar	تأخّر
perdere (~ il treno)	ta'axxar	تأخّر
avere fretta	ista'ӡal	إستعجل

taxi (m)	taksi (m)	تاكسي
taxista (m)	sā'iq taksi (m)	سائق تاكسي
in taxi	bit taksi	بالتاكسي
parcheggio (m) di taxi	mawqif taksi (m)	موقف تاكسي
chiamare un taxi	kallam tāksi	كلّم تاكسي
prendere un taxi	axað taksi	أخذ تاكسي

traffico (m)	ḥarakat al murūr (f)	حركة المرور
ingorgo (m)	zaḥmat al murūr (f)	زحمة المرور
ore (f pl) di punta	sā'at að ðurwa (f)	ساعة الذروة
parcheggiarsi (vr)	awqaf	أوقف
parcheggiare (vt)	awqaf	أوقف
parcheggio (m)	mawqif as sayyārāt (m)	موقف السيارات

metropolitana (f)	mitru (m)	مترو
stazione (f)	maḥaṭṭa (f)	محطّة
prendere la metropolitana	rakib al mitru	ركب المترو
treno (m)	qiṭār (m)	قطار
stazione (f) ferroviaria	maḥaṭṭat qiṭār (f)	محطّة قطار

82. Visita turistica

monumento (m)	timθāl (m)	تمثال
fortezza (f)	qal'a (f), ḥiṣn (m)	قلعة, حصن
palazzo (m)	qaṣr (m)	قصر
castello (m)	qal'a (f)	قلعة
torre (f)	burӡ (m)	برج
mausoleo (m)	ḍarīḥ (m)	ضريح

architettura (f)	handasa mi'māriyya (f)	هندسة معماريّة
medievale (agg)	min al qurūn al wusṭa	من القرون الوسطى
antico (agg)	qadīm	قديم
nazionale (agg)	waṭaniy	وطنيّ
famoso (agg)	maʃhūr	مشهور
turista (m)	sā'iḥ (m)	سائح
guida (f)	murʃid (m)	مرشد

escursione (f)	ʒawla (f)	جولة
fare vedere	ʻaraḍ	عرض
raccontare (vt)	ḥaddaθ	حدث
trovare (vt)	waʒad	وجد
perdersi (vr)	ḍāʻ	ضاع
mappa (f) (~ della metropolitana)	χarīṭa (f)	خريطة
piantina (f) (~ della città)	χarīṭa (f)	خريطة
souvenir (m)	tiðkār (m)	تذكار
negozio (m) di articoli da regalo	maḥall hadāya (m)	محلّ هدايا
fare foto	ṣawwar	صوَّر
fotografarsi	taṣawwar	تصوَّر

83. Acquisti

comprare (vt)	iʃtara	إشترى
acquisto (m)	ʃayʼ (m)	شيء
fare acquisti	iʃtara	إشترى
shopping (m)	ʃubinɣ (m)	شوبينغ
essere aperto (negozio)	maftūḥ	مفتوح
essere chiuso	muɣlaq	مغلق
calzature (f pl)	aḥðiya (pl)	أحذية
abbigliamento (m)	malābis (pl)	ملابس
cosmetica (f)	mawādd at taʒmīl (pl)	موادّ التجميل
alimentari (m pl)	maʼkūlāt (pl)	مأكولات
regalo (m)	hadiyya (f)	هديّة
commesso (m)	bāʼiʻ (m)	بائع
commessa (f)	bāʼiʻa (f)	بائعة
cassa (f)	ṣundūʼ ad dafʻ (m)	صندوق الدفع
specchio (m)	mirʼāt (f)	مرآة
banco (m)	minḍada (f)	منضدة
camerino (m)	ɣurfat al qiyās (f)	غرفة القياس
provare (~ un vestito)	ʒarrab	جرَّب
stare bene (vestito)	nāsab	ناسب
piacere (vi)	aʻʒab	أعجب
prezzo (m)	siʻr (m)	سعر
etichetta (f) del prezzo	tikit as siʻr (m)	تيكت السعر
costare (vt)	kallaf	كلَّف
Quanto?	bikam?	بكم؟
sconto (m)	χaṣm (m)	خصم
no muy caro (agg)	ɣayr ɣāli	غير غال
a buon mercato	raχīṣ	رخيص
caro (agg)	ɣāli	غال
È caro	haða ɣāli	هذا غال

noleggio (m)	isti'ʒār (m)	إستئجار
noleggiare (~ un abito)	ista'ʒar	إستأجر
credito (m)	i'timān (m)	إئتمان
a credito	bid dayn	بالدين

84. Denaro

soldi (m pl)	nuqūd (pl)	نقود
cambio (m)	taḥwīl 'umla (m)	تحويل عملة
corso (m) di cambio	si'r aṣ ṣarf (m)	سعر الصرف
bancomat (m)	ṣarrāf 'āliy (m)	صرّاف آليّ
moneta (f)	qiṭ'a naqdiyya (f)	قطعة نقديّة

| dollaro (m) | dulār (m) | دولار |
| euro (m) | yuru (m) | يورو |

lira (f)	lira iṭāliyya (f)	ليرة إيطالية
marco (m)	mark almāniy (m)	مارك ألماني
franco (m)	frank (m)	فرنك
sterlina (f)	ʒunayh istirlīniy (m)	جنيه استرلينيّ
yen (m)	yīn (m)	ين

debito (m)	dayn (m)	دين
debitore (m)	mudīn (m)	مدين
prestare (~ i soldi)	sallaf	سلّف
prendere in prestito	istalaf	إستلف

banca (f)	bank (m)	بنك
conto (m)	ḥisāb (m)	حساب
versare (vt)	awda'	أودع
versare sul conto	awda' fil ḥisāb	أودع في الحساب
prelevare dal conto	saḥab min al ḥisāb	سحب من الحساب

carta (f) di credito	biṭāqat i'timān (f)	بطاقة إئتمان
contanti (m pl)	nuqūd (pl)	نقود
assegno (m)	ʃīk (m)	شيك
emettere un assegno	katab ʃīk	كتب شيكًا
libretto (m) di assegni	daftar ʃīkāt (m)	دفتر شيكات

portafoglio (m)	maḥfaẓat ʒīb (f)	محفظة جيب
borsellino (m)	maḥfaẓat fakka (f)	محفظة فكّة
cassaforte (f)	χizāna (f)	خزانة

erede (m)	wāris (m)	وارث
eredità (f)	wirāθa (f)	وراثة
fortuna (f)	θarwa (f)	ثروة

affitto (m), locazione (f)	'īʒār (m)	إيجار
canone (m) d'affitto	uʒrat as sakan (f)	أجرة السكن
affittare (dare in affitto)	ista'ʒar	إستأجر

prezzo (m)	si'r (m)	سعر
costo (m)	θaman (m)	ثمن
somma (f)	mablaɣ (m)	مبلغ

spendere (vt)	ṣaraf	صرف
spese (f pl)	maṣārīf (pl)	مصاريف
economizzare (vi, vt)	waffar	وفّر
economico (agg)	muwaffir	موفّر
pagare (vi, vt)	dafaʻ	دفع
pagamento (m)	dafʻ (m)	دفع
resto (m) (dare il ~)	al bāqi (m)	الباقي
imposta (f)	ḍarība (f)	ضريبة
multa (f), ammenda (f)	ɣarāma (f)	غرامة
multare (vt)	faraḍ ɣarāma	فرض غرامة

85. Posta. Servizio postale

ufficio (m) postale	maktab al barīd (m)	مكتب البريد
posta (f) (lettere, ecc.)	al barīd (m)	البريد
postino (m)	sāʻi al barīd (m)	ساعي البريد
orario (m) di apertura	awqāt al ʻamal (pl)	أوقات العمل
lettera (f)	risāla (f)	رسالة
raccomandata (f)	risāla musaӡӡala (f)	رسالة مسجّلة
cartolina (f)	biṭāqa barīdiyya (f)	بطاقة بريديّة
telegramma (m)	barqiyya (f)	برقيّة
pacco (m) postale	ṭard (m)	طرد
vaglia (m) postale	ḥawāla māliyya (f)	حوالة ماليّة
ricevere (vt)	istalam	إستلم
spedire (vt)	arsal	أرسل
invio (m)	irsāl (m)	إرسال
indirizzo (m)	ʻunwān (m)	عنوان
codice (m) postale	raqm al barīd (m)	رقم البريد
mittente (m)	mursil (m)	مرسل
destinatario (m)	mursal ilayh (m)	مرسل إليه
nome (m)	ism (m)	إسم
cognome (m)	ism al ʻāʼila (m)	إسم العائلة
tariffa (f)	taʻrīfa (f)	تعريفة
ordinario (agg)	ʻādiy	عاديّ
standard (agg)	muwaffir	موفّر
peso (m)	wazn (m)	وزن
pesare (vt)	wazan	وزن
busta (f)	ӡarf (m)	ظرف
francobollo (m)	ṭābiʻ (m)	طابع
affrancare (vt)	alṣaq ṭābiʻ	ألصق طابعا

Abitazione. Casa

86. Casa. Abitazione

casa (f)	bayt (m)	بيت
a casa	fil bayt	في البيت
cortile (m)	finā' (m)	فناء
recinto (m)	sūr (m)	سور
mattone (m)	ṭūb (m)	طوب
di mattoni	min aṭ ṭūb	من الطوب
pietra (f)	haʒar (m)	حجر
di pietra	haʒariy	حجريّ
beton (m)	χarasāna (f)	خرسانة
di beton	χarasāniy	خرسانيّ
nuovo (agg)	ʒadīd	جديد
vecchio (agg)	qadīm	قديم
fatiscente (edificio ~)	'āyil lis suqūṭ	آيل للسقوط
moderno (agg)	mu'āṣir	معاصر
a molti piani	muta'addid aṭ ṭawābiq	متعدّد الطوابق
alto (agg)	'āli	عال
piano (m)	ṭābiq (m)	طابق
di un piano	ðu ṭābiq wāhid	ذو طابق واحد
pianoterra (m)	ṭābiq sufliy (m)	طابق سفليّ
ultimo piano (m)	ṭābiq 'ulwiy (m)	طابق علويّ
tetto (m)	saqf (m)	سقف
ciminiera (f)	madχana (f)	مدخنة
tegola (f)	qirmīd (m)	قرميد
di tegole	min al qirmīd	من القرميد
soffitta (f)	'ullayya (f)	علّية
finestra (f)	ʃubbāk (m)	شبّاك
vetro (m)	zuʒāʒ (m)	زجاج
davanzale (m)	raff ʃubbāk (f)	رف شبّاك
imposte (f pl)	darf ʃubbāk (m)	درف شبّاك
muro (m)	hā'iṭ (m)	حائط
balcone (m)	ʃurfa (f)	شرفة
tubo (m) pluviale	masūrat at taṣrīf (f)	ماسورة التصريف
su, di sopra	fawq	فوق
andare di sopra	ṣa'ad	صعد
scendere (vi)	nazil	نزل
trasferirsi (vr)	intaqal	إنتقل

87. Casa. Ingresso. Ascensore

entrata (f)	madχal (m)	مدخل
scala (f)	sullam (m)	سُلَّم
gradini (m pl)	daraʒāt (pl)	درجات
ringhiera (f)	drabizīn (m)	درابزين
hall (f) (atrio d'ingresso)	ṣāla (f)	صالة

cassetta (f) della posta	ṣundūq al barīd (m)	صندوق البريد
secchio (m) della spazzatura	ṣundūq az zubāla (m)	صندوق الزبالة
scivolo (m) per la spazzatura	manfað að ðubāla (m)	منفذ الزبالة

ascensore (m)	miṣ'ad (m)	مصعد
montacarichi (m)	miṣ'ad aʃ ʃaḥn (m)	مصعد الشحن
cabina (f) di ascensore	kabīna (f)	كابينة
prendere l'ascensore	rakib al miṣ'ad	ركب المصعد

appartamento (m)	ʃaqqa (f)	شقّة
inquilini (m pl)	sukkān al 'imāra (pl)	سكّان العمارة
vicino (m)	ʒār (m)	جار
vicina (f)	ʒāra (f)	جارة
vicini (m pl)	ʒirān (pl)	جيران

88. Casa. Elettricità

elettricità (f)	kahrabā' (m)	كهرباء
lampadina (f)	lamba (f)	لمبة
interruttore (m)	miftāḥ (m)	مفتاح
fusibile (m)	fāṣima (f)	فاصمة

filo (m)	silk (m)	سلك
impianto (m) elettrico	aslāk (pl)	أسلاك
contatore (m) dell'elettricità	'addād (m)	عدّاد
lettura, indicazione (f)	qirā'a (f)	قراءة

89. Casa. Porte. Serrature

porta (f)	bāb (m)	باب
cancello (m)	bawwāba (f)	بوّابة
maniglia (f)	qabḍat al bāb (f)	قبضة الباب
togliere il catenaccio	fataḥ	فتح
aprire (vt)	fataḥ	فتح
chiudere (vt)	aɣlaq	أغلق

chiave (f)	miftāḥ (m)	مفتاح
mazzo (m)	rabṭa (f)	ربطة
cigolare (vi)	ṣarr	صرّ
cigolio (m)	ṣarīr (m)	صرير
cardine (m)	mufaṣṣala (f)	مفصّلة
zerbino (m)	siʒāda (f)	سجادة
serratura (f)	qifl al bāb (m)	قفل الباب

buco (m) della serratura	θaqb al bāb (m)	ثقب الباب
chiavistello (m)	tirbās (m)	ترباس
catenaccio (m)	mizlāʒ (m)	مزلاج
lucchetto (m)	qifl (m)	قفل

suonare (~ il campanello)	rann	رنّ
suono (m)	ranīn (m)	رنين
campanello (m)	ʒaras (m)	جرس
pulsante (m)	zirr (m)	زرّ
bussata (f)	ṭarq, daqq (m)	طرق, دقّ
bussare (vi)	daqq	دقّ

codice (m)	kūd (m)	كود
serratura (f) a codice	kūd (m)	كود
citofono (m)	ʒaras al bāb (m)	جرس الباب
numero (m) (~ civico)	raqm (m)	رقم
targhetta (f) di porta	lawḥa (f)	لوحة
spioncino (m)	al ʿayn as siḥriyya (m)	العين السحريّة

90. Casa di campagna

villaggio (m)	qarya (f)	قرية
orto (m)	bustān χuḍār (m)	بستان خضار
recinto (m)	sūr (m)	سور
steccato (m)	sūr (m)	سور
cancelletto (m)	bawwāba farʿiyya (f)	بوّابة فرعيّة

granaio (m)	ʃawna (f)	شونة
cantina (f), scantinato (m)	sirdāb (m)	سرداب
capanno (m)	saqīfa (f)	سقيفة
pozzo (m)	biʾr (m)	بئر

stufa (f)	furn (m)	فرن
attizzare (vt)	awqad	أوقد
legna (f) da ardere	ḥaṭab (m)	حطب
ciocco (m)	qiṭʿat ḥaṭab (f)	قطعة حطب

veranda (f)	virānda (f)	فيراندة
terrazza (f)	ʃurfa (f)	شرفة
scala (f) d'ingresso	sullam (m)	سلّم
altalena (f)	urʒūḥa (f)	أرجوحة

91. Villa. Palazzo

casa (f) di campagna	bayt rīfiy (m)	بيت ريفيّ
villa (f)	villa (f)	فيلا
ala (f)	ʒanāḥ (m)	جناح
giardino (m)	ḥadīqa (f)	حديقة
parco (m)	ḥadīqa (f)	حديقة
serra (f)	dafīʾa (f)	دفيئة
prendersi cura (~ del giardino)	ihtamm	إهتمّ

piscina (f)	masbaḥ (m)	مسبح
palestra (f)	qāʻat at tamrīnāt (f)	قاعة التمرينات
campo (m) da tennis	malʻab tinis (m)	ملعب تنس
home cinema (m)	sinima manziliyya (f)	سينما منزليّة
garage (m)	qarāʒ (m)	جراج
proprietà (f) privata	milkiyya χāṣṣa (f)	ملكيّة خاصّة
terreno (m) privato	arḍ χāṣṣa (m)	أرض خاصّة
avvertimento (m)	taḥðīr (m)	تحذير
cartello (m) di avvertimento	lāfitat taḥðīr (f)	لافتة تحذير
sicurezza (f)	ḥirāsa (f)	حراسة
guardia (f) giurata	ḥāris amn (m)	حارس أمن
allarme (f) antifurto	ʒihāð inðār (m)	جهاز انذار

92. Castello. Reggia

castello (m)	qalʻa (f)	قلعة
palazzo (m)	qaṣr (m)	قصر
fortezza (f)	qalʻa (f), ḥiṣn (m)	قلعة, حصن
muro (m)	sūr (m)	سور
torre (f)	burʒ (m)	برج
torre (f) principale	burʒ raʼīsiy (m)	برج رئيسيّ
saracinesca (f)	bāb mutaḥarrik (m)	باب متحرّك
tunnel (m)	sirdāb (m)	سرداب
fossato (m)	χandaq māʼiy (m)	خندق مائيّ
catena (f)	silsila (f)	سلسلة
feritoia (f)	mazɣal (m)	مزغل
magnifico (agg)	rāʼiʻ	رائع
maestoso (agg)	muhīb	مهيب
inespugnabile (agg)	manīʻ	منيع
medievale (agg)	min al qurūn al wusṭa	من القرون الوسطى

93. Appartamento

appartamento (m)	ʃaqqa (f)	شقّة
camera (f), stanza (f)	ɣurfa (f)	غرفة
camera (f) da letto	ɣurfat an nawm (f)	غرفة الوم
sala (f) da pranzo	ɣurfat il akl (f)	غرفة الأكل
salotto (m)	ṣālat al istiqbāl (f)	صالة الإستقبال
studio (m)	maktab (m)	مكتب
ingresso (m)	madχal (m)	مدخل
bagno (m)	ḥammām (m)	حمّام
gabinetto (m)	ḥammām (m)	حمّام
soffitto (m)	saqf (m)	سقف
pavimento (m)	arḍ (f)	أرض
angolo (m)	zāwiya (f)	زاوية

94. Appartamento. Pulizie

pulire (vt)	nazzaf	نظّف
mettere via	ʃāl	شال
polvere (f)	ɣubār (m)	غبار
impolverato (agg)	muɣabbar	مغبّر
spolverare (vt)	masaḥ al ɣubār	مسح الغبار
aspirapolvere (m)	miknasa kahrabā'iyya (f)	مكنسة كهربائيّة
passare l'aspirapolvere	nazzaf bi miknasa kahrabā'iyya	نظّف بمكنسة كهربائيّة
spazzare (vi, vt)	kanas	كنس
spazzatura (f)	qumāma (f)	قمامة
ordine (m)	niẓām (m)	نظام
disordine (m)	'adam an niẓām (m)	عدم النظام
frettazzo (m)	mimsaḥa ṭawīla (f)	ممسحة طويلة
strofinaccio (m)	mimsaḥa (f)	ممسحة
scopa (f)	miqaʃʃa (f)	مقشّة
paletta (f)	ʒārūf (m)	جاروف

95. Arredamento. Interno

mobili (m pl)	aθāθ (m)	أثاث
tavolo (m)	maktab (m)	مكتب
sedia (f)	kursiy (m)	كرسيّ
letto (m)	sarīr (m)	سرير
divano (m)	kanaba (f)	كنبة
poltrona (f)	kursiy (m)	كرسيّ
libreria (f)	χizānat kutub (f)	خزانة كتب
ripiano (m)	raff (m)	رفّ
armadio (m)	dūlāb (m)	دولاب
attaccapanni (m) da parete	ʃammā'a (f)	شمّاعة
appendiabiti (m) da terra	ʃammā'a (f)	شمّاعة
comò (m)	dulāb adrāʒ (m)	دولاب أدراج
tavolino (m) da salotto	ṭāwilat al qahwa (f)	طاولة القهوة
specchio (m)	mir'āt (f)	مرآة
tappeto (m)	siʒāda (f)	سجادة
tappetino (m)	siʒāda (f)	سجادة
camino (m)	midfa'a ḥā'iṭiyya (f)	مدفأة حائطيّة
candela (f)	ʃam'a (f)	شمعة
candeliere (m)	ʃam'adān (m)	شمعدان
tende (f pl)	satā'ir (pl)	ستائر
carta (f) da parati	waraq ḥīṭān (m)	ورق حيطان
tende (f pl) alla veneziana	haṣīrat ʃubbāk (f)	حصيرة شبّاك
lampada (f) da tavolo	miṣbāḥ aṭ ṭāwila (m)	مصباح الطاولة
lampada (f) da parete	miṣbāḥ al ḥā'iṭ (f)	مصباح الحائط

lampada (f) a stelo	miṣbāḥ arḍiy (m)	مصباح أرضيّ
lampadario (m)	naʒafa (f)	نجفة

gamba (f)	riʒl (f)	رجل
bracciolo (m)	masnad (m)	مسند
spalliera (f)	masnad (m)	مسند
cassetto (m)	durʒ (m)	درج

96. Biancheria da letto

biancheria (f) da letto	bayāḍāt as sarīr (pl)	بياضات السرير
cuscino (m)	wisāda (f)	وسادة
federa (f)	kīs al wisāda (m)	كيس الوسادة
coperta (f)	baṭṭāniyya (f)	بطّانيّة
lenzuolo (m)	milāya (f)	ملاية
copriletto (m)	ɣiṭā' as sarīr (m)	غطاء السرير

97. Cucina

cucina (f)	maṭbax (m)	مطبخ
gas (m)	ɣāz (m)	غاز
fornello (m) a gas	butuɣāz (m)	بوتوغاز
fornello (m) elettrico	furn kaharabā'iy (m)	فرن كهربائيّ
forno (m)	furn (m)	فرن
forno (m) a microonde	furn al mikruwayv (m)	فرن الميكروويف

frigorifero (m)	θallāʒa (f)	ثلاجة
congelatore (m)	frīzir (m)	فريزير
lavastoviglie (f)	ɣassāla (f)	غسّالة

tritacarne (m)	farrāmat laḥm (f)	فرّامة لحم
spremifrutta (m)	'aṣṣāra (f)	عصّارة
tostapane (m)	maḥmaṣat xubz (f)	محمصة خبز
mixer (m)	xallāṭ (m)	خلّاط

macchina (f) da caffè	mākinat ṣan' al qahwa (f)	ماكينة صنع القهوة
caffettiera (f)	kanaka (f)	كنكة
macinacaffè (m)	maṭḥanat qahwa (f)	مطحنة قهوة

bollitore (m)	barrād (m)	برّاد
teiera (f)	barrād aʃ ʃāy (m)	برّاد الشاي
coperchio (m)	ɣiṭā' (m)	غطاء
colino (m) da tè	miṣfāt (f)	مصفاة

cucchiaio (m)	mil'aqa (f)	ملعقة
cucchiaino (m) da tè	mil'aqat ʃāy (f)	ملعقة شاي
cucchiaio (m)	mil'aqa kabīra (f)	ملعقة كبيرة
forchetta (f)	ʃawka (f)	شوكة
coltello (m)	sikkīn (m)	سكّين

stoviglie (f pl)	ṣuḥūn (pl)	صحون
piatto (m)	ṭabaq (m)	طبق

piattino (m)	ṭabaq finʒān (m)	طبق فنجان
cicchetto (m)	ka's (f)	كأس
bicchiere (m) (~ d'acqua)	kubbāya (f)	كبّاية
tazzina (f)	finʒān (m)	فنجان
zuccheriera (f)	sukkariyya (f)	سكّريّة
saliera (f)	mamlaḥa (f)	مملحة
pepiera (f)	mabhara (f)	مبهرة
burriera (f)	ṣuḥn zubda (m)	صحن زبدة
pentola (f)	kassirūlla (f)	كاسرولة
padella (f)	ṭāsa (f)	طاسة
mestolo (m)	miɣrafa (f)	مغرفة
colapasta (m)	miṣfāt (f)	مصفاة
vassoio (m)	ṣīniyya (f)	صينيّة
bottiglia (f)	zuʒāʒa (f)	زجاجة
barattolo (m) di vetro	barṭamān (m)	برطمان
latta, lattina (f)	tanaka (f)	تنكة
apribottiglie (m)	fattāḥa (f)	فتّاحة
apriscatole (m)	fattāḥa (f)	فتّاحة
cavatappi (m)	barrīma (f)	بريمة
filtro (m)	filtir (m)	فلتر
filtrare (vt)	ṣaffa	صفّى
spazzatura (f)	zubāla (f)	زبالة
pattumiera (f)	ṣundūq az zubāla (m)	صندوق الزبالة

98. Bagno

bagno (m)	ḥammām (m)	حمّام
acqua (f)	mā' (m)	ماء
rubinetto (m)	ḥanafiyya (f)	حنفيّة
acqua (f) calda	mā' sāxin (m)	ماء ساخن
acqua (f) fredda	mā' bārid (m)	ماء بارد
dentifricio (m)	maʻʒūn asnān (m)	معجون أسنان
lavarsi i denti	naẓẓaf al asnān	نظّف الأسنان
spazzolino (m) da denti	furʃat asnān (f)	فرشة أسنان
rasarsi (vr)	ḥalaq	حلق
schiuma (f) da barba	raɣwa lil ḥilāqa (f)	رغوة للحلاقة
rasoio (m)	mūs ḥilāqa (m)	موس حلاقة
lavare (vt)	ɣasal	غسل
fare un bagno	istaḥamm	إستحمّ
doccia (f)	dūʃ (m)	دوش
fare una doccia	axað ad duʃ	أخذ الدش
vasca (f) da bagno	ḥawḍ istiḥmām (m)	حوض استحمام
water (m)	mirḥāḍ (m)	مرحاض
lavandino (m)	ḥawḍ (m)	حوض
sapone (m)	ṣābūn (m)	صابون

porta (m) sapone	ṣabbāna (f)	صبّانة
spugna (f)	līfa (f)	ليفة
shampoo (m)	ʃāmbū (m)	شامبو
asciugamano (m)	fūṭa (f)	فوطة
accappatoio (m)	θawb ḥammām (m)	ثوب حمّام
bucato (m)	ɣasīl (m)	غسيل
lavatrice (f)	ɣassāla (f)	غسّالة
fare il bucato	ɣasal al malābis	غسل الملابس
detersivo (m) per il bucato	mashūq ɣasīl (m)	مسحوق غسيل

99. Elettrodomestici

televisore (m)	tilivizyūn (m)	تليفزيون
registratore (m) a nastro	ʒihāz tasʒīl (m)	جهاز تسجيل
videoregistratore (m)	ʒihāz tasʒīl vidiyu (m)	جهاز تسجيل فيديو
radio (f)	ʒihāz radiyu (m)	جهاز راديو
lettore (m)	blayir (m)	بلاير
videoproiettore (m)	'āriḍ vidiyu (m)	عارض فيديو
home cinema (m)	sinima manziliyya (f)	سينما منزليّة
lettore (m) DVD	di vi di (m)	دي في دي
amplificatore (m)	mukabbir aṣ ṣawt (m)	مكبّر الصوت
console (f) video giochi	'atāri (m)	أتاري
videocamera (f)	kamira vidiyu (f)	كاميرا فيديو
macchina (f) fotografica	kamira (f)	كاميرا
fotocamera (f) digitale	kamira diʒital (f)	كاميرا ديجيتال
aspirapolvere (m)	miknasa kahrabā'iyya (f)	مكنسة كهربائيّة
ferro (m) da stiro	makwāt (f)	مكواة
asse (f) da stiro	lawḥat kayy (f)	لوحة كيّ
telefono (m)	hātif (m)	هاتف
telefonino (m)	hātif maḥmūl (m)	هاتف محمول
macchina (f) da scrivere	'āla katiba (f)	آلة كاتبة
macchina (f) da cucire	'ālat al ẋiyāṭa (f)	آلة الخياطة
microfono (m)	mikrufūn (m)	ميكروفون
cuffia (f)	sammā'āt ra'siya (pl)	سمّاعات رأسيّة
telecomando (m)	rimuwt kuntrūl (m)	ريموت كنترول
CD (m)	si di (m)	سي دي
cassetta (f)	ʃarīṭ (m)	شريط
disco (m) (vinile)	usṭuwāna (f)	أسطوانة

100. Riparazioni. Restauro

lavori (m pl) di restauro	taʒdīdāt (m)	تجديدات
rinnovare (ridecorare)	ʒaddad	جدد
riparare (vt)	aṣlaḥ	أصلح
mettere in ordine	naẓẓam	نظم

rifare (vt)	aʿād	أعاد
pittura (f)	dihān (m)	دهان
pitturare (~ un muro)	dahan	دهن
imbianchino (m)	dahhān (m)	دهّان
pennello (m)	furʃat lit talwīn (f)	فرشة للتلوين
imbiancatura (f)	maḥlūl mubayyiḍ (m)	محلول مبيّض
imbiancare (vt)	bayyaḍ	بيّض
carta (f) da parati	waraq ḥīʾṭān (m)	ورق حيطان
tappezzare (vt)	laṣaq waraq al ḥīṭān	لصق ورق الحيطان
vernice (f)	warnīʃ (m)	ورنيش
verniciare (vt)	ṭala bil warnīʃ	طلى بالورنيش

101. Impianto idraulico

acqua (f)	māʾ (m)	ماء
acqua (f) calda	māʾ sāxin (m)	ماء ساخن
acqua (f) fredda	māʾ bārid (m)	ماء بارد
rubinetto (m)	ḥanafiyya (f)	حنفيّة
goccia (f)	qaṭara (f)	قطرة
gocciolare (vi)	qaṭar	قطر
perdere (il tubo, ecc.)	sarab	سرب
perdita (f) (~ dai tubi)	tasarrub (m)	تسرّب
pozza (f)	birka (f)	بركة
tubo (m)	māsūra (f)	ماسورة
valvola (f)	ṣimām (m)	صمام
intasarsi (vr)	kān masdūdan	كان مسدودًا
strumenti (m pl)	adawāt (pl)	أدوات
chiave (f) inglese	miftāḥ inɣlīziy (m)	مفتاح إنجليزيّ
svitare (vt)	fataḥ	فتح
avvitare (stringere)	aḥkam aʃ ʃadd	أحكم الشدّ
stasare (vt)	sallak	سلّك
idraulico (m)	sabbāk (m)	سبّاك
seminterrato (m)	sirdāb (m)	سرداب
fognatura (f)	ʃabakit il maɣāry (f)	شبكة مياه المجاري

102. Incendio. Conflagrazione

fuoco (m)	ḥarīq (m)	حريق
fiamma (f)	ʃuʿla (f)	شعلة
scintilla (f)	ʃarāra (f)	شرارة
fumo (m)	duxān (m)	دخان
fiaccola (f)	ʃuʿla (f)	شعلة
falò (m)	nār muxayyam (m)	نار مخيّم
benzina (f)	banzīn (m)	بنزين
cherosene (m)	kirusīn (m)	كيروسين

combustibile (agg)	qābil lil iḥtirāq	قابل للإحتراق
esplosivo (agg)	mutafaʒʒir	متفجّر
VIETATO FUMARE!	mamnū' at tadχīn	ممنوع التدخين
sicurezza (f)	amn (m)	أمن
pericolo (m)	χaṭar (m)	خطر
pericoloso (agg)	χaṭīr	خطير
prendere fuoco	iʃta'al	إشتعل
esplosione (f)	infiʒār (m)	إنفجار
incendiare (vt)	aʃʿal an nār	أشعل النار
incendiario (m)	muʃʿil ḥarīq (m)	مشعل حريق
incendio (m) doloso	iḥrāq (m)	إحراق
divampare (vi)	talahhab	تلهّب
bruciare (vi)	iḥtaraq	إحترق
bruciarsi (vr)	iḥtaraq	إحترق
chiamare i pompieri	istad'a qism al ḥarīq	إستدعى قسم الحريق
pompiere (m)	raʒul iṭfā' (m)	رجل إطفاء
autopompa (f)	sayyārat iṭfā' (f)	سيّارة إطفاء
corpo (m) dei pompieri	qism iṭfā' (m)	قسم إطفاء
autoscala (f) da pompieri	sullam iṭfā' (m)	سلّم إطفاء
manichetta (f)	χarṭūm al mā' (m)	خرطوم الماء
estintore (m)	miṭfa'at ḥarīq (f)	مطفأة حريق
casco (m)	χūða (f)	خوذة
sirena (f)	ṣaffārat inðār (f)	صفّارة إنذار
gridare (vi)	ṣaraχ	صرخ
chiamare in aiuto	istayāθ	إستغاث
soccorritore (m)	munqið (m)	منقذ
salvare (vt)	anqað	أنقذ
arrivare (vi)	waṣal	وصل
spegnere (vt)	aṭfa'	أطفأ
acqua (f)	mā' (m)	ماء
sabbia (f)	raml (m)	رمل
rovine (f pl)	ḥiṭām (pl)	حطام
crollare (edificio)	inhār	إنهار
cadere (vi)	inhār	إنهار
collassare (vi)	inhār	إنهار
frammento (m)	ḥiṭma (f)	حطمة
cenere (f)	ramād (m)	رماد
asfissiare (vi)	iχtanaq	إختنق
morire, perire (vi)	halak	هلك

ATTIVITÀ UMANA

Lavoro. Affari. Parte 1

103. Ufficio. Lavorare in ufficio

Italiano	Traslitterazione	Arabo
uffici (m pl) (gli ~ della società)	maktab (m)	مكتب
ufficio (m)	maktab (m)	مكتب
portineria (f)	istiqbāl (m)	إستقبال
segretario (m)	sikirtīr (m)	سكرتير
direttore (m)	mudīr (m)	مدير
manager (m)	mudīr (m)	مدير
contabile (m)	muḥāsib (m)	محاسب
impiegato (m)	muwaẓẓaf (m)	موظف
mobili (m pl)	aθāθ (m)	أثاث
scrivania (f)	maktab (m)	مكتب
poltrona (f)	kursiy (m)	كرسي
cassettiera (f)	waḥdat adrāʒ (f)	وحدة أدراج
appendiabiti (m) da terra	ʃammāʿa (f)	شمّاعة
computer (m)	kumbyūtir (m)	كمبيوتر
stampante (f)	ṭābiʿa (f)	طابعة
fax (m)	faks (m)	فاكس
fotocopiatrice (f)	ʾālat nasχ (f)	آلة نسخ
carta (f)	waraq (m)	ورق
cancelleria (f)	adawāt al kitāba (pl)	أدوات الكتابة
tappetino (m) del mouse	wisādat faʾra (f)	وسادة فأرة
foglio (m)	waraqa (f)	ورقة
cartella (f)	malaff (m)	ملف
catalogo (m)	fihris (m)	فهرس
elenco (m) del telefono	dalīl at tilifūn (m)	دليل التليفون
documentazione (f)	waθāʾiq (pl)	وثائق
opuscolo (m)	naʃra (f)	نشرة
volantino (m)	manʃūr (m)	منشور
campione (m)	namūðaʒ (m)	نموذج
formazione (f)	iʒtimāʿ tadrīb (m)	إجتماع تدريب
riunione (f)	iʒtimāʿ (m)	إجتماع
pausa (f) pranzo	fatrat al ɣadāʾ (f)	فترة الغذاء
copiare (vt)	ṣawwar	صوّر
fare copie	ṣawwar	صوّر
ricevere un fax	istalam faks	إستلم فاكس
spedire un fax	arsal faks	أرسل فاكس
telefonare (vi, vt)	ittaṣal	إتصل

rispondere (vi, vt)	radd	ردّ
passare (glielo passo)	waṣṣal	وصّل
fissare (organizzare)	ḥaddad	حدّد
dimostrare (vt)	'araḍ	عرض
essere assente	ɣāb	غاب
assenza (f)	ɣiyāb (m)	غياب

104. Operazioni d'affari. Parte 1

occupazione (f)	ʃuɣl (m)	شغل
ditta (f)	ʃarika (f)	شركة
compagnia (f)	ʃarika (f)	شركة
corporazione (f)	mu'assasa tiʒāriyya (f)	مؤسسة تجارية
impresa (f)	ʃarika (f)	شركة
agenzia (f)	wikāla (f)	وكالة
accordo (m)	ittifāqiyya (f)	إتّفاقيّة
contratto (m)	'aqd (m)	عقد
affare (m)	ṣafqa (f)	صفقة
ordine (m) (ordinazione)	ṭalab (m)	طلب
termine (m) dell'accordo	ʃarṭ (m)	شرط
all'ingrosso	bil ʒumla	بالجملة
all'ingrosso (agg)	al ʒumla	الجملة
vendita (f) all'ingrosso	bay' bil ʒumla (m)	بيع بالجملة
al dettaglio (agg)	at taʒzi'a	التجزئة
vendita (f) al dettaglio	bay' bit taʒzi'a (m)	بيع بالتجزئة
concorrente (m)	munāfis (m)	منافس
concorrenza (f)	munāfasa (f)	منافسة
competere (vi)	nāfas	نافس
socio (m), partner (m)	ʃarīk (m)	شريك
partenariato (m)	ʃirāka (f)	شراكة
crisi (f)	azma (f)	أزمة
bancarotta (f)	iflās (m)	إفلاس
fallire (vi)	aflas	أفلس
difficoltà (f)	ṣu'ūba (f)	صعوبة
problema (m)	muʃkila (f)	مشكلة
disastro (m)	kāriθa (f)	كارثة
economia (f)	iqtiṣād (m)	إقتصاد
economico (agg)	iqtiṣādiy	إقتصاديّ
recessione (f) economica	rukūd iqtiṣādiy (m)	ركود إقتصاديّ
scopo (m), obiettivo (m)	hadaf (m)	هدف
incarico (m)	muhimma (f)	مهمّة
commerciare (vi)	tāʒir	تاجر
rete (f) (~ di distribuzione)	ʃabaka (f)	شبكة
giacenza (f)	al maχzūn (m)	المخزون
assortimento (m)	taʃkīla (f)	تشكيلة

leader (m), capo (m)	qā'id (m)	قائد
grande (agg)	kabīr	كبير
monopolio (m)	iḥtikār (m)	إحتكار

teoria (f)	naẓariyya (f)	نظريّة
pratica (f)	mumārasa (f)	ممارسة
esperienza (f)	xibra (f)	خبرة
tendenza (f)	ittiӡāh (m)	إتّجاه
sviluppo (m)	tanmiya (f)	تنمية

105. Operazioni d'affari. Parte 2

| profitto (m) | ribḥ (m) | ربح |
| profittevole (agg) | murbiḥ | مربح |

delegazione (f)	wafd (m)	وفد
stipendio (m)	murattab (m)	مرتّب
correggere (vt)	ṣaḥḥaḥ	صحّح
viaggio (m) d'affari	riḥlat 'amal (f)	رحلة عمل
commissione (f)	laӡna (f)	لجنة

controllare (vt)	taḥakkam	تحكّم
conferenza (f)	mu'tamar (m)	مؤتمر
licenza (f)	ruxṣa (f)	رخصة
affidabile (agg)	mawθūq	موثوق

iniziativa (f) (progetto nuovo)	mubādara (f)	مبادرة
norma (f)	mi'yār (m)	معيار
circostanza (f)	ẓarf (m)	ظرف
mansione (f)	wāӡib (m)	واجب

impresa (f)	munaẓẓama (f)	منظّمة
organizzazione (f)	tanẓīm (m)	تنظيم
organizzato (agg)	munaẓẓam	منظّم
annullamento (m)	ilɣā' (m)	إلغاء
annullare (vt)	alɣa	ألغى
rapporto (m) (~ ufficiale)	taqrīr (m)	تقرير

brevetto (m)	bara'at al ixtirā' (f)	براءة الإختراع
brevettare (vt)	saӡӡal barā'at al ixtirā'	سجّل براءة الإختراع
pianificare (vt)	xaṭṭaṭ	خطّط

premio (m)	'ilāwa (f)	علاوة
professionale (agg)	mihaniy	مهنيّ
procedura (f)	iӡrā' (m)	إجراء

esaminare (~ un contratto)	baḥaθ	بحث
calcolo (m)	ḥisāb (m)	حساب
reputazione (f)	sum'a (f)	سمعة
rischio (m)	muxāṭara (f)	مخاطرة

dirigere (~ un'azienda)	adār	أدار
informazioni (f pl)	ma'lūmāt (pl)	معلومات
proprietà (f)	milkiyya (f)	ملكيّة

unione (f) (~ Italiana Vini, ecc.)	ittiḥād (m)	إتّحاد
assicurazione (f) sulla vita	ta'mīn 'alal ḥayāt (m)	تأمين على الحياة
assicurare (vt)	amman	أمّن
assicurazione (f)	ta'mīn (m)	تأمين
asta (f)	mazād (m)	مزاد
avvisare (informare)	ablaɣ	أبلغ
gestione (f)	idāra (f)	إدارة
servizio (m)	χidma (f)	خدمة
forum (m)	nadwa (f)	ندوة
funzionare (vi)	adda waẓīfa	أدّى وظيفته
stadio (m) (fase)	marḥala (f)	مرحلة
giuridico (agg)	qānūniy	قانونيّ
esperto (m) legale	muḥāmi (m)	محام

106. Attività produttiva. Lavori

stabilimento (m)	maṣna' (m)	مصنع
fabbrica (f)	maṣna' (m)	مصنع
officina (f) di produzione	warʃa (f)	ورشة
stabilimento (m)	maṣna' (m)	مصنع
industria (f)	ṣinā'a (f)	صناعة
industriale (agg)	ṣinā'iy	صناعيّ
industria (f) pesante	ṣinā'a θaqīla (f)	صناعة ثقيلة
industria (f) leggera	ṣinā'a χafīfa (f)	صناعة خفيفة
prodotti (m pl)	muntaʒāt (pl)	منتجات
produrre (vt)	antaʒ	أنتج
materia (f) prima	mawādd χām (pl)	موادّ خام
caposquadra (m)	ra'īs al 'ummāl (m)	رئيس العمّال
squadra (f)	farīq al 'ummāl (m)	فريق العمّال
operaio (m)	'āmil (m)	عامل
giorno (m) lavorativo	yawm 'amal (m)	يوم عمل
pausa (f)	rāḥa (f)	راحة
riunione (f)	iʒtimā' (m)	إجتماع
discutere (~ di un problema)	nāqaʃ	ناقش
piano (m)	χiṭṭa (f)	خطّة
eseguire il piano	naffað al χuṭṭa	نفّذ الخطّة
tasso (m) di produzione	mu'addal al intāʒ (m)	معدّل الإنتاج
qualità (f)	ʒawda (f)	جودة
controllo (m)	taftīʃ (m)	تفتيش
controllo (m) di qualità	ḍabṭ al ʒawda (m)	ضبط الجودة
sicurezza (f) sul lavoro	salāmat makān al 'amal (f)	سلامة مكان العمل
disciplina (f)	inḍibāṭ (m)	إنضباط
infrazione (f)	muχālafa (f)	مخالفة
violare (~ le regole)	χālaf	خالف
sciopero (m)	iḍrāb (m)	إضراب

scioperante (m)	muḍrib (m)	مضرب
fare sciopero	aḍrab	أضرب
sindacato (m)	ittiḥād al 'ummāl (m)	إتحاد العمّال
inventare (vt)	ixtara'	إخترع
invenzione (f)	ixtirā' (m)	إختراع
ricerca (f)	baḥθ (m)	بحث
migliorare (vt)	ḥassan	حسّن
tecnologia (f)	tiknulūʒiya (f)	تكنولوجيا
disegno (m) tecnico	rasm taqniy (m)	رسم تقنيّ
carico (m)	ʃaḥn (m)	شحن
caricatore (m)	ḥammāl (m)	حمّال
caricare (~ un camion)	ʃaḥan	شحن
caricamento (m)	taḥmīl (m)	تحميل
scaricare (vt)	afraɣ	أفرغ
scarico (m)	ifrāɣ (m)	إفراغ
trasporto (m)	wasā'il an naql (pl)	وسائل النقل
società (f) di trasporti	ʃarikat naql (f)	شركة نقل
trasportare (vt)	naqal	نقل
vagone (m) merci	'arabat ʃaḥn (f)	عربة شحن
cisterna (f)	xazzān (m)	خزّان
camion (m)	ʃāḥina (f)	شاحنة
macchina (f) utensile	mākina (f)	ماكنة
meccanismo (m)	'āliyya (f)	آليّة
rifiuti (m pl) industriali	muxallafāt ṣinā'iyya (pl)	مخلّفات صناعية
imballaggio (m)	ta'bi'a (f)	تعبئة
imballare (vt)	'abba'	عبّأ

107. Contratto. Accordo

contratto (m)	'aqd (m)	عقد
accordo (m)	ittifāq (m)	إتفاق
allegato (m)	mulḥaq (m)	ملحق
firmare un contratto	waqqa' 'ala 'aqd	وقّع على عقد
firma (f)	tawqī' (m)	توقيع
firmare (vt)	waqqa'	وقّع
timbro (m) (su documenti)	xatm (m)	ختم
oggetto (m) del contratto	mawḍū' al 'aqd (m)	موضوع العقد
clausola (f)	band (m)	بند
parti (f pl) (in un contratto)	aṭrāf (pl)	أطراف
sede (f) legale	'unwān qānūniy (m)	عنوان قانوني
sciogliere un contratto	xālaf al 'aqd	خالف العقد
obbligo (m)	iltizām (m)	إلتزام
responsabilità (f)	mas'ūliyya (f)	مسؤوليّة
forza (f) maggiore	quwwa qāhira (m)	قوّة قاهرة
discussione (f)	xilāf (m)	خلاف
sanzioni (f pl)	'uqūbāt (pl)	عقوبات

108. Import-export

importazione (f)	istīrād (m)	إستيراد
importatore (m)	mustawrid (m)	مستورد
importare (vt)	istawrad	إستورد
d'importazione (agg)	wārid	وارد
esportazione (f)	taṣdīr (m)	تصدير
esportatore (m)	muṣaddir (m)	مصدّر
esportare (vt)	ṣaddar	صدّر
d'esportazione (agg)	sādir	صادر
merce (f)	baḍā'i' (pl)	بضائع
carico (m)	ʃaḥna (f)	شحنة
peso (m)	wazn (m)	وزن
volume (m)	ḥaʒm (m)	حجم
metro (m) cubo	mitr muka"ab (m)	متر مكعّب
produttore (m)	aʃ ʃarika al muṣniʿa (f)	الشركة المصنعة
società (f) di trasporti	ʃarikat naql (f)	شركة نقل
container (m)	ḥāwiya (f)	حاوية
frontiera (f)	ḥadd (m)	حدّ
dogana (f)	ʒamārik (pl)	جمارك
dazio (m) doganale	rasm ʒumrukiy (m)	رسم جمركيّ
doganiere (m)	muwaẓẓaf al ʒamārik (m)	موظف الجمارك
contrabbando (m)	tahrīb (m)	تهريب
merci (f pl) contrabbandate	biḍāʿa muharraba (pl)	بضاعة مهرّبة

109. Mezzi finanziari

azione (f)	sahm (m)	سهم
obbligazione (f)	sanad (m)	سند
cambiale (f)	kimbyāla (f)	كمبيالة
borsa (f)	būrṣa (f)	بورصة
quotazione (f)	siʿr as sahm (m)	سعر السهم
diminuire di prezzo	raxuṣ	رخص
aumentare di prezzo	ɣala	غلى
quota (f)	naṣīb (m)	نصيب
pacchetto (m) di maggioranza	al maʒmūʿa al musayṭara (f)	المجموعة المسيطرة
investimento (m)	istiθmār (pl)	إستثمار
investire (vt)	istaθmar	إستثمر
percento (m)	bil miʾa (m)	بالمئة
interessi (m pl) (su investimenti)	faʾida (f)	فائدة
profitto (m)	ribḥ (m)	ربح
redditizio (agg)	murbiḥ	مربح
imposta (f)	ḍarība (f)	ضريبة

valuta (f) (~ estera)	'umla (f)	عملة
nazionale (agg)	waṭaniy	وطنيّ
cambio (m) (~ valuta)	taḥwīl (m)	تحويل
contabile (m)	muḥāsib (m)	محاسب
ufficio (m) contabilità	maḥasaba (f)	محاسبة
bancarotta (f)	iflās (m)	إفلاس
fallimento (m)	inhiyār (m)	إنهيار
rovina (f)	iflās (m)	إفلاس
andare in rovina	aflas	أفلس
inflazione (f)	taḍaxxum māliy (m)	تضخّم ماليّ
svalutazione (f)	taxfīḍ qīmat 'umla (m)	تخفيض قيمة عملة
capitale (m)	ra's māl (m)	رأس مال
reddito (m)	daxl (m)	دخل
giro (m) di affari	dawrat ra's al māl (f)	دورة رأس المال
risorse (f pl)	mawārid (pl)	موارد
mezzi (m pl) finanziari	al mawārid an naqdiyya (pl)	الموارد النقديّة
spese (f pl) generali	nafaqāt 'āmma (pl)	نفقات عامّة
ridurre (~ le spese)	xaffaḍ	خفّض

110. Marketing

marketing (m)	taswīq (m)	تسويق
mercato (m)	sūq (f)	سوق
segmento (m) di mercato	qaṭā' as sūq (m)	قطاع السوق
prodotto (m)	muntaʒ (m)	منتج
merce (f)	baḍā'i' (pl)	بضائع
marca (f)	mārka (f)	ماركة
marchio (m) di fabbrica	mārka tiʒāriyya (f)	ماركة تجاريّة
logotipo (m)	ʃi'ār (m)	شعار
logo (m)	ʃi'ār (m)	شعار
domanda (f)	ṭalab (m)	طلب
offerta (f)	maxzūn (m)	مخزون
bisogno (m)	ḥāʒa (f)	حاجة
consumatore (m)	mustahlik (m)	مستهلك
analisi (f)	taḥlīl (m)	تحليل
analizzare (vt)	ḥallal	حلّل
posizionamento (m)	waḍ' (m)	وضع
posizionare (vt)	waḍa'	وضع
prezzo (m)	si'r (m)	سعر
politica (f) dei prezzi	siyāsat al as'ār (f)	سياسة الأسعار
determinazione (f) dei prezzi	taʃkīl al as'ār (m)	تشكيل الأسعار

111. Pubblicità

pubblicità (f)	i'lān (m)	إعلان
pubblicizzare (vt)	a'lan	أعلن

bilancio (m) (budget)	mīzāniyya (f)	ميزانيّة
annuncio (m)	i'lān (m)	إعلان
pubblicità (f) televisiva	i'lān fit tiliviziyūn (m)	إعلان في التليفزيون
pubblicità (f) radiofonica	i'lān fir rādiyu (m)	إعلان في الراديو
pubblicità (f) esterna	i'lān ẓāhiriy (m)	إعلان ظاهريّ
mass media (m pl)	wasā'il al i'lām (pl)	وسائل الإعلام
periodico (m)	ṣaḥifa dawriyya (f)	صحيفة دوريّة
immagine (f)	imiʒ (m)	إيميج
slogan (m)	ʃi'ār (m)	شعار
motto (m)	ʃi'ār (m)	شعار
campagna (f)	ḥamla (f)	حملة
campagna (f) pubblicitaria	ḥamla i'lāniyya (f)	حملة إعلانيّة
gruppo (m) di riferimento	maʒmū'a mustahdafa (f)	مجموعة مستهدفة
biglietto (m) da visita	biṭāqat al 'amal (f)	بطاقة العمل
volantino (m)	manʃūr (m)	منشور
opuscolo (m)	naʃra (f)	نشرة
pieghevole (m)	kutayyib (m)	كتيّب
bollettino (m)	naʃra ixbāriyya (f)	نشرة إخبارية
insegna (f) (di negozi, ecc.)	lāfita (f)	لافتة
cartellone (m)	mulṣaq i'lāniy (m)	ملصق إعلانيّ
tabellone (m) pubblicitario	lawḥat i'lānāt (f)	لوحة إعلانات

112. Attività bancaria

banca (f)	bank (m)	بنك
filiale (f)	far' (m)	فرع
consulente (m)	muwaẓẓaf bank (m)	موظّف بنك
direttore (m)	mudīr (m)	مدير
conto (m) bancario	ḥisāb (m)	حساب
numero (m) del conto	raqm al ḥisāb (m)	رقم الحساب
conto (m) corrente	ḥisāb ʒāri (m)	حساب جار
conto (m) di risparmio	ḥisāb tawfīr (m)	حساب توفير
aprire un conto	fataḥ ḥisāb	فتح حسابا
chiudere il conto	aɣlaq ḥisāb	أغلق حسابا
versare sul conto	awda' fil ḥisāb	أودع في الحساب
prelevare dal conto	saḥab min al ḥisāb	سحب من الحساب
deposito (m)	wadī'a (f)	وديعة
depositare (vt)	awda'	أودع
trasferimento (m) telegrafico	ḥawāla (f)	حوالة
rimettere i soldi	ḥawwal	حوّل
somma (f)	mablaɣ (m)	مبلغ
Quanto?	kam?	كم؟
firma (f)	tawqī' (m)	توقيع
firmare (vt)	waqqa'	وقّع

carta (f) di credito	biṭāqat i'timān (f)	بطاقة ائتمان
codice (m)	kūd (m)	كود
numero (m) della carta di credito	raqm biṭāqat i'timān (m)	رقم بطاقة إئتمان
bancomat (m)	ṣarrāf 'āliy (m)	صرّاف آليّ

assegno (m)	ʃīk (m)	شيك
emettere un assegno	katab ʃīk	كتب شيكًا
libretto (m) di assegni	daftar ʃīkāt (m)	دفتر شيكات

prestito (m)	qarḍ (m)	قرض
fare domanda per un prestito	qaddam ṭalab lil ḥuṣūl 'ala qarḍ	قدّم طلبا للحصول على قرض
ottenere un prestito	ḥaṣal 'ala qarḍ	حصل على قرض
concedere un prestito	qaddam qarḍ	قدّم قرضا
garanzia (f)	ḍamān (m)	ضمان

113. Telefono. Conversazione telefonica

telefono (m)	hātif (m)	هاتف
telefonino (m)	hātif maḥmūl (m)	هاتف محمول
segreteria (f) telefonica	muʒīb al hātif (m)	مجيب الهاتف

| telefonare (vi, vt) | ittaṣal | إتّصل |
| chiamata (f) | mukālama tilifuniyya (f) | مكالمة تليفونية |

| comporre un numero | ittaṣal bi raqm | إتّصل برقم |
| Pronto! | alu! | ألو! |

| chiedere (domandare) | sa'al | سأل |
| rispondere (vi, vt) | radd | ردّ |

| udire (vt) | sami' | سمع |
| bene | ʒayyidan | جيّدًا |

| male | sayyi'an | سيّئًا |
| disturbi (m pl) | taʃwīʃ (m) | تشويش |

cornetta (f)	sammā'a (f)	سمّاعة
alzare la cornetta	rafa' as sammā'a	رفع السمّاعة
riattaccare la cornetta	qafal as sammā'a	قفل السمّاعة

occupato (agg)	maʃɣūl	مشغول
squillare (del telefono)	rann	رنّ
elenco (m) telefonico	daℓīl at tilifūn (m)	دليل التليفون

| locale (agg) | maḥalliyya | ة محليّة |
| telefonata (f) urbana | mukālama hātifiyya maḥalliyya (f) | مكالمة هاتفيّة محليّة |

interurbano (agg)	ba'īd al mada	بعيد المدى
telefonata (f) interurbana	mukālama ba'īdat al mada (f)	مكالمة بعيدة المدى
internazionale (agg)	duwaliy	دوليّ
telefonata (f) internazionale	mukālama duwaliyya (f)	مكالمة دوليّة

114. Telefono cellulare

telefonino (m)	hātif maḥmūl (m)	هاتف محمول
schermo (m)	ʒihāz 'arḍ (m)	جهاز عرض
tasto (m)	zirr (m)	زر
scheda SIM (f)	sim kart (m)	سيم كارت
pila (f)	baṭṭāriyya (f)	بطاريّة
essere scarico	xalaṣat	خلصت
caricabatteria (m)	ʃāḥin (m)	شاحن
menù (m)	qā'ima (f)	قائمة
impostazioni (f pl)	awḍā' (pl)	أوضاع
melodia (f)	naɣma (f)	نغمة
scegliere (vt)	ixtār	إختار
calcolatrice (f)	'āla ḥāsiba (f)	آلة حاسبة
segreteria (f) telefonica	barīd ṣawtiy (m)	بريد صوتيّ
sveglia (f)	munabbih (m)	منبّه
contatti (m pl)	ʒihāt al ittiṣāl (pl)	جهات الإتصال
messaggio (m) SMS	risāla qaṣīra ɛsɛmɛs (f)	sms رسالة قصيرة
abbonato (m)	muʃtarik (m)	مشترك

115. Articoli di cancelleria

penna (f) a sfera	qalam ʒāf (m)	قلم جاف
penna (f) stilografica	qalam rīʃa (m)	قلم ريشة
matita (f)	qalam ruṣāṣ (m)	قلم رصاص
evidenziatore (m)	markir (m)	ماركر
pennarello (m)	qalam xaṭṭāṭ (m)	قلم خطاط
taccuino (m)	muðakkira (f)	مذكّرة
agenda (f)	ʒadwal al a'māl (m)	جدول الأعمال
righello (m)	masṭara (f)	مسطرة
calcolatrice (f)	'āla ḥāsiba (f)	آلة حاسبة
gomma (f) per cancellare	astīka (f)	استيكة
puntina (f)	dabbūs (m)	دبّوس
graffetta (f)	dabbūs waraq (m)	دبّوس ورق
colla (f)	ṣamɣ (m)	صمغ
pinzatrice (f)	dabbāsa (f)	دبّاسة
perforatrice (f)	xarrāma (m)	خرّامة
temperamatite (m)	mibrāt (f)	مبراة

116. Diversi tipi di documenti

resoconto (m)	taqrīr (m)	تقرير
accordo (m)	ittifāq (m)	إتّفاق

modulo (m) di richiesta	istimārat ṭalab (m)	إستمارة طلب
autentico (agg)	aṣliy	أصليّ
tesserino (m)	ʃāra (f)	شارة
biglietto (m) da visita	biṭāqat al ʿamal (f)	بطاقة العمل
certificato (m)	ʃahāda (f)	شهادة
assegno (m) (fare un ~)	ʃīk (m)	شيك
conto (m) (in un ristorante)	ḥisāb (m)	حساب
costituzione (f)	dustūr (m)	دستور
contratto (m)	ʿaqd (m)	عقد
copia (f)	ṣūra (f)	صورة
copia (f) (~ di un contratto)	nusχa (f)	نسخة
dichiarazione (f)	taṣrīḥ ʒumrukiy (m)	تصريح جمركيّ
documento (m)	waθīqa (f)	وثيقة
patente (f) di guida	ruχṣat al qiyāda (f)	رخصة قيادة
allegato (m)	mulḥaq (m)	ملحق
modulo (m)	istimāra (f)	إستمارة
carta (f) d'identità	biṭāqat al huwiyya (f)	بطاقة الهويّة
richiesta (f) di informazioni	istifsār (m)	إستفسار
biglietto (m) d'invito	biṭāqat daʿwa (f)	بطاقة دعوة
fattura (f)	fātūra (f)	فاتورة
legge (f)	qānūn (m)	قانون
lettera (f) (missiva)	risāla (f)	رسالة
carta (f) intestata	tarwīsa (f)	ترويسة
lista (f) (~ di nomi, ecc.)	qāʾima (f)	قائمة
manoscritto (m)	maχṭūṭa (f)	مخطوطة
bollettino (m)	naʃra iχbāriyya (f)	نشرة إخبارية
appunto (m), nota (f)	nūta (f)	نوتة
lasciapassare (m)	biṭāqat murūr (f)	بطاقة مرور
passaporto (m)	ʒawāz as safar (m)	جواز السفر
permesso (m)	ruχṣa (f)	رخصة
curriculum vitae (f)	sīra ðātiyya (f)	سيرة ذاتيّة
nota (f) di addebito	muðakkirat dayn (f)	مذكّرة دين
ricevuta (f)	ʾīṣāl (m)	إيصال
scontrino (m)	ʾīṣāl (m)	إيصال
rapporto (m)	taqrīr (m)	تقرير
mostrare (vt)	qaddam	قدّم
firmare (vt)	waqqaʿ	وقّع
firma (f)	tawqīʿ (m)	توقيع
timbro (m) (su documenti)	χatm (m)	ختم
testo (m)	naṣṣ (m)	نصّ
biglietto (m)	taðkira (f)	تذكرة
cancellare (~ dalla lista)	ʃaṭab	شطب
riempire (~ un modulo)	malaʾ	ملأ
bolla (f) di consegna	bulīṣat ʃaḥn (f)	بوليصة شحن
testamento (m)	waṣiyya (f)	وصيّة

117. Generi di attività commerciali

servizi (m pl) di contabilità	xidamāt muḥasaba (pl)	خدمات محاسبة
pubblicità (f)	i'lān (m)	إعلان
agenzia (f) pubblicitaria	wikālat i'lān (f)	وكالة إعلان
condizionatori (m pl) d'aria	takyīf (m)	تكييف
compagnia (f) aerea	ʃarikat ṭayarān (f)	شركة طيران
bevande (f pl) alcoliche	maʃrūbāt kuḥūliyya (pl)	مشروبات كحولية
antiquariato (m)	tuḥaf (pl)	تحف
galleria (f) d'arte	ma'raḍ fanniy (m)	معرض فنّي
società (f) di revisione contabile	tadqīq al ḥisābāt (pl)	تدقيق الحسابات
imprese (f pl) bancarie	al qiṭā' al maṣrafiy (m)	القطاع المصرفي
bar (m)	bār (m)	بار
salone (m) di bellezza	ṣālūn taʒmīl (m)	صالون تجميل
libreria (f)	maḥall kutub (m)	محلّ كتب
birreria (f)	maṣna' bīra (m)	مصنع بيرة
business centre (m)	markaz tiʒāriy (m)	مركز تجاري
scuola (f) di commercio	kulliyyat idārat al a'māl (f)	كلّية إدارة الأعمال
casinò (m)	kazinu (m)	كازينو
edilizia (f)	binā' (m)	بناء
consulenza (f)	istiʃāra (f)	إستشارة
odontoiatria (f)	'iyādat asnān (f)	عيادة أسنان
design (m)	taṣmīm (m)	تصميم
farmacia (f)	ṣaydaliyya (f)	صيدلية
lavanderia (f) a secco	tanʒīf ʒāff (m)	تنظيف جافّ
agenzia (f) di collocamento	wikālat tawʒīf (f)	وكالة توظيف
servizi (m pl) finanziari	xidamāt māliyya (pl)	خدمات مالية
industria (f) alimentare	mawādd yiðā'iyya (pl)	موادّ غذائية
agenzia (f) di pompe funebri	bayt al ʒanāzāt (m)	بيت الجنازات
mobili (m pl)	aθāθ (m)	أثاث
abbigliamento (m)	malābis (pl)	ملابس
albergo, hotel (m)	funduq (m)	فندق
gelato (m)	muθallaʒāt (pl)	مثلّجات
industria (f)	ṣinā'a (f)	صناعة
assicurazione (f)	ta'mīn (m)	تأمين
internet (f)	intirnit (m)	إنترنت
investimenti (m pl)	istiθmārāt (pl)	إستثمارات
gioielliere (m)	ṣā'iɣ (m)	صائغ
gioielli (m pl)	muʒawharāt (pl)	مجوهرات
lavanderia (f)	maysala (f)	مغسلة
consulente (m) legale	xidamāt qānūniyya (pl)	خدمات قانونية
industria (f) leggera	ṣinā'a xafīfa (f)	صناعة خفيفة
rivista (f)	maʒalla (f)	مجلّة
vendite (f pl) per corrispondenza	bay' bil barīd (m)	بيع بالبريد
medicina (f)	ṭibb (m)	طبّ

| cinema (m) | sinima (f) | سينما |
| museo (m) | matḥaf (m) | متحف |

agenzia (f) di stampa	wikālat anbā' (f)	وكالة أنباء
giornale (m)	ʒarīda (f)	جريدة
locale notturno (m)	malha layliy (m)	ملهى ليليّ

petrolio (m)	nafṭ (m)	نفط
corriere (m) espresso	χidamāt aʃ ʃaḥn (pl)	خدمات الشحن
farmaci (m pl)	ṣaydala (f)	صيدلة
stampa (f) (~ di libri)	ṭibā'a (f)	طباعة
casa (f) editrice	dār aṭ ṭibā'a wan naʃr (f)	دار الطباعة والنشر

radio (f)	iðā'a (f)	إذاعة
beni (m pl) immobili	'iqārāt (pl)	عقارات
ristorante (m)	maṭ'am (m)	مطعم

agenzia (f) di sicurezza	ʃarikat amn (f)	شركة أمن
sport (m)	riyāḍa (f)	رياضة
borsa (f)	būrṣa (f)	بورصة
negozio (m)	maḥall (m)	محلّ
supermercato (m)	subirmarkit (m)	سوبرماركت
piscina (f)	masbaḥ (m)	مسبح

sartoria (f)	ṣālūn (m)	صالون
televisione (f)	tilivizyūn (m)	تليفزيون
teatro (m)	masraḥ (m)	مسرح
commercio (m)	tiʒāra (f)	تجارة
mezzi (m pl) di trasporto	wasā'il an naql (pl)	وسائل النقل
viaggio (m)	siyāḥa (f)	سياحة

veterinario (m)	ṭabīb bayṭariy (m)	طبيب بيطريّ
deposito, magazzino (m)	mustawda' (m)	مستودع
trattamento (m) dei rifiuti	ʒam' an nufāyāt (m)	جمع النفايات

Lavoro. Affari. Parte 2

118. Spettacolo. Mostra

fiera (f)	ma'raḍ (m)	معرض
fiera (f) campionaria	ma'raḍ tiӡāriy (m)	معرض تجاريّ
partecipazione (f)	iʃtirāk (m)	إشتراك
partecipare (vi)	iʃtarak	إشترك
partecipante (m)	muʃtarik (m)	مشترك
direttore (m)	mudīr (m)	مدير
ufficio (m) organizzativo	maktab al munaẓẓimīn (m)	مكتب المنظّمين
organizzatore (m)	munaẓẓim (m)	منظّم
organizzare (vt)	naẓẓam	نظّم
domanda (f) di partecipazione	istimārat al iʃtirāk (f)	إستمارة الإشتراك
riempire (vt)	mala'	ملأ
dettagli (m pl)	tafāṣīl (pl)	تفاصيل
informazione (f)	isti'lāmāt (pl)	إستعلامات
prezzo (m)	si'r (m)	سعر
incluso (agg)	bima fīh	بما فيه
includere (vt)	taḍamman	تضمّن
pagare (vi, vt)	dafa'	دفع
quota (f) d'iscrizione	rusūm at tasӡīl (pl)	رسوم التسجيل
entrata (f)	madχal (m)	مدخل
padiglione (m)	ӡanāḥ (m)	جناح
registrare (vt)	saӡӡal	سجّل
tesserino (m)	ʃāra (f)	شارة
stand (m)	kuʃk (m)	كشك
prenotare (riservare)	ḥaӡaz	حجز
vetrina (f)	vatrīna (f)	فترينة
faretto (m)	miṣbāḥ (m)	مصباح
design (m)	taṣmīm (m)	تصميم
collocare (vt)	waḍa'	وضع
distributore (m)	muwazzi' (m)	موزّع
fornitore (m)	muwarrid (m)	مورد
paese (m)	balad (m)	بلد
straniero (agg)	aӡnabiy	أجنبيّ
prodotto (m)	muntaӡ (m)	منتج
associazione (f)	ӡam'iyya (f)	جمعيّة
sala (f) conferenze	qā'at al mu'tamarāt (f)	قاعة المؤتمرات
congresso (m)	mu'tamar (m)	مؤتمر

concorso (m)	musābaqa (f)	مسابقة
visitatore (m)	zā'ir (m)	زائر
visitare (vt)	ḥaḍar	حضر
cliente (m)	zubūn (m)	زبون

119. Mezzi di comunicazione di massa

giornale (m)	ʒarīda (f)	جريدة
rivista (f)	maʒalla (f)	مجلة
stampa (f) (giornali, ecc.)	ṣiḥāfa (f)	صحافة
radio (f)	iðāʿa (f)	إذاعة
stazione (f) radio	mahaṭṭat iðāʿa (f)	محطة إذاعة
televisione (f)	tilivizyūn (m)	تليفزيون
presentatore (m)	mu'addim (m)	مقدّم
annunciatore (m)	muðīʿ (m)	مذيع
commentatore (m)	muʿalliq (m)	معلق
giornalista (m)	ṣuḥufiy (m)	صحفيّ
corrispondente (m)	murāsil (m)	مراسل
fotocronista (m)	muṣawwir ṣuḥufiy (m)	مصوّر صحفيّ
cronista (m)	ṣuḥufiy (m)	صحفيّ
redattore (m)	muḥarrir (m)	محرّر
redattore capo (m)	raʾīs tahrīr (m)	رئيس تحرير
abbonarsi a ...	iʃtarak	إشترك
abbonamento (m)	iʃtirāk (m)	إشتراك
abbonato (m)	muʃtarik (m)	مشترك
leggere (vi, vt)	qaraʾ	قرأ
lettore (m)	qāriʾ (m)	قارئ
tiratura (f)	tadāwul (m)	تداول
mensile (agg)	ʃahriy	شهريّ
settimanale (agg)	usbūʿiy	أسبوعيّ
numero (m)	ʿadad (m)	عدد
fresco (agg)	ʒadīd	جديد
testata (f)	ʿunwān (m)	عنوان
trafiletto (m)	maqāla qaṣīra (f)	مقالة قصيرة
rubrica (f)	ʿamūd (m)	عمود
articolo (m)	maqāla (f)	مقالة
pagina (f)	ṣafḥa (f)	صفحة
servizio (m), reportage (m)	taqrīr (m)	تقرير
evento (m)	ḥadaθ (m)	حدث
sensazione (f)	ḍaʒʒa (f)	ضجّة
scandalo (m)	faḍīḥa (f)	فضيحة
scandaloso (agg)	fāḍiḥ	فاضح
enorme (un ~ scandalo)	ʃahīr	شهير
trasmissione (f)	barnāmaʒ (m)	برنامج
intervista (f)	muqābala (f)	مقابلة
trasmissione (f) in diretta	iðāʿa mubāʃira (f)	إذاعة مباشرة
canale (m)	qanāt (f)	قناة

120. Agricoltura

agricoltura (f)	zirā'a (f)	زراعة
contadino (m)	fallāḥ (m)	فلاح
contadina (f)	fallāḥa (f)	فلاحة
fattore (m)	muzāri' (m)	مزارع
trattore (m)	ӡarrār (m)	جرّار
mietitrebbia (f)	ḥaṣṣāda (f)	حصّادة
aratro (m)	miḥrāθ (m)	محراث
arare (vt)	ḥaraθ	حرث
terreno (m) coltivato	ḥaql maḥrūθ (m)	حقل محروث
solco (m)	talam (m)	تلم
seminare (vt)	baðar	بذر
seminatrice (f)	baððāra (f)	بذّارة
semina (f)	zar' (m)	زرع
falce (f)	miḥaʃʃ (m)	محشّ
falciare (vt)	ḥaʃʃ	حشّ
pala (f)	karīk (m)	مجرفة
scavare (vt)	ḥafar	حفر
zappa (f)	mi'zaqa (f)	معزقة
zappare (vt)	ista'ṣal nabātāt	إستأصل نباتات
erbaccia (f)	ḥaʃīʃa (m)	حشيشة
innaffiatoio (m)	miraʃʃa al miyāh (f)	مرشّة المياه
innaffiare (vt)	saqa	سقى
innaffiamento (m)	saqy (m)	سقي
forca (f)	maðrāt (f)	مذراة
rastrello (m)	midamma (f)	مدمّة
concime (m)	samād (m)	سماد
concimare (vt)	sammad	سمّد
letame (m)	zibd (m)	زبل
campo (m)	ḥaql (m)	حقل
prato (m)	marӡ (m)	مرج
orto (m)	bustān xuḍār (m)	بستان خضار
frutteto (m)	bustān (m)	بستان
pascolare (vt)	ra'a	رعى
pastore (m)	rā'i (m)	راع
pascolo (m)	mar'a (m)	مرعى
allevamento (m) di bestiame	tarbiyat al mawāʃi (f)	تربية المواشي
allevamento (m) di pecore	tarbiyat aɣnām (f)	تربية أغنام
piantagione (f)	mazra'a (f)	مزرعة
filare (m) (un ~ di alberi)	ḥawḍ (m)	حوض
serra (f) da orto	dafi'a (f)	دفيئة

| siccità (f) | ӡafāf (m) | جفاف |
| secco, arido (un'estate ~a) | ӡāff | جافّ |

grano (m)	ḥubūb (pl)	حبوب
cereali (m pl)	maḥāṣīl al ḥubūb (pl)	محاصيل الحبوب
raccogliere (vt)	ḥaṣad	حصد

mugnaio (m)	ṭaḥḥān (m)	طحّان
mulino (m)	ṭāḥūna (f)	طاحونة
macinare (~ il grano)	ṭaḥan al ḥubūb	طحن الحبوب
farina (f)	daqīq (m)	دقيق
paglia (f)	qaʃʃ (m)	قشّ

121. Edificio. Attività di costruzione

cantiere (m) edile	arḍ binā' (f)	أرض بناء
costruire (vt)	bana	بنى
operaio (m) edile	'āmil binā' (m)	عامل بناء

progetto (m)	maʃrū' (m)	مشروع
architetto (m)	muhandis mi'māriy (m)	مهندس معماريّ
operaio (m)	'āmil (m)	عامل

fondamenta (f pl)	asās (m)	أساس
tetto (m)	saqf (m)	سقف
palo (m) di fondazione	watad al asās (f)	وتد الأساس
muro (m)	ḥā'iṭ (m)	حائط

| barre (f pl) di rinforzo | ḥadīd taslīḥ (m) | حديد تسليح |
| impalcatura (f) | saqāla (f) | سقالة |

beton (m)	χarasāna (f)	خرسانة
granito (m)	granīt (m)	جرانيت
pietra (f)	ḥaӡar (m)	حجر
mattone (m)	ṭūb (m)	طوب

sabbia (f)	raml (m)	رمل
cemento (m)	ismant (m)	إسمنت
intonaco (m)	qiṣāra (m)	قصارة
intonacare (vt)	ṭala bil ӡiṣṣ	طلى بالجصّ
pittura (f)	dihān (m)	دهان

| pitturare (vt) | dahhan | دهّن |
| botte (f) | barmīl (m) | برميل |

gru (f)	rāfi'a (f)	رافعة
sollevare (vt)	rafa'	رفع
abbassare (vt)	anzal	أنزل

bulldozer (m)	ӡarrāfa (f)	جرّافة
scavatrice (f)	ḥaffāra (f)	حفّارة
cucchiaia (f)	dalw (m)	دلو
scavare (vt)	ḥafar	حفر
casco (m) (~ di sicurezza)	χūða (f)	خوذة

122. Scienza. Ricerca. Scienziati

scienza (f)	'ilm (m)	علم
scientifico (agg)	'ilmiy	علمّي
scienziato (m)	'ālim (m)	عالِم
teoria (f)	naẓariyya (f)	نظريّة
assioma (m)	badīhiyya (f)	بديهيّة
analisi (f)	taḥlīl (m)	تحليل
analizzare (vt)	ḥallal	حلَّل
argomento (m)	burhān (m)	برهان
sostanza, materia (f)	mādda (f)	مادّة
ipotesi (f)	farḍiyya (f)	فرضيّة
dilemma (m)	mu'ḍila (f)	معضلة
tesi (f)	risāla 'ilmiyya (f)	رسالة علميّة
dogma (m)	'aqīda (f)	عقيدة
dottrina (f)	maðhab (m)	مذهب
ricerca (f)	baḥθ (m)	بحث
fare ricerche	baḥaθ	بحث
prova (f)	iχtibārāt (pl)	إختبارات
laboratorio (m)	muχtabar (m)	مختبر
metodo (m)	manhaʒ (m)	منهج
molecola (f)	ʒuzayi' (m)	جزيء
monitoraggio (m)	riqāba (f)	رقابة
scoperta (f)	iktiʃāf (m)	إكتشاف
postulato (m)	musallama (f)	مسلّمة
principio (m)	mabda' (m)	مبدأ
previsione (f)	tanabbu' (m)	تنبّؤ
fare previsioni	tanabba'	تنبّأ
sintesi (f)	tarkīb (m)	تركيب
tendenza (f)	ittiʒāh (m)	إتّجاه
teorema (m)	naẓariyya (f)	نظريّة
insegnamento (m)	ta'ālīm (pl)	تعاليم
fatto (m)	ḥaqīqa (f)	حقيقة
spedizione (f)	ba'θa (f)	بعثة
esperimento (m)	taʒriba (f)	تجربة
accademico (m)	akadīmiy (m)	أكاديميّ
laureato (m)	bakalūriyūs (m)	بكالوريوس
dottore (m)	duktūr (m)	دكتور
professore (m) associato	ustāð muʃārik (m)	أستاذ مشارك
Master (m)	maʒistīr (m)	ماجستير
professore (m)	brufissūr (m)	بروفيسور

Professioni e occupazioni

123. Ricerca di un lavoro. Licenziamento

lavoro (m)	'amal (m)	عمل
organico (m)	kawādir (pl)	كوادر
personale (m)	ṭāqim al 'āmilīn (m)	طاقم العاملين

carriera (f)	masār mihniy (m)	مسار مهنيّ
prospettiva (f)	'āfāq (pl)	آفاق
abilità (f pl)	mahārāt (pl)	مهارات

selezione (f) (~ del personale)	iẖtiyār (m)	إختيار
agenzia (f) di collocamento	wikālat tawẓīf (f)	وكالة توظيف
curriculum vitae (f)	sīra ðātiyya (f)	سيرة ذاتيّة
colloquio (m)	mu'ābalat 'amal (f)	مقابلة عمل
posto (m) vacante	waẓīfa ẖāliya (f)	وظيفة خالية

salario (m)	murattab (m)	مرتّب
stipendio (m) fisso	rātib θābit (m)	راتب ثابت
compenso (m)	uʒra (f)	أجرة

carica (f), funzione (f)	manṣib (m)	منصب
mansione (f)	wāʒib (m)	واجب
mansioni (f pl) di lavoro	maʒmū'a min al wāʒibāt (f)	مجموعة من الواجبات
occupato (agg)	maʃɣūl	مشغول

| licenziare (vt) | aqāl | أقال |
| licenziamento (m) | iqāla (m) | إقالة |

disoccupazione (f)	biṭāla (f)	بطالة
disoccupato (m)	'āṭil (m)	عاطل
pensionamento (m)	ma'āʃ (m)	معاش
andare in pensione	uḥīl 'alal ma'āʃ	أحيل على المعاش

124. Gente d'affari

direttore (m)	mudīr (m)	مدير
dirigente (m)	mudīr (m)	مدير
capo (m)	mudīr (m), ra'īs (m)	مدير, رئيس

superiore (m)	ra'īs (m)	رئيس
capi (m pl)	ru'asā' (pl)	رؤساء
presidente (m)	ra'īs (m)	رئيس
presidente (m) (impresa)	ra'īs (m)	رئيس

| vice (m) | nā'ib (m) | نائب |
| assistente (m) | musā'id (m) | مساعد |

segretario (m)	sikirtīr (m)	سكرتير
assistente (m) personale	sikritīr χāṣṣ (m)	سكرتير خاصّ
uomo (m) d'affari	raӡul aʿmāl (m)	رجل أعمال
imprenditore (m)	rā'id aʿmāl (m)	رائد أعمال
fondatore (m)	mu'assis (m)	مؤسّس
fondare (vt)	assas	أسّس
socio (m)	mu'assis (m)	مؤسّس
partner (m)	ʃarīk (m)	شريك
azionista (m)	musāhim (m)	مساهم
milionario (m)	milyunīr (m)	مليونير
miliardario (m)	milyardīr (m)	ملياردير
proprietario (m)	ṣāḥib (m)	صاحب
latifondista (m)	ṣāḥib al arḍ (m)	صاحب الأرض
cliente (m) (di professionista)	ʿamīl (m)	عميل
cliente (m) abituale	ʿamīl dā'im (m)	عميل دائم
compratore (m)	muʃtari (m)	مشتر
visitatore (m)	zā'ir (m)	زائر
professionista (m)	muḥtarif (m)	محترف
esperto (m)	χabīr (m)	خبير
specialista (m)	mutaχaṣṣiṣ (m)	متخصّص
banchiere (m)	ṣāḥib maṣraf (m)	صاحب مصرف
broker (m)	simsār (m)	سمسار
cassiere (m)	ṣarrāf (m)	صرّاف
contabile (m)	muḥāsib (m)	محاسب
guardia (f) giurata	ḥāris amn (m)	حارس أمن
investitore (m)	mustaθmir (m)	مستثمر
debitore (m)	mudīn (m)	مدين
creditore (m)	dā'in (m)	دائن
mutuatario (m)	muqtariḍ (m)	مقترض
importatore (m)	mustawrid (m)	مستورد
esportatore (m)	muṣaddir (m)	مصدّر
produttore (m)	aʃ ʃarika al muṣni'a (f)	الشركة المصنعة
distributore (m)	muwazzi' (m)	موزّع
intermediario (m)	wasīṭ (m)	وسيط
consulente (m)	mustaʃār (m)	مستشار
rappresentante (m)	mandūb mabi'āt (m)	مندوب مبيعات
agente (m)	wakīl (m)	وكيل
assicuratore (m)	wakīl at ta'mīn (m)	وكيل التأمين

125. Professioni amministrative

cuoco (m)	ṭabbāχ (m)	طبّاخ
capocuoco (m)	ʃāf (m)	شاف

fornaio (m)	χabbāz (m)	خبّاز
barista (m)	bārman (m)	بارمان
cameriere (m)	nādil (m)	نادل
cameriera (f)	nādila (f)	نادلة
avvocato (m)	muḥāmi (m)	محام
esperto (m) legale	muḥāmi (m)	محام
notaio (m)	muwaθθaq (m)	موثّق
elettricista (m)	kahrabā'iy (m)	كهربائيّ
idraulico (m)	sabbāk (m)	سبّاك
falegname (m)	naʒʒār (m)	نجّار
massaggiatore (m)	mudallik (m)	مدلك
massaggiatrice (f)	mudallika (f)	مدلكة
medico (m)	ṭabīb (m)	طبيب
taxista (m)	sā'iq taksi (m)	سائق تاكسي
autista (m)	sā'iq (m)	سائق
fattorino (m)	sā'i (m)	ساع
cameriera (f)	'āmilat tanẓīf χuraf (f)	عاملة تنظيف غرف
guardia (f) giurata	ḥāris amn (m)	حارس أمن
hostess (f)	muḍīfat ṭayarān (f)	مضيفة طيران
insegnante (m, f)	mudarris madrasa (m)	مدرّس مدرسة
bibliotecario (m)	amīn maktaba (m)	أمين مكتبة
traduttore (m)	mutarʒim (m)	مترجم
interprete (m)	mutarʒim fawriy (m)	مترجم فوريّ
guida (f)	murʃid (m)	مرشد
parrucchiere (m)	ḥallāq (m)	حلّاق
postino (m)	sā'i al barīd (m)	ساعي البريد
commesso (m)	bā'iʿ (m)	بائع
giardiniere (m)	bustāniy (m)	بستانيّ
domestico (m)	χādim (m)	خادم
domestica (f)	χādima (f)	خادمة
donna (f) delle pulizie	'āmilat tanẓīf (f)	عاملة تنظيف

126. Professioni militari e gradi

soldato (m) semplice	ʒundiy (m)	جنديّ
sergente (m)	raqīb (m)	رقيب
tenente (m)	mulāzim (m)	ملازم
capitano (m)	naqīb (m)	نقيب
maggiore (m)	rā'id (m)	رائد
colonnello (m)	'aqīd (m)	عقيد
generale (m)	ʒinirāl (m)	جنرال
maresciallo (m)	mārʃāl (m)	مارشال
ammiraglio (m)	amirāl (m)	أميرال
militare (m)	'askariy (m)	عسكريّ
soldato (m)	ʒundiy (m)	جنديّ

ufficiale (m)	ḍābiṭ (m)	ضابط
comandante (m)	qā'id (m)	قائد
guardia (f) di frontiera	ḥāris ḥudūd (m)	حارس حدود
marconista (m)	'āmil lāsilkiy (m)	عامل لاسلكيّ
esploratore (m)	mustakʃif (m)	مستكشف
geniere (m)	muhandis 'askariy (m)	مهندس عسكريّ
tiratore (m)	rāmi (m)	رام
navigatore (m)	mallāḥ (m)	ملّاح

127. Funzionari. Sacerdoti

re (m)	malik (m)	ملك
regina (f)	malika (f)	ملكة
principe (m)	amīr (m)	أمير
principessa (f)	amīra (f)	أميرة
zar (m)	qayṣar (m)	قيصر
zarina (f)	qayṣara (f)	قيصرة
presidente (m)	ra'īs (m)	رئيس
ministro (m)	wazīr (m)	وزير
primo ministro (m)	ra'īs wuzarā' (m)	رئيس وزراء
senatore (m)	'uḍw maʒlis aʃ ʃuyūχ (m)	عضو مجلس الشيوخ
diplomatico (m)	diblumāsiy (m)	دبلوماسيّ
console (m)	qunṣul (m)	قنصل
ambasciatore (m)	safīr (m)	سفير
consigliere (m)	mustaʃār (m)	مستشار
funzionario (m)	muwaẓẓaf (m)	موظّف
prefetto (m)	ra'īs idārat al ḥayy (m)	رئيس إدارة الحيّ
sindaco (m)	ra'īs al baladiyya (m)	رئيس البلديّة
giudice (m)	qāḍi (m)	قاض
procuratore (m)	mudda'i (m)	مدّع
missionario (m)	mubaʃʃir (m)	مبشّر
monaco (m)	rāhib (m)	راهب
abate (m)	ra'īs ad dayr (m)	رئيس الدير
rabbino (m)	ḥāχām (m)	حاخام
visir (m)	wazīr (m)	وزير
scià (m)	ʃāh (m)	شاه
sceicco (m)	ʃɛyχ (m)	شيخ

128. Professioni agricole

apicoltore (m)	naḥḥāl (m)	نحّال
pastore (m)	rā'i (m)	راع
agronomo (m)	muhandis zirā'iy (m)	مهندس زراعيّ

| allevatore (m) di bestiame | murabbi al mawāʃi (m) | مربّي المواشي |
| veterinario (m) | ṭabīb bayṭariy (m) | طبيب بيطريّ |

fattore (m)	muzāriʿ (m)	مزارع
vinificatore (m)	ṣāniʿ an nabīð (m)	صانع النبيذ
zoologo (m)	χabīr fi ʿilm al ḥayawān (m)	خبير في علم الحيوان
cowboy (m)	rāʿi al baqar (m)	راعي البقر

129. Professioni artistiche

| attore (m) | mumaθθil (m) | ممثّل |
| attrice (f) | mumaθθila (f) | ممثّلة |

| cantante (m) | muɣanni (m) | مغنّ |
| cantante (f) | muɣanniya (f) | مغنّية |

| danzatore (m) | rāqiṣ (m) | راقص |
| ballerina (f) | rāqiṣa (f) | راقصة |

| artista (m) | fannān (m) | فنّان |
| artista (f) | fannāna (f) | فنّانة |

musicista (m)	ʿāzif (m)	عازف
pianista (m)	ʿāzif biyānu (m)	عازف بيانو
chitarrista (m)	ʿāzif gitār (m)	عازف جيتار

direttore (m) d'orchestra	qāʾid urkistra (m)	قائد أركسترا
compositore (m)	mulaḥḥin (m)	ملحّن
impresario (m)	mudīr firqa (m)	مدير فرقة

regista (m)	muχriʒ (m)	مخرج
produttore (m)	muntiʒ (m)	منتج
sceneggiatore (m)	kātib sināriyu (m)	كاتب سيناريو
critico (m)	nāqid (m)	ناقد

scrittore (m)	kātib (m)	كاتب
poeta (m)	ʃāʿir (m)	شاعر
scultore (m)	naḥḥāt (m)	نحّات
pittore (m)	rassām (m)	رسّام

giocoliere (m)	bahlawān (m)	بهلوان
pagliaccio (m)	muharriʒ (m)	مهرّج
acrobata (m)	bahlawān (m)	بهلوان
prestigiatore (m)	sāḥir (m)	ساحر

130. Professioni varie

medico (m)	ṭabīb (m)	طبيب
infermiera (f)	mumarriḍa (f)	ممرّضة
psichiatra (m)	ṭabīb nafsiy (m)	طبيب نفسيّ
dentista (m)	ṭabīb al asnān (m)	طبيب الأسنان
chirurgo (m)	ʒarrāḥ (m)	جرّاح

astronauta (m)	rā'id faḍā' (m)	رائد فضاء
astronomo (m)	'ālim falak (m)	عالِم فلك
pilota (m)	ṭayyār (m)	طيّار
autista (m)	sā'iq (m)	سائق
macchinista (m)	sā'iq (m)	سائق
meccanico (m)	mikanīkiy (m)	ميكانيكيّ
minatore (m)	'āmil manʒam (m)	عامل منجم
operaio (m)	'āmil (m)	عامل
operaio (m) metallurgico	qaffāl (m)	قفّال
falegname (m)	naʒʒār (m)	نجّار
tornitore (m)	xarrāṭ (m)	خرّاط
operaio (m) edile	'āmil binā' (m)	عامل بناء
saldatore (m)	laḥḥām (m)	لحّام
professore (m)	brufissūr (m)	بروفيسور
architetto (m)	muhandis mi'māriy (m)	مهندس معماريّ
storico (m)	mu'arrix (m)	مؤرّخ
scienziato (m)	'ālim (m)	عالِم
fisico (m)	fizyā'iy (m)	فيزيائيّ
chimico (m)	kimyā'iy (m)	كيميائيّ
archeologo (m)	'ālim'āθār (m)	عالم آثار
geologo (m)	ʒiulūʒiy (m)	جيولوجيّ
ricercatore (m)	bāḥiθ (m)	باحث
baby-sitter (m, f)	murabbiyat aṭfāl (f)	مربّية الأطفال
insegnante (m, f)	mu'allim (m)	معلّم
redattore (m)	muḥarrir (m)	محرّر
redattore capo (m)	ra'īs taḥrīr (m)	رئيس تحرير
corrispondente (m)	murāsil (m)	مراسل
dattilografa (f)	kātiba 'alal 'āla al kātiba (f)	كاتبة على الآلة الكاتبة
designer (m)	muṣammim (m)	مصمّم
esperto (m) informatico	mutaxaṣṣiṣ bil kumbyūtir (m)	متخصّص بالكمبيوتر
programmatore (m)	mubarmiʒ (m)	مبرمج
ingegnere (m)	muhandis (m)	مهندس
marittimo (m)	baḥḥār (m)	بحّار
marinaio (m)	baḥḥār (m)	بحّار
soccorritore (m)	munqið (m)	منقذ
pompiere (m)	raʒul iṭfā' (m)	رجل إطفاء
poliziotto (m)	ʃurṭiy (m)	شرطيّ
guardiano (m)	ḥāris (m)	حارس
detective (m)	muḥaqqiq (m)	محقّق
doganiere (m)	muwazzaf al ʒamārik (m)	موظّف الجمارك
guardia (f) del corpo	ḥāris ʃaxṣiy (m)	حارس شخصيّ
guardia (f) carceraria	ḥāris siʒn (m)	حارس سجن
ispettore (m)	mufattiʃ (m)	مفتّش
sportivo (m)	riyāḍiy (m)	رياضيّ
allenatore (m)	mudarrib (m)	مدرّب

macellaio (m)	ʒazzār (m)	جزّار
calzolaio (m)	iskāfiy (m)	إسكافيّ
uomo (m) d'affari	tāʒir (m)	تاجر
caricatore (m)	ḥammāl (m)	حمّال

| stilista (m) | muṣammim azyā' (m) | مصمّم أزياء |
| modella (f) | mudīl (f) | موديل |

131. Attività lavorative. Condizione sociale

| scolaro (m) | tilmīð (m) | تلميذ |
| studente (m) | ṭālib (m) | طالب |

filosofo (m)	faylasūf (m)	فيلسوف
economista (m)	iqtiṣādiy (m)	إقتصاديّ
inventore (m)	muxtariʿ (m)	مخترع

disoccupato (m)	ʿāṭil (m)	عاطل
pensionato (m)	mutaqāʿid (m)	متقاعد
spia (f)	ʒāsūs (m)	جاسوس

detenuto (m)	saʒīn (m)	سجين
scioperante (m)	muḍrib (m)	مضرب
burocrate (m)	buruqrāṭiy (m)	بيروقراطيّ
viaggiatore (m)	raḥḥāla (m)	رحّالة

omosessuale (m)	miθliy ʒinsiyyan (m)	مثليّ جنسيًا
hacker (m)	hākir (m)	هاكر
hippy (m, f)	hippi (m)	هيبيّ

bandito (m)	qāṭiʿ ṭarīq (m)	قاطع طريق
sicario (m)	qātil ma'ʒūr (m)	قاتل مأجور
drogato (m)	mudmin muxaddirāt (m)	مدمن مخدّرات
trafficante (m) di droga	tāʒir muxaddirāt (m)	تاجر مخدّرات
prostituta (f)	ʿāhira (f)	عاهرة
magnaccia (m)	qawwād (m)	قوّاد

stregone (m)	sāḥir (m)	ساحر
strega (f)	sāḥira (f)	ساحرة
pirata (m)	qurṣān (m)	قرصان
schiavo (m)	ʿabd (m)	عبد
samurai (m)	samurāy (m)	ساموراي
selvaggio (m)	mutawaḥḥiʃ (m)	متوحّش

Sport

132. Tipi di sport. Sportivi

sportivo (m)	riyāḍiy (m)	رياضيّ
sport (m)	naw' min ar riyāḍa (m)	نوع من الرياضة
pallacanestro (m)	kurat as salla (f)	كرة السلّة
cestista (m)	lā'ib kūrat as salla (m)	لاعب كرة السلّة
baseball (m)	kurat al qā'ida (f)	كرة القاعدة
giocatore (m) di baseball	lā'ib kurat al qā'ida (m)	لاعب كرة القاعدة
calcio (m)	kurat al qadam (f)	كرة القدم
calciatore (m)	lā'ib kurat al qadam (m)	لاعب كرة القدم
portiere (m)	ḥāris al marma (m)	حارس المرمى
hockey (m)	huki (m)	هوكي
hockeista (m)	lā'ib huki (m)	لاعب هوكي
pallavolo (m)	al kura aṭ ṭā'ira (m)	الكرة الطائرة
pallavolista (m)	lā'ib al kura aṭ ṭā'ira (m)	لاعب الكرة الطائرة
pugilato (m)	mulākama (f)	ملاكمة
pugile (m)	mulākim (m)	ملاكم
lotta (f)	muṣāra'a (f)	مصارعة
lottatore (m)	muṣāri' (m)	مصارع
karate (m)	karatī (m)	كاراتيه
karateka (m)	lā'ib karatī (m)	لاعب كاراتيه
judo (m)	ʒudu (m)	جودو
judoista (m)	lā'ib ʒudu (m)	لاعب جودو
tennis (m)	tinis (m)	تنس
tennista (m)	lā'ib tinnis (m)	لاعب تنس
nuoto (m)	sibāḥa (f)	سباحة
nuotatore (m)	sabbāḥ (m)	سبّاح
scherma (f)	musāyafa (f)	مسايفة
schermitore (m)	mubāriz (m)	مبارز
scacchi (m pl)	ʃaṭranʒ (m)	شطرنج
scacchista (m)	lā'ib ʃaṭranʒ (m)	لاعب شطرنج
alpinismo (m)	tasalluq al ʒibāl (m)	تسلّق الجبال
alpinista (m)	mutasalliq al ʒibāl (m)	متسلّق الجبال
corsa (f)	ʒary (m)	جري

corridore (m)	ʻaddāʼ (m)	عدّاء
atletica (f) leggera	alʻāb al qiwa (pl)	ألعاب القوى
atleta (m)	lāʻib riyāḍiy (m)	لاعب رياضي
ippica (f)	riyāḍat al furūsiyya (f)	رياضة الفروسيّة
fantino (m)	fāris (m)	فارس
pattinaggio (m) artistico	tazalluʒ fanniy ʻalal ʒalīd (m)	تزلّج فنّي على الجليد
pattinatore (m)	mutazalliʒ fanniy (m)	متزلّج فنّي
pattinatrice (f)	mutazalliʒa fanniyya (f)	متزلّجة فنّية
pesistica (f)	rafʻ al aθqāl (m)	رفع الأثقال
pesista (m)	rāfiʻ al aθqāl (m)	رافع الأثقال
automobilismo (m)	sibāq as sayyārāt (m)	سباق السيّارات
pilota (m)	sāʼiq sibāq (m)	سائق سباق
ciclismo (m)	sibāq ad darrāʒāt (m)	سباق الدرّاجات
ciclista (m)	lāʻib ad darrāʒāt (m)	لاعب الدرّاجات
salto (m) in lungo	al qafz aṭ ṭawīl (m)	القفز الطويل
salto (m) con l'asta	al qafz biz zāna (m)	القفز بالزانة
saltatore (m)	qāfiz (m)	قافز

133. Tipi di sport. Varie

football (m) americano	kurat al qadam (f)	كرة القدم
badminton (m)	kurat ar rīʃa (f)	كرة الريشة
biathlon (m)	al biatlūn (m)	البياثلون
biliardo (m)	bilyārdu (m)	بلياردو
bob (m)	zallāʒa ʒamaʻiyya (f)	زلّاجة جماعيّة
culturismo (m)	kamāl aʒsām (m)	كمال أجسام
pallanuoto (m)	kurat al māʼ (f)	كرة الماء
pallamano (m)	kurat al yad (f)	كرة اليد
golf (m)	gūlf (m)	جولف
canottaggio (m)	taʒðīf (m)	تجذيف
immersione (f) subacquea	al ɣaws taht al māʼ (m)	الغوص تحت الماء
sci (m) di fondo	riyāḍat al iski (f)	رياضة الإسكي
tennis (m) da tavolo	kurat aṭ ṭāwila (f)	كرة الطاولة
vela (f)	riyāḍa ibḥār al marākib (f)	رياضة إبحار المراكب
rally (m)	sibāq as sayyārāt (m)	سباق السيّارات
rugby (m)	raɣbi (m)	رغبي
snowboard (m)	tazalluʒ ʻlaθ θulūʒ (m)	تزلّج على الثلوج
tiro (m) con l'arco	rimāya (f)	رماية

134. Palestra

bilanciere (m)	ḥadīda (f)	حديدة
manubri (m pl)	dambilz (m)	دمبلز

attrezzo (m) sportivo	ʒihāz tadrīb (m)	جهاز تدريب
cyclette (f)	darrāʒat tadrīb (f)	درّاجة تدريب
tapis roulant (m)	ʒihāz al maʃy (m)	جهاز المشي
sbarra (f)	ʻuqla (f)	عقلة
parallele (f pl)	al mutawāzi (m)	المتوازي
cavallo (m)	hisān al maqābiḍ (m)	حصان المقابض
materassino (m)	ḥaṣīra (f)	حصيرة
corda (f) per saltare	ḥabl an naṭṭ (m)	حبل النطّ
aerobica (f)	at tamrīnāt al hiwāʼiyya (pl)	التمرينات الهوائية
yoga (m)	yūga (f)	يوجا

135. Hockey

hockey (m)	huki (m)	هوكي
hockeista (m)	lāʻib huki (m)	لاعب هوكي
giocare a hockey	laʻib al hūki	لعب الهوكي
ghiaccio (m)	ʒalīd (m)	جليد
disco (m)	qurṣ al huky (m)	قرص الهوكي
bastone (m) da hockey	miḍrab al huki (m)	مضرب الهوكي
pattini (m pl)	zallāʒāt (pl)	زلّاجات
bordo (m)	ʒānib (m)	جانب
tiro (m)	ramya (f)	رمية
portiere (m)	ḥāris al marma (m)	حارس المرمى
gol (m)	hadaf (m)	هدف
segnare un gol	aṣāb al hadaf	أصاب الهدف
tempo (m)	ʃawṭ (m)	شوط
secondo tempo (m)	aʃ ʃawṭ aθ θāni (m)	الشوط الثاني
panchina (f)	dikkat al iḥtiāṭy (f)	دكّة الإحتياطي

136. Calcio

calcio (m)	kurat al qadam (f)	كرة القدم
calciatore (m)	lāʻib kurat al qadam (m)	لاعب كرة القدم
giocare a calcio	laʻib kurat al qadam	لعب كرة القدم
La Prima Divisione	ad dawriy al kibīr (m)	الدوريّ الكبير
società (f) calcistica	nādy kurat al qadam (m)	نادي كرة القدم
allenatore (m)	mudarrib (m)	مدرب
proprietario (m)	ṣāḥib (m)	صاحب
squadra (f)	farīq (m)	فريق
capitano (m) di squadra	kabtan al farīq (m)	كابتن الفريق
giocatore (m)	lāʻib (m)	لاعب
riserva (f)	lāʻib iḥtiyāṭiy (m)	لاعب إحتياطيّ
attaccante (m)	lāʻib huʒūm (m)	لاعب هجوم
centrocampista (m)	wasaṭ al huʒūm (m)	وسط الهجوم

bomber (m)	haddāf (m)	هدّاف
terzino (m)	mudāfiʿ (m)	مدافع
mediano (m)	lāʿib wasaṭ (m)	لاعب وسط
partita (f)	mubārāt (f)	مباراة
incontrarsi (vr)	qābal	قابل
finale (m)	mubarāt nihāʾiyya (f)	مباراة نهائيّة
semifinale (m)	dawr an niṣf an nihāʾiy (m)	دور النصف النهائيّ
campionato (m)	buṭūla (f)	بطولة
tempo (m)	ʃawṭ (m)	شوط
primo tempo (m)	aʃ ʃawṭ al awwal (m)	الشوط الأوّل
intervallo (m)	istirāḥa ma bayn aʃ ʃawṭayn (f)	إستراحة ما بين الشوطين
porta (f)	marma (f)	مرمى
portiere (m)	ḥāris al marma (m)	حارس المرمى
palo (m)	ʿāriḍa (f)	عارضة
traversa (f)	ʿāriḍa (f)	عارضة
rete (f)	ʃabaka (f)	شبكة
subire un gol	samaḥ bi iṣābat al hadaf	سمح بإصابة الهدف
pallone (m)	kura (f)	كرة
passaggio (m)	tamrīra (f)	تمريرة
calcio (m), tiro (m)	ḍarba (f)	ضربة
tirare un calcio	ḍarab	ضرب
calcio (m) di punizione	ḍarba ḥurra (f)	ضربة حرّة
calcio (m) d'angolo	ḍarba zāwiya (f)	ضربة زاوية
attacco (m)	huʒūm (m)	هجوم
contrattacco (m)	haʒma muḍādda (f)	هجمة مضادّة
combinazione (f)	tarkīb (m)	تركيب
arbitro (m)	ḥakam (m)	حكم
fischiare (vi)	ṣaffar	صفّر
fischio (m)	ṣaffāra (f)	صفّارة
fallo (m)	muχālafa (f)	مخالفة
fare un fallo	χālaf	خالف
espellere dal campo	ṭarad min al malʿab	طرد من الملعب
cartellino (m) giallo	al kārt al aṣfar (m)	الكارت الأصفر
cartellino (m) rosso	al kart al aḥmar (m)	الكارت الأحمر
squalifica (f)	ḥirmān (m)	حرمان
squalificare (vt)	ḥaram	حرم
rigore (m)	ḍarbat ʒazāʾ (f)	ضربة جزاء
barriera (f)	ḥāʾiṭ (m)	حائط
segnare (~ un gol)	aṣāb al hadaf	أصاب الهدف
gol (m)	hadaf (m)	هدف
segnare un gol	aṣāb al hadaf	أصاب الهدف
sostituzione (f)	tabdīl (m)	تبديل
sostituire (vt)	baddal	بدّل
regole (f pl)	qawāʿid (pl)	قواعد
tattica (f)	taktīk (m)	تكتيك
stadio (m)	malʿab (m)	ملعب
tribuna (f)	mudarraʒ (m)	مدرّج

| tifoso, fan (m) | muʃaʒʒiʿ (m) | مشجّع |
| gridare (vi) | ṣaraχ | صرخ |

| tabellone (m) segnapunti | lawḥat an natīʒa (f) | لوحة النتيجة |
| punteggio (m) | natīʒa (f) | نتيجة |

sconfitta (f)	hazīma (f)	هزيمة
subire una sconfitta	χasir	خسر
pareggio (m)	taʿādul (m)	تعادل
pareggiare (vi)	taʿādal	تعادل

vittoria (f)	fawz (m)	فوز
vincere (vi)	fāz	فاز
campione (m)	baṭal (m)	بطل
migliore (agg)	aḥsan	أحسن
congratularsi (con qn per qc)	hanna'	هنّأ

commentatore (m)	muʿalliq (m)	معلّق
commentare (vt)	ʿallaq	علّق
trasmissione (f)	iðāʿa (f)	إذاعة

137. Sci alpino

sci (m pl)	zallāʒāt (pl)	زلاجات
sciare (vi)	tazallaʒ	تزلّج
stazione (f) sciistica	muntaʒaʿ ʒabaliy lit tazalluʒ (m)	منتجع جبليّ للتزلّج
sciovia (f)	miṣʿad (m)	مصعد
bastoni (m pl) da sci	ʿaṣayān at tazalluʒ (pl)	عصيان التزلّج
pendio (m)	munḥadar (m)	منحدر
slalom (m)	slālum (m)	سلالوم

138. Tennis. Golf

golf (m)	gūlf (m)	جولف
golf club (m)	nādi gūlf (m)	نادي جولف
golfista (m)	lāʿib gūlf (m)	لاعب جولف
buca (f)	taʒwīf (m)	تجويف
mazza (f) da golf	miḍrab (m)	مضرب
carrello (m) da golf	ʿaraba lil gūlf (f)	عربة للجولف
tennis (m)	tinis (m)	تنس
campo (m) da tennis	malʿab tinis (m)	ملعب تنس
battuta (f)	munāwala (f)	مناولة
servire (vt)	nāwil	ناول
racchetta (f)	miḍrab (m)	مضرب
rete (f)	ʃabaka (f)	شبكة
palla (f)	kura (f)	كرة

139. Scacchi

scacchi (m pl)	ʃaṭranʒ (m)	شطرنج
pezzi (m pl) degli scacchi	qiṭaʻ aʃ ʃaṭranʒ (pl)	قطع الشطرنج
scacchista (m)	lāʻib ʃaṭranʒ (m)	لاعب شطرنج
scacchiera (f)	lawḥat aʃ ʃaṭranʒ (f)	لوحة الشطرنج
pezzo (m)	qiṭʻa (f)	قطعة
Bianchi (m pl)	qiṭaʻ bayḍāʼ (pl)	قطع بيضاء
Neri (m pl)	qiṭaʻ sawdāʼ (pl)	قطع سوداء
pedina (f)	baydaq (m)	بيدق
alfiere (m)	fīl (m)	فيل
cavallo (m)	ḥiṣān (m)	حصان
torre (f)	qalʻa (f)	قلعة
regina (f)	malika (f)	ملكة
re (m)	malik (m)	ملك
mossa (m)	xaṭwa (f)	خطوة
muovere (vt)	ḥarrak	حرّك
sacrificare (vt)	ḍaḥḥa	ضحّى
arrocco (m)	at tabyīt (m)	التبييت
scacco (m)	kaʃʃ (m)	كشّ
scacco matto (m)	kaʃʃ māt (m)	كشّ مات
torneo (m) di scacchi	buṭūlat ʃaṭranʒ (f)	بطولة شطرنج
gran maestro (m)	ustāð kabīr (m)	أستاذ كبير
combinazione (f)	tarkīb (m)	تركيب
partita (f) (~ a scacchi)	dawr (m)	دور
dama (f)	dāma (f)	ضامة

140. Pugilato

pugilato (m), boxe (f)	mulākama (f)	ملاكمة
incontro (m)	mulākama (f)	ملاكمة
incontro (m) di boxe	mubārāt mulākama (f)	مباراة ملاكمة
round (m)	ʒawla (f)	جولة
ring (m)	ḥalba (f)	حلبة
gong (m)	nāqūs (m)	ناقوس
pugno (m)	ḍarba (f)	ضربة
knock down (m)	ḍarba ḥāsima (f)	ضربة حاسمة
knock-out (m)	ḍarba qāḍiya (f)	ضربة قاضية
mettere knock-out	ḍarab ḍarba qāḍiya	ضرب ضربة قاضية
guantone (m) da pugile	quffāz al mulākama (m)	قفّاز الملاكمة
arbitro (m)	ḥakam (m)	حكم
peso (m) leggero	al wazn al xafīf (m)	الوزن الخفيف
peso (m) medio	al wazn al mutawassiṭ (m)	الوزن المتوسّط
peso (m) massimo	al wazn aθ θaqīl (m)	الوزن الثقيل

141. Sport. Varie

Italiano	Traslitterazione	Arabo
Giochi (m pl) Olimpici	al'āb ulumbiyya (pl)	ألعاب أولمبية
vincitore (m)	fā'iz (m)	فائز
ottenere la vittoria	fāz	فاز
vincere (vi)	fāz	فاز
leader (m), capo (m)	za'īm (m)	زعيم
essere alla guida	taqaddam	تقدّم
primo posto (m)	al martaba al ūla (f)	المرتبة الأولى
secondo posto (m)	al martaba aθ θāniya (f)	المرتبة الثانية
terzo posto (m)	al martaba aθ θāliθa (f)	المرتبة الثالثة
medaglia (f)	midāliyya (f)	ميداليّة
trofeo (m)	ȝā'iza (f)	جائزة
coppa (f) (trofeo)	ka's (m)	كأس
premio (m)	ȝā'iza (f)	جائزة
primo premio (m)	akbar ȝā'iza (f)	أكبر جائزة
record (m)	raqm qiyāsiy (m)	رقم قياسيّ
stabilire un record	fāz bi raqm qiyāsiy	فاز برقم قياسيّ
finale (m)	mubarāt nihā'iyya (f)	مباراة نهائيّة
finale (agg)	nihā'iy	نهائيّ
campione (m)	baṭal (m)	بطل
campionato (m)	buṭūla (f)	بطولة
stadio (m)	mal'ab (m)	ملعب
tribuna (f)	mudarraȝ (m)	مدرّج
tifoso, fan (m)	muʃaȝȝi' (m)	مشجّع
avversario (m)	'aduww (m)	عدوّ
partenza (f)	χaṭṭ al bidāya (m)	خطّ البداية
traguardo (m)	χaṭṭ an nihāya (m)	خطّ النهاية
sconfitta (f)	hazīma (f)	هزيمة
perdere (vt)	χasir	خسر
arbitro (m)	ḥakam (m)	حكم
giuria (f)	hay'at al ḥukm (f)	هيئة الحكم
punteggio (m)	natīȝa (f)	نتيجة
pareggio (m)	ta'ādul (m)	تعادل
pareggiare (vi)	ta'ādal	تعادل
punto (m)	nuqṭa (f)	نقطة
risultato (m)	natīȝa nihā'iyya (f)	نتيجة نهائية
tempo (primo ~)	ʃawṭ (m)	شوط
intervallo (m)	istirāḥa ma bayn aʃ ʃawṭayn (f)	إستراحة ما بين الشوطين
doping (m)	munaʃʃiṭāt (pl)	منشّطات
penalizzare (vt)	'āqab	عاقب
squalificare (vt)	ḥaram	حرم
attrezzatura (f)	ma'add riyāḍiy (f)	معدّ رياضيّ
giavellotto (m)	rumḥ (m)	رمح

peso (m) (sfera metallica)	ǧulla (f)	جلّة
biglia (f) (palla)	kura (f)	كرة
obiettivo (m)	hadaf (m)	هدف
bersaglio (m)	hadaf (m)	هدف
sparare (vi)	aṭlaq an nār	أطلق النار
preciso (agg)	maḍbūṭ	مضبوط
allenatore (m)	mudarrib (m)	مدرّب
allenare (vt)	darrab	درّب
allenarsi (vr)	tadarrab	تدرّب
allenamento (m)	tadrīb (m)	تدريب
palestra (f)	markaz li liyāqa badaniyya (m)	مركز للياقة بدنيّة
esercizio (m)	tamrīn (m)	تمرين
riscaldamento (m)	tasxīn (m)	تسخين

Istruzione

142. Scuola

scuola (f)	madrasa (f)	مدرسة
direttore (m) di scuola	mudīr madrasa (m)	مدير مدرسة
allievo (m)	tilmīð (m)	تلميذ
allieva (f)	tilmīða (f)	تلميذة
scolaro (m)	tilmīð (m)	تلميذ
scolara (f)	tilmīða (f)	تلميذة
insegnare (qn)	'allam	علّم
imparare (una lingua)	ta'allam	تعلّم
imparare a memoria	ḥafaẓ	حفظ
studiare (vi)	ta'allam	تعلّم
frequentare la scuola	daras	درس
andare a scuola	ðahab ilal madrasa	ذهب إلى المدرسة
alfabeto (m)	alifbā' (m)	الفباء
materia (f)	mādda (f)	مادّة
classe (f)	faṣl (m)	فصل
lezione (f)	dars (m)	درس
ricreazione (f)	istirāḥa (f)	إستراحة
campanella (f)	ʒaras al madrasa (m)	جرس المدرسة
banco (m)	taxta lil madrasa (m)	تختة للمدرسة
lavagna (f)	sabbūra (f)	سبّورة
voto (m)	daraʒa (f)	درجة
voto (m) alto	daraʒa ʒayyida (f)	درجة جيّدة
voto (m) basso	daraʒa ɣayr ʒayyida (f)	درجة غير جيّدة
dare un voto	a'ṭa daraʒa	أعطى درجة
errore (m)	xaṭa' (m)	خطأ
fare errori	axṭa'	أخطأ
correggere (vt)	ṣaḥḥaḥ	صحّح
bigliettino (m)	waraqat ɣaʃʃ (f)	ورقة غشّ
compiti (m pl)	wāʒib manziliy (m)	واجب منزليّ
esercizio (m)	tamrīn (m)	تمرين
essere presente	ḥaḍar	حضر
essere assente	ɣāb	غاب
mancare le lezioni	taɣayyab 'an al madrasa	تغيّب عن المدرسة
punire (vt)	'āqab	عاقب
punizione (f)	'uqūba (f),'iqāb (m)	عقوبة, عقاب
comportamento (m)	sulūk (m)	سلوك

pagella (f)	at taqrīr al madrasiy (m)	التقرير المدرسيّ
matita (f)	qalam ruṣāṣ (m)	قلم رصاص
gomma (f) per cancellare	astīka (f)	استيكة
gesso (m)	ṭabāʃīr (m)	طباشير
astuccio (m) portamatite	maqlama (f)	مقلمة

cartella (f)	ʃanṭat al madrasa (f)	شنطة المدرسة
penna (f)	qalam (m)	قلم
quaderno (m)	daftar (m)	دفتر
manuale (m)	kitāb taʿlīm (m)	كتاب تعليم
compasso (m)	barʒal (m)	برجل

disegnare (tracciare)	rasam rasm taqniy	رسم رسمًا تقنيًا
disegno (m) tecnico	rasm taqniy (m)	رسم تقنيّ

poesia (f)	qaṣīda (f)	قصيدة
a memoria	ʿan ẓahr qalb	عن ظهر قلب
imparare a memoria	ḥafaẓ	حفظ

vacanze (f pl) scolastiche	ʿuṭla madrasiyya (f)	عطلة مدرسيّة
essere in vacanza	ʿindahu ʿuṭla	عنده عطلة
passare le vacanze	qaḍa al ʿuṭla	قضى العطلة

prova (f) scritta	imtiḥān (m)	إمتحان
composizione (f)	inʃāʾ (m)	إنشاء
dettato (m)	imlāʾ (m)	إملاء
esame (m)	imtiḥān (m)	إمتحان
sostenere un esame	marr al imtiḥān	مرّ الإمتحان
esperimento (m)	taʒriba (f)	تجربة

143. Istituto superiore. Università

accademia (f)	akadīmiyya (f)	أكاديميّة
università (f)	ʒāmiʿa (f)	جامعة
facoltà (f)	kulliyya (f)	كلّيّة

studente (m)	ṭālib (m)	طالب
studentessa (f)	ṭāliba (f)	طالبة
docente (m, f)	muḥāḍir (m)	محاضر

aula (f)	mudarraʒ (m)	مدرّج
diplomato (m)	mutaxarriʒ (m)	متخرّج

diploma (m)	diblūma (f)	دبلومة
tesi (f)	risāla ʿilmiyya (f)	رسالة علميّة

ricerca (f)	dirāsa (f)	دراسة
laboratorio (m)	muxtabar (m)	مختبر

lezione (f)	muḥāḍara (f)	محاضرة
compagno (m) di corso	zamīl fiṣ ṣaff (m)	زميل في الصفّ

borsa (f) di studio	minḥa dirāsiyya (f)	منحة دراسيّة
titolo (m) accademico	daraʒa ʿilmiyya (f)	درجة علميّة

144. Scienze. Discipline

matematica (f)	riyāḍīyyāt (pl)	رياضيّات
algebra (f)	al ʒabr (m)	الجبر
geometria (f)	handasa (f)	هندسة
astronomia (f)	'ilm al falak (m)	علم الفلك
biologia (f)	'ilm al aḥyā' (m)	علم الأحياء
geografia (f)	ʒuɣrāfiya (f)	جغرافيا
geologia (f)	ʒiulūʒiya (f)	جيولوجيا
storia (f)	tarīҳ (m)	تاريخ
medicina (f)	ṭibb (m)	طبّ
pedagogia (f)	'ilm at tarbiya (f)	علم التربية
diritto (m)	qānūn (m)	قانون
fisica (f)	fizyā' (f)	فيزياء
chimica (f)	kimyā' (f)	كيمياء
filosofia (f)	falsafa (f)	فلسفة
psicologia (f)	'ilm an nafs (m)	علم النفس

145. Sistema di scrittura. Ortografia

grammatica (f)	an naḥw waṣ ṣarf (m)	النحو والصرف
lessico (m)	mufradāt al luɣa (pl)	مفردات اللغة
fonetica (f)	ṣawtīyyāt (pl)	صوتيّات
sostantivo (m)	ism (m)	إسم
aggettivo (m)	ṣifa (f)	صفة
verbo (m)	fi'l (m)	فعل
avverbio (m)	ẓarf (m)	ظرف
pronome (m)	ḍamīr (m)	ضمير
interiezione (f)	ḥarf nidā' (m)	حرف نداء
preposizione (f)	ḥarf al ʒarr (m)	حرف الجرّ
radice (f)	ʒiðr al kalima (m)	جذر الكلمة
desinenza (f)	nihāya (f)	نهاية
prefisso (m)	sābiqa (f)	سابقة
sillaba (f)	maqṭa' lafẓiy (m)	مقطع لفظيّ
suffisso (m)	lāḥiqa (f)	لاحقة
accento (m)	nabra (f)	نبرة
apostrofo (m)	'alāmat ḥaðf (f)	علامة حذف
punto (m)	nuqṭa (f)	نقطة
virgola (f)	fāṣila (f)	فاصلة
punto (m) e virgola	nuqṭa wa fāṣila (f)	نقطة وفاصلة
due punti	nuqṭatān ra'siyyatān (du)	نقطتان رأسيتان
puntini di sospensione	θalāθ nuqaṭ (pl)	ثلاث نقط
punto (m) interrogativo	'alāmat istifhām (f)	علامة إستفهام
punto (m) esclamativo	'alāmat ta'aʒʒub (f)	علامة تعجّب

virgolette (f pl)	'alāmāt al iqtibās (pl)	علامات الإقتباس
tra virgolette	bayn 'alāmatay al iqtibās	بين علامتي الإقتباس
parentesi (f pl)	qawsān (du)	قوسان
tra parentesi	bayn al qawsayn	بين القوسين
trattino (m)	'alāmat waṣl (f)	علامة وصل
lineetta (f)	ʃurṭa (f)	شرطة
spazio (m) (tra due parole)	farāɣ (m)	فراغ
lettera (f)	ḥarf (m)	حرف
lettera (f) maiuscola	ḥarf kabīr (m)	حرف كبير
vocale (f)	ḥarf ṣawtiy (m)	حرف صوتيّ
consonante (f)	ḥarf sākin (m)	حرف ساكن
proposizione (f)	ʒumla (f)	جملة
soggetto (m)	fā'il (m)	فاعل
predicato (m)	musnad (m)	مسند
riga (f)	saṭr (m)	سطر
a capo	min bidāyat as saṭr	من بداية السطر
capoverso (m)	fiqra (f)	فقرة
parola (f)	kalima (f)	كلمة
gruppo (m) di parole	maʒmū'a min al kalimāt (pl)	مجموعة من الكلمات
espressione (f)	'ibāra (f)	عبارة
sinonimo (m)	murādif (m)	مرادف
antonimo (m)	mutaḍādd luɣawiy (m)	متضادّ
regola (f)	qā'ida (f)	قاعدة
eccezione (f)	istiθnā' (m)	إستثناء
giusto (corretto)	ṣaḥīḥ	صحيح
coniugazione (f)	ṣarf (m)	صرف
declinazione (f)	taṣrīf al asmā' (m)	تصريف الأسماء
caso (m) nominativo	ḥāla ismiyya (f)	حالة إسميّة
domanda (f)	su'āl (m)	سؤال
sottolineare (vt)	waḍa' ẋaṭṭ taḥt	وضع خطًا تحت
linea (f) tratteggiata	ẋaṭṭ munaqqaṭ (m)	خط منقط

146. Lingue straniere

lingua (f)	luɣa (f)	لغة
straniero (agg)	aʒnabiy	أجنبيّ
lingua (f) straniera	luɣa aʒnabiyya (f)	لغة أجنبيّة
studiare (vt)	daras	درس
imparare (una lingua)	ta'allam	تعلّم
leggere (vi, vt)	qara'	قرأ
parlare (vi, vt)	takallam	تكلّم
capire (vt)	fahim	فهم
scrivere (vi, vt)	katab	كتب
rapidamente	bi sur'a	بسرعة
lentamente	bi buṭ'	ببطء

correntemente	bi ṭalāqa	بطلاقة
regole (f pl)	qawā'id (pl)	قواعد
grammatica (f)	an naḥw waṣ ṣarf (m)	النحو والصرف
lessico (m)	mufradāt al luɣa (pl)	مفردات اللغة
fonetica (f)	ṣawtīyyāt (pl)	صوتيّات

manuale (m)	kitāb ta'līm (m)	كتاب تعليم
dizionario (m)	qāmūs (m)	قاموس
manuale (m) autodidattico	kitāb ta'līm ðātiy (m)	كتاب تعليم ذاتيّ
frasario (m)	kitāb lil 'ibārāt aʃ ʃā'i'a (m)	كتاب للعبارت الشائعة

cassetta (f)	ʃarīṭ (m)	شريط
videocassetta (f)	ʃarīṭ vidiyu (m)	شريط فيديو
CD (m)	si di (m)	سي دي
DVD (m)	di vi di (m)	دي في دي

alfabeto (m)	alifbā' (m)	الفباء
compitare (vt)	tahaʒʒa	تهجى
pronuncia (f)	nuṭq (m)	نطق

accento (m)	lukna (f)	لكنة
con un accento	bi lukna	بلكنة
senza accento	bi dūn lukna	بدون لكنة

| vocabolo (m) | kalima (f) | كلمة |
| significato (m) | ma'na (m) | معنى |

corso (m) (~ di francese)	dawra (f)	دورة
iscriversi (vr)	saʒʒal ismahu	سجِّل إسمه
insegnante (m, f)	mudarris (m)	مدرس

traduzione (f) (fare una ~)	tarʒama (f)	ترجمة
traduzione (f) (un testo)	tarʒama (f)	ترجمة
traduttore (m)	mutarʒim (m)	مترجم
interprete (m)	mutarʒim fawriy (m)	مترجم فوريّ

| poliglotta (m) | 'alīm bi 'iddat luɣāt (m) | عليم بعدّة لغات |
| memoria (f) | ðākira (f) | ذاكرة |

147. Personaggi delle fiabe

Babbo Natale (m)	baba nuwīl (m)	بابا نويل
Cenerentola (f)	sindrīla	سيندريلا
sirena (f)	ḥūriyyat al baḥr (f)	حوريّة البحر
Nettuno (m)	nibtūn (m)	نبتون

mago (m)	sāḥir (m)	ساحر
fata (f)	sāḥira (f)	ساحرة
magico (agg)	siḥriy	سحريّ
bacchetta (f) magica	'aṣa siḥriyya (f)	عصا سحريّة

fiaba (f), favola (f)	ḥikāya xayāliyya (f)	حكاية خياليّة
miracolo (m)	mu'ʒiza (f)	معجزة
nano (m)	qazam (m)	قزم

trasformarsi in …	tahawwal ila …	...تحوّل إلى
fantasma (m)	ʃabaḥ (m)	شبح
spettro (m)	ʃabaḥ (m)	شبح
mostro (m)	waḥʃ (m)	وحش
drago (m)	tinnīn (m)	تنّين
gigante (m)	ʿimlāq (m)	عملاق

148. Segni zodiacali

Ariete (m)	burʒ al ḥamal (m)	برج الحمل
Toro (m)	burʒ aθ θawr (m)	برج الثور
Gemelli (m pl)	burʒ al ʒawzā' (m)	برج الجوزاء
Cancro (m)	burʒ as saraṭān (m)	برج السرطان
Leone (m)	burʒ al asad (m)	برج الأسد
Vergine (f)	burʒ al ʿaðrā' (m)	برج العذراء
Bilancia (f)	burʒ al mīzān (m)	برج الميزان
Scorpione (m)	burʒ al ʿaqrab (m)	برج العقرب
Sagittario (m)	burʒ al qaws (m)	برج القوس
Capricorno (m)	burʒ al ʒaday (m)	برج الجدي
Acquario (m)	burʒ ad dalw (m)	برج الدلو
Pesci (m pl)	burʒ al ḥūt (m)	برج الحوت
carattere (m)	ṭabʿ (m)	طبع
tratti (m pl) del carattere	aṣ ṣifāt aʃ ʃaχṣiyya (pl)	الصفات الشخصيّة
comportamento (m)	sulūk (m)	سلوك
predire il futuro	tanabba'	تنبّأ
cartomante (f)	ʿarrāfa (f)	عرّافة
oroscopo (m)	tawaqquʿāt al abrāʒ (pl)	توقّعات الأبراج

Arte

149. Teatro

teatro (m)	masraḥ (m)	مسرح
opera (f)	ubra (f)	أوبرا
operetta (f)	ubirīt (f)	أوبريت
balletto (m)	balīh (m)	باليه
cartellone (m)	mulṣaq (m)	ملصق
compagnia (f) teatrale	firqa (f)	فرقة
tournée (f)	ʒawlat fannānīn (f)	جولة فنانين
andare in tourn?e	taʒawwal	تجوّل
fare le prove	aʒra bruvāt	أجرى بروفات
prova (f)	brūva (f)	بروفة
repertorio (m)	barnāmaʒ al masraḥ (m)	برنامج المسرح
rappresentazione (f)	adā' fanniy (m)	أداء فنّي
spettacolo (m)	'arḍ masraḥiy (m)	عرض مسرحيّ
opera (f) teatrale	masraḥiyya (f)	مسرحيّة
biglietto (m)	taðkira (f)	تذكرة
botteghino (m)	ʃubbāk at taðākir (m)	شبّاك التذاكر
hall (f)	ṣāla (f)	صالة
guardaroba (f)	ɣurfat al ma'āṭif (f)	غرفة المعاطف
cartellino (m) del guardaroba	biṭāqat 'īdā' al ma'āṭif (f)	بطاقة إيداع المعاطف
binocolo (m)	minẓār (m)	منظار
maschera (f)	ḥāʒib (m)	حاجب
platea (f)	karāsi al urkistra (pl)	كراسي الأوركسترا
balconata (f)	balakūna (f)	بلكونة
prima galleria (f)	ʃurfa (f)	شرفة
palco (m)	lūʒ (m)	لوج
fila (f)	ṣaff (m)	صفّ
posto (m)	maq'ad (m)	مقعد
pubblico (m)	ʒumhūr (m)	جمهور
spettatore (m)	muʃāhid (m)	مشاهد
battere le mani	ṣaffaq	صفّق
applauso (m)	taṣfīq (m)	تصفيق
ovazione (f)	taṣfīq ḥārr (m)	تصفيق حارّ
palcoscenico (m)	χaʃabat al masraḥ (f)	خشبة المسرح
sipario (m)	sitāra (f)	ستارة
scenografia (f)	dikūr (m)	ديكور
quinte (f pl)	kawalīs (pl)	كواليس
scena (f) (l'ultima ~)	maʃhad (m)	مشهد
atto (m)	faṣl (m)	فصل
intervallo (m)	istirāḥa (f)	إستراحة

150. Cinema

Italiano	Traslitterazione	Arabo
attore (m)	mumaθθil (m)	ممثّل
attrice (f)	mumaθθila (f)	ممثّلة
cinema (m) (industria)	sinima (f)	سينما
film (m)	film sinimā'iy (m)	فيلم سينمائيّ
puntata (f)	ʒuz' min al film (m)	جزء من الفيلم
film (m) giallo	film bulīsiy (m)	فيلم بوليسيّ
film (m) d'azione	film ḥaraka (m)	فيلم حركة
film (m) d'avventure	film muɣāmarāt (m)	فيلم مغامرات
film (m) di fantascienza	film xayāl 'ilmiy (m)	فيلم خيال علميّ
film (m) d'orrore	film ru'b (m)	فيلم رعب
film (m) comico	film kumīdiya (f)	فيلم كوميديا
melodramma (m)	miludrāma (m)	ميلودراما
dramma (m)	drāma (f)	دراما
film (m) a soggetto	film fanniy (m)	فيلم فنّيّ
documentario (m)	film waθā'iqiy (m)	فيلم وثائقيّ
cartoni (m pl) animati	film kartūn (m)	فيلم كرتون
cinema (m) muto	sinima ṣāmita (f)	سينما صامتة
parte (f)	dawr (m)	دور
parte (f) principale	dawr ra'īsi (m)	دور رئيسي
recitare (vi, vt)	maθθal	مثّل
star (f), stella (f)	naʒm sinimā'iy (m)	نجم سينمائيّ
noto (agg)	ma'rūf	معروف
famoso (agg)	maʃhūr	مشهور
popolare (agg)	maḥbūb	محبوب
sceneggiatura (m)	sināriyu (m)	سيناريو
sceneggiatore (m)	kātib sināriyu (m)	كاتب سيناريو
regista (m)	muxriʒ (m)	مخرج
produttore (m)	muntiʒ (m)	منتج
assistente (m)	musā'id (m)	مساعد
cameraman (m)	muṣawwir (m)	مصوّر
cascatore (m)	mu'addi maʃahid xaṭīra (m)	مؤدّي مشاهد خطيرة
controfigura (f)	mumaθθil badīl (m)	ممثّل بديل
girare un film	ṣawwar film	صوّر فيلمًا
provino (m)	taʒribat adā' (f)	تجربة أداء
ripresa (f)	taṣwīr (m)	تصوير
troupe (f) cinematografica	ṭāqim al film (m)	طاقم الفيلم
set (m)	mintaqat at taṣwīr (f)	منطقة التصوير
cinepresa (f)	kamira sinimā'iyya (f)	كاميرا سينمائيّة
cinema (m) (~ all'aperto)	sinima (f)	سينما
schermo (m)	ʃāʃa (f)	شاشة
proiettare un film	'araḍ film	عرض فيلمًا
colonna (f) sonora	musīqa taṣwīriyya (f)	موسيقى تصويريّة
effetti (m pl) speciali	mu'aθθirāt xāṣṣa (pl)	مؤثّرات خاصّة

sottotitoli (m pl)	tarʒamat al ḥiwār (f)	ترجمة الحوار
titoli (m pl) di coda	ʃārat an nihāya (f)	شارة النهاية
traduzione (f)	tarʒama (f)	ترجمة

151. Pittura

arte (f)	fann (m)	فنّ
belle arti (f pl)	funūn ʒamīla (pl)	فنون جميلة
galleria (f) d'arte	maʕraḍ fanniy (m)	معرض فنّيّ
mostra (f)	maʕraḍ fanniy (m)	معرض فنّي

pittura (f)	taṣwīr (m)	تصوير
grafica (f)	rusūmiyyāt (pl)	رسومِيّات
astrattismo (m)	fann taʒrīdiy (m)	فنّ تجريديّ
impressionismo (m)	al intibāʕiyya (f)	الإنطباعيّة

quadro (m)	lawḥa (f)	لوحة
disegno (m)	rasm (m)	رسم
cartellone, poster (m)	mulṣaq iʕlāniy (m)	ملصق إعلانيّ

illustrazione (f)	rasm tawḍīḥiy (m)	رسم توضيحيّ
miniatura (f)	ṣūra muṣaɣɣara (f)	صورة مصغّرة
copia (f)	nusχa (f)	نسخة
riproduzione (f)	nusχa ṭibq al aṣl (f)	نسخة طبق الأصل

mosaico (m)	fusayfisāʼ (f)	فسيفساء
vetrata (f)	zuʒāʒ muʕaʃʃaq (m)	زجاج معشّق
affresco (m)	taṣwīr ʒiṣṣiy (m)	تصوير جصّيّ
incisione (f)	naqʃ (m)	نقش

busto (m)	timθāl niṣfiy (m)	تمثال نصفيّ
scultura (f)	naḥt (m)	نحت
statua (f)	timθāl (m)	تمثال
gesso (m)	ʒībs (m)	جبس
in gesso	min al ʒībs	من الجيبس

ritratto (m)	burtrī (m)	بورتريه
autoritratto (m)	burtrīh ðātiy (m)	بورتريه ذاتيّ
paesaggio (m)	lawḥat manẓar ṭabīʕiy (f)	لوحة منظر طبيعيّ
natura (f) morta	ṭabīʕa ṣāmita (f)	طبيعة صامتة
caricatura (f)	ṣūra karikaturiyya (f)	صورة كاريكاتوريّة
abbozzo (m)	rasm tamhīdiy (m)	رسم تمهيديّ

colore (m)	lawn (m)	لون
acquerello (m)	alwān māʼiyya (m)	ألوان مائية
olio (m)	zayt (m)	زيت
matita (f)	qalam ruṣāṣ (m)	قلم رصاص
inchiostro (m) di china	ḥibr hindiy (m)	حبر هنديّ
carbone (m)	faḥm (m)	فحم

disegnare (a matita)	rasam	رسم
dipingere (un quadro)	rasam	رسم
posare (vi)	qaʕad	قعد
modello (m)	mudil ḥay (m)	موديل حيّ

modella (f)	mudil ḥay (m)	موديل حيّ
pittore (m)	rassām (m)	رسّام
opera (f) d'arte	'amal fanniy (m)	عمل فنّيّ
capolavoro (m)	tuḥfa fanniyya (f)	تحفة فنية
laboratorio (m) (di artigiano)	warʃa (f)	ورشة

tela (f)	kanava (f)	كانفا
cavalletto (m)	musnad ar rasm (m)	مسند الرسم
tavolozza (f)	lawḥat al alwān (f)	لوحة الألوان

cornice (f) (~ di un quadro)	iṭār (m)	إطار
restauro (m)	tarmīm (m)	ترميم
restaurare (vt)	rammam	رمم

152. Letteratura e poesia

letteratura (f)	adab (m)	أدب
autore (m)	mu'allif (m)	مؤلّف
pseudonimo (m)	ism musta'ār (m)	إسم مستعار

libro (m)	kitāb (m)	كتاب
volume (m)	muʒallad (m)	مجلّد
sommario (m), indice (m)	fihris (m)	فهرس
pagina (f)	ṣafḥa (f)	صفحة
protagonista (m)	aʃ ʃaxṣiyya ar ra'īsiyya (f)	الشخصيّة الرئيسيّة
autografo (m)	tawqī' al mu'allif (m)	توقيع المؤلّف

racconto (m)	qiṣṣa qaṣīra (f)	قصّة قصيرة
romanzo (m) breve	qiṣṣa (f)	قصّة
romanzo (m)	riwāya (f)	رواية
opera (f) (~ letteraria)	mu'allif (m)	مؤلّف
favola (f)	ḥikāya (f)	حكاية
giallo (m)	riwāya bulīsiyya (f)	رواية بوليسيّة

verso (m)	qaṣīda (f)	قصيدة
poesia (f) (~ lirica)	ʃi'r (m)	شعر
poema (m)	qaṣīda (f)	قصيدة
poeta (m)	ʃā'ir (m)	شاعر

narrativa (f)	adab ʒamīl (m)	أدب جميل
fantascienza (f)	xayāl 'ilmiy (m)	خيال علميّ
avventure (f pl)	adab al muʁāmarāt (m)	أدب المغامرات
letteratura (f) formativa	adab tarbawiy (m)	أدب تربويّ
libri (m pl) per l'infanzia	adab al aṭfāl (m)	أدب الأطفال

153. Circo

circo (m)	sirk (m)	سيرك
tendone (m) del circo	sirk mutanaqqil (m)	سيرك متنقّل
programma (m)	barnāmaʒ (m)	برنامج
spettacolo (m)	adā' fanniy (m)	أداء فنّيّ
numero (m)	dawr (m)	دور

arena (f)	ḥalbat as sirk (f)	حلبة السيرك
pantomima (m)	'arḍ 'īmā'y (m)	عرض إيمائي
pagliaccio (m)	muharriʒ (m)	مهرج
acrobata (m)	bahlawān (m)	بهلوان
acrobatica (f)	al'āb bahlawāniyya (f)	ألعاب بهلوانيّة
ginnasta (m)	lā'ib ʒumbāz (m)	لاعب جنباز
ginnastica (f)	ʒumbāz (m)	جنباز
salto (m) mortale	ʃaqlaba (f)	شقلبة
forzuto (m)	lā'ib riyāḍiy (m)	لاعب رياضيّ
domatore (m)	murawwiḍ (m)	مروّض
cavallerizzo (m)	fāris (m)	فارس
assistente (m)	musā'id (m)	مساعد
acrobazia (f)	al'āb bahlawāniyya (f)	ألعاب بهلوانيّة
gioco (m) di prestigio	xid'a siḥriyya (f)	خدعة سحريّة
prestigiatore (m)	sāḥir (m)	ساحر
giocoliere (m)	bahlawān (m)	بهلوان
giocolare (vi)	la'ib bi kurāt 'adīda	لعب بكرات عديدة
ammaestratore (m)	mudarrib ḥayawānāt (m)	مدرّب حيوانات
ammaestramento (m)	tadrīb al ḥayawānāt (m)	تدريب الحيوانات
ammaestrare (vt)	darrab	درّب

154. Musica. Musica pop

musica (f)	musīqa (f)	موسيقى
musicista (m)	'āzif (m)	عازف
strumento (m) musicale	'āla musiqiyya (f)	آلة موسيقيّة
suonare ...	'azaf ...	عزف...
chitarra (f)	gitār (m)	جيتار
violino (m)	kamān (m)	كمان
violoncello (m)	tʃīlu (m)	تشيلو
contrabbasso (m)	kamān aʒhar (m)	كمان أجهر
arpa (f)	qiθār (m)	قيثار
pianoforte (m)	biānu (m)	بيانو
pianoforte (m) a coda	biānu kibīr (m)	بيانو كبير
organo (m)	arɣan (m)	أرغن
strumenti (m pl) a fiato	'ālāt nafxiyya (pl)	آلات نفخيّة
oboe (m)	ubwa (m)	أوبوا
sassofono (m)	saksufūn (m)	ساكسوفون
clarinetto (m)	klarnīt (m)	كلارنيت
flauto (m)	flut (m)	فلوت
tromba (f)	būq (m)	بوق
fisarmonica (f)	ukurdiūn (m)	أكورديون
tamburo (m)	ṭabla (f)	طبلة
duetto (m)	θunā'iy (m)	ثنائيّ
trio (m)	θulāθy (m)	ثلاثيّ

quartetto (m)	rubā'iy (m)	رباعيّ
coro (m)	χūrus (m)	خورس
orchestra (f)	urkistra (f)	أوركسترا
musica (f) pop	musīqá al bub (f)	موسيقى البوب
musica (f) rock	musīqa ar rūk (f)	موسيقى الروك
gruppo (m) rock	firqat ar rūk (f)	فرقة الروك
jazz (m)	ʒāz (m)	جاز
idolo (m)	ma'būd (m)	معبود
ammiratore (m)	mu'ʒab (m)	معجب
concerto (m)	ḥafla mūsiqiyya (f)	حفلة موسيقيّة
sinfonia (f)	simfūniyya (f)	سمفونيّة
composizione (f)	qiṭ'a mūsiqiyya (f)	قطعة موسيقيّة
comporre (vt), scrivere (vt)	allaf	ألف
canto (m)	γinā' (m)	غناء
canzone (f)	uγniyya (f)	أغنيّة
melodia (f)	laḥn (m)	لحن
ritmo (m)	'īqā' (m)	إيقاع
blues (m)	musīqa al blūz (f)	موسيقى البلوز
note (f pl)	nutāt (pl)	نوتات
bacchetta (f)	'aṣa al mayistru (m)	عصا المايسترو
arco (m)	qaws (m)	قوس
corda (f)	watar (m)	وتر
custodia (f) (~ della chitarra)	ʃanṭa (f)	شنطة

Ristorante. Intrattenimento. Viaggi

155. Escursione. Viaggio

turismo (m)	siyāḥa (f)	سياحة
turista (m)	sā'iḥ (m)	سائح
viaggio (m) (all'estero)	riḥla (f)	رحلة
avventura (f)	muɣāmara (f)	مغامرة
viaggio (m) (corto)	riḥla (f)	رحلة
vacanza (f)	'uṭla (f)	عطلة
essere in vacanza	'indahu 'uṭla	عنده عطلة
riposo (m)	istirāḥa (f)	إستراحة
treno (m)	qiṭār (m)	قطار
in treno	bil qiṭār	بالقطار
aereo (m)	ṭā'ira (f)	طائرة
in aereo	biṭ ṭā'ira	بالطائرة
in macchina	bis sayyāra	بالسيّارة
in nave	bis safīna	بالسفينة
bagaglio (m)	aʃ ʃunaṭ (pl)	الشنط
valigia (f)	ḥaqībat safar (f)	حقيبة سفر
carrello (m)	'arabat ʃunaṭ (f)	عربة شنط
passaporto (m)	ʒawāz as safar (m)	جواز السفر
visto (m)	ta'ʃīra (f)	تأشيرة
biglietto (m)	taðkira (f)	تذكرة
biglietto (m) aereo	taðkirat ṭā'ira (f)	تذكرة طائرة
guida (f)	dalīl (m)	دليل
carta (f) geografica	xarīṭa (f)	خريطة
località (f)	mintaqa (f)	منطقة
luogo (m)	makān (m)	مكان
ogetti (m pl) esotici	ɣarāba (f)	غرابة
esotico (agg)	ɣarīb	غريب
sorprendente (agg)	mudhiʃ	مدهش
gruppo (m)	maʒmū'a (f)	مجموعة
escursione (f)	ʒawla (f)	جولة
guida (f) (cicerone)	murʃid (m)	مرشد

156. Hotel

albergo (m)	funduq (m)	فندق
motel (m)	mutīl (m)	موتيل
tre stelle	θalāθat nuʒūm	ثلاثة نجوم

cinque stelle	χamsat nuӡūm	خمسة نجوم
alloggiare (vi)	nazal	نزل
camera (f)	γurfa (f)	غرفة
camera (f) singola	γurfa li ʃaχṣ wāḥid (f)	غرفة لشخص واحد
camera (f) doppia	γurfa li ʃaχṣayn (f)	غرفة لشخصين
prenotare una camera	ḥaӡaz γurfa	حجز غرفة
mezza pensione (f)	waӡbitān fil yawm (du)	وجبتان في اليوم
pensione (f) completa	θalāθ waӡabāt fil yawm	ثلاث وجبات في اليوم
con bagno	bi ḥawḍ al istiḥmām	بحوض الإستحمام
con doccia	bid duʃ	بالدوش
televisione (f) satellitare	tilivizyūn faḍāʼiy (m)	تلفزيون فضائيّ
condizionatore (m)	takyīf (m)	تكييف
asciugamano (m)	fūṭa (f)	فوطة
chiave (f)	miftāḥ (m)	مفتاح
amministratore (m)	mudīr (m)	مدير
cameriera (f)	ʻāmilat tanẓīf γuraf (f)	عاملة تنظيف غرف
portabagagli (m)	ḥammāl (m)	حمّال
portiere (m)	bawwāb (m)	بوّاب
ristorante (m)	maṭʻam (m)	مطعم
bar (m)	bār (m)	بار
colazione (f)	fuṭūr (m)	فطور
cena (f)	ʻaʃāʼ (m)	عشاء
buffet (m)	bufīh (m)	بوفيه
hall (f) (atrio d'ingresso)	radha (f)	ردهة
ascensore (m)	miṣʻad (m)	مصعد
NON DISTURBARE	ar raӡāʼ ʻadam al izʻāӡ	الرجاء عدم الإزعاج
VIETATO FUMARE!	mamnūʻ at tadχīn	ممنوع التدخين

157. Libri. Lettura

libro (m)	kitāb (m)	كتاب
autore (m)	muʼallif (m)	مؤلف
scrittore (m)	kātib (m)	كاتب
scrivere (vi, vt)	allaf	ألف
lettore (m)	qāriʼ (m)	قارئ
leggere (vi, vt)	qaraʼ	قرأ
lettura (f) (sala di ~)	qirāʼa (f)	قراءة
in silenzio (leggere ~)	sirran	سرًّا
ad alta voce	bi ṣawt ʻāli	بصوت عال
pubblicare (vt)	naʃar	نشر
pubblicazione (f)	naʃr (m)	نشر
editore (m)	nāʃir (m)	ناشر
casa (f) editrice	dār aṭ ṭibāʼa wan naʃr (f)	دار الطباعة والنشر
uscire (vi)	ṣadar	صدر

uscita (f)	ṣudūr (m)	صدور
tiratura (f)	ʿadad an nusaχ (m)	عدد النسخ
libreria (f)	maḥall kutub (m)	محلّ كتب
biblioteca (f)	maktaba (f)	مكتبة
romanzo (m) breve	qiṣṣa (f)	قصّة
racconto (m)	qiṣṣa qaṣīra (f)	قصّة قصيرة
romanzo (m)	riwāya (f)	رواية
giallo (m)	riwāya bulīsiyya (f)	رواية بوليسيّة
memorie (f pl)	muðakkirāt (pl)	مذكّرات
leggenda (f)	usṭūra (f)	أسطورة
mito (m)	χurāfa (f)	خرافة
poesia (f), versi (m pl)	ʃiʿr (m)	شعر
autobiografia (f)	sīrat ḥayāt (f)	سيرة حياة
opere (f pl) scelte	muχtārāt (pl)	مختارات
fantascienza (f)	χayāl ʿilmiy (m)	خيال علميّ
titolo (m)	ʿunwān (m)	عنوان
introduzione (f)	muqaddima (f)	مقدّمة
frontespizio (m)	ṣafḥat al ʿunwān (f)	صفحة العنوان
capitolo (m)	faṣl (m)	فصل
frammento (m)	qiṭʿa (f)	قطعة
episodio (m)	maʃhad (m)	مشهد
soggetto (m)	mawdūʿ (m)	موضوع
contenuto (m)	muḥtawayāt (pl)	محتويات
sommario (m)	fihris (m)	فهرس
protagonista (m)	aʃ ʃaχṣiyya ar raʾīsiyya (f)	الشخصيّة الرئيسيّة
volume (m)	muʒallad (m)	مجلّد
copertina (f)	γilāf (m)	غلاف
rilegatura (f)	taʒlīd (m)	تجليد
segnalibro (m)	ʃarīṭ (m)	شريط
pagina (f)	ṣafḥa (f)	صفحة
sfogliare (~ le pagine)	qallab aṣ ṣafaḥāt	قلب الصفحات
margini (m pl)	hāmiʃ (m)	هامش
annotazione (f)	mulāḥaza (f)	ملاحظة
nota (f) (a fondo pagina)	mulāḥaza (f)	ملاحظة
testo (m)	naṣṣ (m)	نصّ
carattere (m)	nawʿ al χaṭṭ (m)	نوع الخطّ
refuso (m)	χaṭaʾ maṭbaʿiy (m)	خطأ مطبعيّ
traduzione (f)	tarʒama (f)	ترجمة
tradurre (vt)	tarʒam	ترجم
originale (m) (leggere l'~)	aṣliy (m)	أصليّ
famoso (agg)	maʃhūr	مشهور
sconosciuto (agg)	γayr maʿrūf	غير معروف
interessante (agg)	mumtiʿ	ممتع
best seller (m)	akθar mabīʿan (m)	أكثر مبيعًا

dizionario (m)	qāmūs (m)	قاموس
manuale (m)	kitāb ta'līm (m)	كتاب تعليم
enciclopedia (f)	mawsū'a (f)	موسوعة

158. Caccia. Pesca

caccia (f)	ṣayd (m)	صيد
cacciare (vt)	iṣṭād	إصطاد
cacciatore (m)	ṣayyād (m)	صيّاد
sparare (vi)	aṭlaq an nār	أطلق النار
fucile (m)	bunduqiyya (f)	بندقيّة
cartuccia (f)	ruṣāṣa (f)	رصاصة
pallini (m pl) da caccia	raʃʃ (m)	رشّ
tagliola (f) (~ per orsi)	maṣyada (f)	مصيدة
trappola (f) (~ per uccelli)	faxx (m)	فخّ
cadere in trappola	waqa' fi faxx	وقع في فخّ
tendere una trappola	naṣab faxx	نصب فخّاً
bracconiere (m)	sāriq aṣ ṣayd (m)	سارق الصيد
cacciagione (m)	ṣayd (m)	صيد
cane (m) da caccia	kalb ṣayd (m)	كلب صيد
safari (m)	safāri (m)	سفاري
animale (m) impagliato	ḥayawān muḥannaṭ (m)	حيوان محنّط
pescatore (m)	ṣayyād as samak (m)	صيّاد السمك
pesca (f)	ṣayd as samak (m)	صيد السمك
pescare (vi)	iṣṭād as samak	إصطاد السمك
canna (f) da pesca	ṣannāra (f)	صنّارة
lenza (f)	xayṭ (m)	خيط
amo (m)	ʃaṣṣ aṣ ṣayd (m)	شصّ الصيد
galleggiante (m)	'awwāma (f)	عوّامة
esca (f)	ṭu'm (m)	طعم
lanciare la canna	ṭaraḥ aṣ ṣinnāra	طرح الصنّارة
abboccare (pesce)	'aḍḍ	عضّ
pescato (m)	as samak al muṣṭād (m)	السمك المصطاد
buco (m) nel ghiaccio	fatḥa fil ʒalīd (f)	فتحة في الجليد
rete (f)	ʃabakat aṣ ṣayd (f)	شبكة الصيد
barca (f)	markab (m)	مركب
prendere con la rete	iṣṭād biʃ ʃabaka	إصطاد بالشبكة
gettare la rete	rama ʃabaka	رمى شبكة
tirare le reti	axraʒ ʃabaka	أخرج شبكة
cadere nella rete	waqa' fi ʃabaka	وقع في شبكة
baleniere (m)	ṣayyād al ḥūt (m)	صيّاد الحوت
baleniera (f) (nave)	safinat ṣayd al ḥītān (f)	سفينة صيد الحيتان
rampone (m)	ḥarba (f)	حربة

159. Ciochi. Biliardo

biliardo (m)	bilyārdu (m)	بلياردو
sala (f) da biliardo	qāʿat bilyārdu (m)	قاعة بلياردو
bilia (f)	kura (f)	كرة
imbucare (vt)	aşqaṭ kura	أصقط كرة
stecca (f) da biliardo	ʿaṣa bilyardu (f)	عصا بلياردو
buca (f)	ʒayb bilyārdu (m)	جيب بلياردو

160. Giochi. Carte da gioco

quadri (m pl)	ad dināriy (m)	الديناريّ
picche (f pl)	al bastūniy (m)	البستونيّ
cuori (m pl)	al kūba (f)	الكوبة
fiori (m pl)	as sibātiy (m)	السباتيّ
asso (m)	ʾās (m)	آس
re (m)	malik (m)	ملك
donna (f)	malika (f)	ملكة
fante (m)	walad (m)	ولد
carta (f) da gioco	waraqa (f)	ورقة
carte (f pl)	waraq (m)	ورق
briscola (f)	waraqa rābiḥa (f)	ورقة رابحة
mazzo (m) di carte	dasta waraq al laʿb (f)	دستة ورق اللعب
punto (m)	nuqṭa (f)	نقطة
dare le carte	farraq	فرّق
mescolare (~ le carte)	xallaṭ	خلط
turno (m)	dawr (m)	دور
baro (m)	muḥtāl fil qimār (m)	محتال في القمار

161. Casinò. Roulette

casinò (m)	kazinu (m)	كازينو
roulette (f)	rulīt (m)	روليت
puntata (f)	rihān (m)	رهان
puntare su ...	waḍaʿ ar rihān	وضع الرهان
rosso (m)	aḥmar (m)	أحمر
nero (m)	aswad (m)	أسود
puntare sul rosso	wadaʿ ar rihān ʿalal aḥmar	وضع الرهان على الأحمر
puntare sul nero	wadaʿ ar rihān ʿalal aswad	وضع الرهان على الأسود
croupier (m)	muwazzaf nādi al qimār (m)	موظف نادى القمار
far girare la ruota	dawwar al ʿaʒala	دوّر العجلة
regole (f pl) del gioco	qawāʿid (pl)	قواعد
fiche (f)	fīʃa (f)	فيشة
vincere (vi, vt)	kasab	كسب
vincita (f)	ribḥ (m)	ربح

perdere (vt)	xasir	خسر
perdita (f)	xisāra (f)	خسارة
giocatore (m)	lā'ib (m)	لاعب
black jack (m)	blɛkdʒɛk (m)	بلاك جاك
gioco (m) dei dadi	lu'bat an nard (f)	لعبة النرد
dadi (m pl)	zahr an nard (m)	زهر النرد
slot machine (f)	'ālat qumār (f)	آلة قمار

162. Riposo. Giochi. Varie

passeggiare (vi)	tanazzah	تنزّه
passeggiata (f)	tanazzuh (m)	تنزه
gita (f)	ʒawla bis sayyāra (f)	جولة بالسيّارة
avventura (f)	muɣāmara (f)	مغامرة
picnic (m)	nuzha (f)	نزهة
gioco (m)	lu'ba (f)	لعبة
giocatore (m)	lā'ib (m)	لاعب
partita (f) (~ a scacchi)	dawr (m)	دور
collezionista (m)	ʒāmi' (m)	جامع
collezionare (vt)	ʒama'	جمع
collezione (f)	maʒmū'a (f)	مجموعة
cruciverba (m)	kalimāt mutaqāṭi'a (pl)	كلمات متقاطعة
ippodromo (m)	ḥalbat sibāq al xuyūl (f)	حلبة سباق الخيول
discoteca (f)	disku (m)	ديسكو
sauna (f)	sāuna (f)	ساونا
lotteria (f)	yanaṣīb (m)	يانصيب
campeggio (m)	riḥlat taxyīm (f)	رحلة تخييم
campo (m)	muxayyam (m)	مخيّم
tenda (f) da campeggio	xayma (f)	خيمة
bussola (f)	būṣila (f)	بوصلة
campeggiatore (m)	muxayyim (m)	مخيّم
guardare (~ un film)	ʃāhid	شاهد
telespettatore (m)	muʃāhid (m)	مشاهد
trasmissione (f)	barnāmaʒ tiliviziyūniy (m)	برنامج تليفزيونيّ

163. Fotografia

macchina (f) fotografica	kamira (f)	كاميرا
fotografia (f)	ṣūra (f)	صورة
fotografo (m)	muṣawwir (m)	مصوّر
studio (m) fotografico	istūdiyu taṣwīr (m)	إستوديو تصوير
album (m) di fotografie	albūm aṣ ṣuwar (m)	ألبوم الصور
obiettivo (m)	'adasa (f)	عدسة
teleobiettivo (m)	'adasa tiliskūpiyya (f)	عدسة تلسكوبيّة

filtro (m)	filtir (m)	فلتر
lente (f)	'adasa (f)	عدسة
ottica (f)	aӡhiza baṣariyya (pl)	أجهزة بصريّة
diaframma (m)	bu'ra (f)	بؤرة
tempo (m) di esposizione	muddat at ta'rīḍ (f)	مدة التعريض
mirino (m)	al 'ayn al fāḥiṣa (f)	العين الفاحصة
fotocamera (f) digitale	kamira raqmiyya (f)	كاميرا رقميّة
cavalletto (m)	ḥāmil θulāθiy (m)	حامل ثلاثيّ
flash (m)	flāʃ (m)	فلاش
fotografare (vt)	ṣawwar	صوّر
fare foto	ṣawwar	صوّر
fotografarsi	taṣawwar	تصوّر
fuoco (m)	bu'rat al 'adasa (f)	بؤرة العدسة
mettere a fuoco	rakkaz	ركّز
nitido (agg)	wāḍiḥ	واضح
nitidezza (f)	wuḍūḥ (m)	وضوح
contrasto (m)	tabāyun (m)	تباين
contrastato (agg)	mutabāyin	متباين
foto (f)	ṣūra (f)	صورة
negativa (f)	ṣūra sāliba (f)	صورة سالبة
pellicola (f) fotografica	film (m)	فيلم
fotogramma (m)	iṭār (m)	إطار
stampare (~ le foto)	ṭaba'	طبع

164. Spiaggia. Nuoto

spiaggia (f)	ʃāṭi' (m)	شاطئ
sabbia (f)	raml (m)	رمل
deserto (agg)	mahӡūr	مهجور
abbronzatura (f)	sumrat al baʃara (f)	سمرة البشرة
abbronzarsi (vr)	taʃammas	تشمّس
abbronzato (agg)	asmar	أسمر
crema (f) solare	krīm wāqi aʃ ʃams (m)	كريم واقي الشمس
bikini (m)	bikini (m)	بكيني
costume (m) da bagno	libās sibāḥa (m)	لباس سباحة
slip (m) da bagno	libās sibāḥa riӡāliy (m)	لباس سباحة رجاليّ
piscina (f)	masbaḥ (m)	مسبح
nuotare (vi)	sabaḥ	سبح
doccia (f)	dūʃ (m)	دوش
cambiarsi (~ i vestiti)	ɣayyar libāsuh	غيّر لباسه
asciugamano (m)	fūṭa (f)	فوطة
barca (f)	markab (m)	مركب
motoscafo (m)	lanʃ (m)	لنش
sci (m) nautico	tazalluӡ 'alal mā' (m)	تزلج على الماء

pedalò (m)	ʻaȝala māʼiyya (f)	عجلة مائيّة
surf (m)	rukūb al amwāȝ (m)	ركوب الأمواج
surfista (m)	rākib al amwāȝ (m)	راكب الأمواج

autorespiratore (m)	ȝihāz at tanaffus (m)	جهاز التنفّس
pinne (f pl)	zaʻānif as sibāḥa (pl)	زعانف السباحة
maschera (f)	kimāma (f)	كمامة
subacqueo (m)	ɣawwāṣ (m)	غوّاص
tuffarsi (vr)	ɣāṣ	غاص
sott'acqua	taḥt al māʼ	تحت الماء

ombrellone (m)	ʃamsiyya (f)	شمسيّة
sdraio (f)	kursiy blāȝ (m)	كرسيّ بلاج
occhiali (m pl) da sole	naẓẓārat ʃams (f)	نظارة شمس
materasso (m) ad aria	martaba hawāʼiyya (f)	مرتبة هوائيّة

giocare (vi)	laʻib	لعب
fare il bagno	sabaḥ	سبح

pallone (m)	kura (f)	كرة
gonfiare (vt)	nafaχ	نفخ
gonfiabile (agg)	qābil lin nafχ	قابل للنفخ

onda (f)	mawȝa (f)	موجة
boa (f)	ʃamandūra (f)	شمندورة
annegare (vi)	ɣariq	غرق

salvare (vt)	anqað	أنقذ
giubbotto (m) di salvataggio	sutrat naȝāt (f)	سترة نجاة
osservare (vt)	rāqab	راقب
bagnino (m)	ḥāris ʃāṭiʼ (m)	حارس شاطئ

ATTREZZATURA TECNICA. MEZZI DI TRASPORTO

Attrezzatura tecnica

165. Computer

Italiano	Traslitterazione	Arabo
computer (m)	kumbyūtir (m)	كمبيوتر
computer (m) portatile	kumbyūtir maḥmūl (m)	كمبيوتر محمول
accendere (vt)	ʃayyal	شغّل
spegnere (vt)	aylaq	أغلق
tastiera (f)	lawḥat al mafātīḥ (f)	لوحة المفاتيح
tasto (m)	miftāḥ (m)	مفتاح
mouse (m)	fa'ra (f)	فأرة
tappetino (m) del mouse	wisādat fa'ra (f)	وسادة فأرة
tasto (m)	zirr (m)	زرّ
cursore (m)	mu'aʃʃir (m)	مؤشّر
monitor (m)	ʃāʃa (f)	شاشة
schermo (m)	ʃāʃa (f)	شاشة
disco (m) rigido	qurṣ ṣalib (m)	قرص صلب
spazio (m) sul disco rigido	si'at taxzīn (f)	سعة تخزين
memoria (f)	ðākira (f)	ذاكرة
memoria (f) operativa	ðākirat al wuṣūl al 'aʃwā'iy (f)	ذاكرة الوصول العشوائيّ
file (m)	malaff (m)	ملفّ
cartella (f)	ḥāfiẓa (m)	حافظة
aprire (vt)	fataḥ	فتح
chiudere (vt)	aylaq	أغلق
salvare (vt)	ḥafaẓ	حفظ
eliminare (vt)	masaḥ	مسح
copiare (vt)	nasax	نسخ
ordinare (vt)	ṣannaf	صنّف
trasferire (vt)	naqal	نقل
programma (m)	barnāmaʒ (m)	برنامج
software (m)	barāmiʒ kumbyūtir (pl)	برامج كمبيوتر
programmatore (m)	mubarmiʒ (m)	مبرمج
programmare (vt)	barmaʒ	برمج
hacker (m)	hākir (m)	هاكر
password (f)	kalimat as sirr (f)	كلمة السرّ
virus (m)	virūs (m)	فيروس
trovare (un virus, ecc.)	waʒad	وجد
byte (m)	bayt (m)	بايت

megabyte (m)	miʒabāyt (m)	ميجابايت
dati (m pl)	bayānāt (pl)	بيانات
database (m)	qaʻidat bayānāt (f)	قاعدة بيانات

cavo (m)	kābil (m)	كابل
sconnettere (vt)	faṣal	فصل
collegare (vt)	waṣṣal	وصّل

166. Internet. Posta elettronica

internet (f)	intirnit (m)	إنترنت
navigatore (m)	mutaṣaffiḥ (m)	متصفح
motore (m) di ricerca	muḥarrik baḥθ (m)	محرّك بحث
provider (m)	ʃarikat al intirnīt (f)	شركة الإنترنيت

webmaster (m)	mudīr al mawqiʻ (m)	مدير الموقع
sito web (m)	mawqiʻ iliktrūniy (m)	موقع إلكتروني
pagina web (f)	ṣafḥat wīb (f)	صفحة ويب

| indirizzo (m) | ʻunwān (m) | عنوان |
| rubrica (f) indirizzi | daftar al ʻanāwīn (m) | دفتر العناوين |

casella (f) di posta	ṣundūq al barīd (m)	صندوق البريد
posta (f)	barīd (m)	بريد
troppo piena (agg)	mumtali'	ممتلئ

messaggio (m)	risāla iliktrūniyya (f)	رسالة إلكترونيّة
messaggi (m pl) in arrivo	rasa'il wārida (pl)	رسائل واردة
messaggi (m pl) in uscita	rasa'il ṣādira (pl)	رسائل صادرة
mittente (m)	mursil (m)	مرسل
inviare (vt)	arsal	أرسل
invio (m)	irsāl (m)	إرسال
destinatario (m)	mursal ilayh (m)	مرسل إليه
ricevere (vt)	istalam	إستلم

| corrispondenza (f) | murāsala (f) | مراسلة |
| essere in corrispondenza | tarāsal | تراسل |

file (m)	malaff (m)	ملفّ
scaricare (vt)	ḥammal	حمّل
creare (vt)	anʃa'	أنشأ
eliminare (vt)	masaḥ	مسح
eliminato (agg)	mamsūḥ	ممسوح

connessione (f)	ittiṣāl (m)	إتّصال
velocità (f)	surʻa (f)	سرعة
modem (m)	mudim (m)	مودم
accesso (m)	wuṣūl (m)	وصول
porta (f)	maχraʒ (m)	مخرج

collegamento (m)	ittiṣāl (m)	إتّصال
collegarsi a ...	ittaṣal	إتّصل
scegliere (vt)	iχtār	إختار
cercare (vt)	baḥaθ	بحث

167. Elettricità

elettricità (f)	kahrabā' (m)	كهرباء
elettrico (agg)	kahrabā'iy	كهربائيّ
centrale (f) elettrica	maḥaṭṭa kahrabā'iyya (f)	محطّة كهربائيّة
energia (f)	ṭāqa (f)	طاقة
energia (f) elettrica	ṭāqa kahrabā'iyya (f)	طاقة كهربائيّة
lampadina (f)	lamba (f)	لمبة
torcia (f) elettrica	kaʃʃāf an nūr (m)	كشّاف النور
lampione (m)	'amūd an nūr (m)	عمود النور
luce (f)	nūr (m)	نور
accendere (luce)	fataḥ, ʃaɣɣal	فتح, شغّل
spegnere (vt)	ṭaffa	طفّى
spegnere la luce	ṭaffa n nūr	طفّى النور
fulminarsi (vr)	inṭafa'	إنطفأ
corto circuito (m)	da'ira kahrabā'iyya qaṣīra (f)	دائرة كهربائية قصيرة
rottura (f) (~ di un cavo)	silk maqṭūʿ (m)	سلك مقطوع
contatto (m)	talāmus (m)	تلامس
interruttore (m)	miftāḥ an nūr (m)	مفتاح النور
presa (f) elettrica	barizat al kahrabā' (f)	بريزة الكهرباء
spina (f)	fīʃat al kahrabā' (f)	فيشة الكهرباء
prolunga (f)	silk tawṣīl (m)	سلك توصيل
fusibile (m)	fāṣima (f)	فاصمة
filo (m)	silk (m)	سلك
impianto (m) elettrico	aslāk (pl)	أسلاك
ampere (m)	ambīr (m)	أمبير
intensità di corrente	ʃiddat at tayyār al kahrabā'iy (f)	شدّة التيّار الكهربائيّ
volt (m)	vūlt (m)	فولت
tensione (f)	ʒuhd kahrabā'iy (m)	جهد كهربائيّ
apparecchio (m) elettrico	ʒihāz kahrabā'iy (m)	جهاز كهربائيّ
indicatore (m)	mu'aʃʃir (m)	مؤشّر
elettricista (m)	kahrabā'iy (m)	كهربائيّ
saldare (vt)	laḥam	لحم
saldatoio (m)	adāt laḥm (f)	أداة لحم
corrente (f)	tayyār kahrabā'iy (m)	تيّار كهربائيّ

168. Utensili

utensile (m)	adāt (f)	أداة
utensili (m pl)	adawāt (pl)	أدوات
impianto (m)	mu'addāt (pl)	معدّات
martello (m)	miṭraqa (f)	مطرقة
giravite (m)	mifakk (m)	مفكّ

ascia (f)	fa's (m)	فأس
sega (f)	minʃār (m)	منشار
segare (vt)	naʃar	نشر
pialla (f)	mashḥāʒ (m)	مسحج
piallare (vt)	saḥaʒ	سحج
saldatoio (m)	adāt laḥm (f)	أداة لحم
saldare (vt)	laḥam	لحم
lima (f)	mibrad (m)	مبرد
tenaglie (f pl)	kammāʃa (f)	كمّاشة
pinza (f) a punte piatte	zardiyya (f)	زرديّة
scalpello (m)	izmīl (m)	إزميل
punta (f) da trapano	luqmat θaqb (m)	لقمة ثقب
trapano (m) elettrico	miθqab (m)	مثقب
trapanare (vt)	θaqab	ثقب
coltello (m)	sikkīn (m)	سكّين
coltello (m) da tasca	sikkīn ʒayb (m)	سكّين جيب
lama (f)	ʃafra (f)	شفرة
affilato (coltello ~)	ḥādd	حادّ
smussato (agg)	θālim	ثالم
smussarsi (vr)	taθallam	تثلّم
affilare (vt)	ʃaḥað	شحذ
bullone (m)	mismār qalāwūz (m)	مسمار قلاووظ
dado (m)	ṣamūla (f)	صامولة
filettatura (f)	naʒm (m)	نظم
vite (f)	qalāwūz (m)	قلاووظ
chiodo (m)	mismār (m)	مسمار
testa (f) di chiodo	ra's al mismār (m)	رأس المسمار
regolo (m)	masṭara (f)	مسطرة
nastro (m) metrico	ʃarīʈ al qiyās (m)	شريط القياس
livella (f)	mīzān al mā' (m)	ميزان الماء
lente (f) d'ingradimento	ʿadasa mukabbira (f)	عدسة مكبّرة
strumento (m) di misurazione	ʒihāz qiyās (m)	جهاز قياس
misurare (vt)	qās	قاس
scala (f) graduata	miqyās (m)	مقياس
lettura, indicazione (f)	qirā'a (f)	قراءة
compressore (m)	ḍāɣiʈ al ɣāz (m)	ضاغط الغاز
microscopio (m)	mikruskūb (m)	ميكروسكوب
pompa (f) (~ dell'acqua)	ṭulumba (f)	طلمبة
robot (m)	rūbut (m)	روبوت
laser (m)	layzir (m)	ليزر
chiave (f)	miftāḥ aṣ ṣawāmīl (m)	مفتاح الصواميل
nastro (m) adesivo	lazq (m)	لزق
colla (f)	ṣamɣ (m)	صمغ
carta (f) smerigliata	waraq ṣanfara (m)	ورق صنفرة
molla (f)	sūsta (f)	سوستة

magnete (m)	miɣnaṭīs (m)	مغنطيس
guanti (m pl)	quffāz (m)	قفاز
corda (f)	ḥabl (m)	حبل
cordone (m)	ḥabl (m)	حبل
filo (m) (~ del telefono)	silk (m)	سلك
cavo (m)	kābil (m)	كابل
mazza (f)	mirzaba (f)	مرزبة
palanchino (m)	'atala (f)	عتلة
scala (f) a pioli	sullam (m)	سلّم
scala (m) a libretto	sullam (m)	سلّم
avvitare (stringere)	aḥkam aʃ ʃadd	أحكم الشدّ
svitare (vt)	fataḥ	فتح
stringere (vt)	kamaʃ	كمش
incollare (vt)	alṣaq	ألصق
tagliare (vt)	qaṭa'	قطع
guasto (m)	ta'aṭṭul (m)	تعطّل
riparazione (f)	iṣlāḥ (m)	إصلاح
riparare (vt)	aṣlaḥ	أصلح
regolare (~ uno strumento)	ḍabaṭ	ضبط
verificare (ispezionare)	ixtabar	إختبر
controllo (m)	faḥṣ (m)	فحص
lettura, indicazione (f)	qirā'a (f)	قراءة
sicuro (agg)	matīn	متين
complesso (agg)	murakkab	مركّب
arrugginire (vi)	ṣadi'	صدئ
arrugginito (agg)	ṣadī'	صديء
ruggine (f)	ṣada' (m)	صدأ

Mezzi di trasporto

169. Aeroplano

Italiano	Traslitterazione	العربية
aereo (m)	ṭā'ira (f)	طائرة
biglietto (m) aereo	taðkirat ṭā'ira (f)	تذكرة طائرة
compagnia (f) aerea	ʃarikat ṭayarān (f)	شركة طيران
aeroporto (m)	maṭār (m)	مطار
supersonico (agg)	xāriq liṣ ṣawt	خارق للصوت
comandante (m)	qā'id aṭ ṭā'ira (m)	قائد الطائرة
equipaggio (m)	ṭāqim (m)	طاقم
pilota (m)	ṭayyār (m)	طيّار
hostess (f)	muḍīfat ṭayarān (f)	مضيفة طيران
navigatore (m)	mallāḥ (m)	ملّاح
ali (f pl)	aʒniḥa (pl)	أجنحة
coda (f)	ðayl (m)	ذيل
cabina (f)	kabīna (f)	كابينة
motore (m)	mutūr (m)	موتور
carrello (m) d'atterraggio	ʿaʒalāt al hubūṭ (pl)	عجلات الهبوط
turbina (f)	turbīna (f)	تربينة
elica (f)	mirwaḥa (f)	مروحة
scatola (f) nera	musaʒʒil aṭ ṭayarān (m)	مسجّل الطيران
barra (f) di comando	ʿaʒalat qiyāda (f)	عجلة قيادة
combustibile (m)	wuqūd (m)	وقود
safety card (f)	biṭāqat as salāma (f)	بطاقة السلامة
maschera (f) ad ossigeno	qinā' uksiʒīn (m)	قناع أوكسيجين
uniforme (f)	libās muwaḥḥad (m)	لباس موحّد
giubbotto (m) di salvataggio	sutrat naʒāt (f)	سترة نجاة
paracadute (m)	miʒallat hubūṭ (f)	مظلّة هبوط
decollo (m)	iqlā' (m)	إقلاع
decollare (vi)	aqla'at	أقلعت
pista (f) di decollo	madraʒ aṭ ṭā'irāt (m)	مدرج الطائرات
visibilità (f)	ru'ya (f)	رؤية
volo (m)	ṭayarān (m)	طيران
altitudine (f)	irtifā' (m)	إرتفاع
vuoto (m) d'aria	ʒayb hawā'iy (m)	جيب هوائيّ
posto (m)	maq'ad (m)	مقعد
cuffia (f)	sammā'āt ra'siya (pl)	سمّاعات رأسيّة
tavolinetto (m) pieghevole	ṣīniyya qābila liṭ ṭayy (f)	صينية قابلة للطيّ
oblò (m), finestrino (m)	ʃubbāk aṭ ṭā'ira (m)	شبّاك الطائرة
corridoio (m)	mamarr (m)	ممرّ

170. Treno

Italiano	Traslitterazione	Arabo
treno (m)	qiṭār (m)	قطار
elettrotreno (m)	qiṭār (m)	قطار
treno (m) rapido	qiṭār sarī˙ (m)	قطار سريع
locomotiva (f) diesel	qāṭirat dīzil (f)	قاطرة ديزل
locomotiva (f) a vapore	qāṭira buχāriyya (f)	قاطرة بخارية
carrozza (f)	ʿaraba (f)	عربة
vagone (m) ristorante	ʿarabat al maṭʿam (f)	عربة المطعم
rotaie (f pl)	quḍubān (pl)	قضبان
ferrovia (f)	sikka ḥadīdiyya (f)	سكة حديدية
traversa (f)	ʿāriḍa (f)	عارضة
banchina (f) (~ ferroviaria)	raṣīf (m)	رصيف
binario (m) (~ 1, 2)	χaṭṭ (m)	خطّ
semaforo (m)	simāfūr (m)	سيمافور
stazione (f)	maḥaṭṭa (f)	محطّة
macchinista (m)	sāʾiq (m)	سائق
portabagagli (m)	ḥammāl (m)	حمّال
cuccettista (m, f)	masʾūl ʿarabat al qiṭār (m)	مسؤول عربة القطار
passeggero (m)	rākib (m)	راكب
controllore (m)	kamsariy (m)	كمسريّ
corridoio (m)	mamarr (m)	ممرّ
freno (m) di emergenza	farāmil aṭ ṭawāriʾ (pl)	فرامل الطوارئ
scompartimento (m)	ɣurfa (f)	غرفة
cuccetta (f)	sarīr (m)	سرير
cuccetta (f) superiore	sarīr ʿulwiy (m)	سرير علويّ
cuccetta (f) inferiore	sarīr sufliy (m)	سرير سفليّ
biancheria (f) da letto	aɣṭiyat as sarīr (pl)	أغطية السرير
biglietto (m)	taðkira (f)	تذكرة
orario (m)	ʒadwal (m)	جدول
tabellone (m) orari	lawḥat maʿlūmāt (f)	لوحة معلومات
partire (vi)	ɣādar	غادر
partenza (f)	muɣādara (f)	مغادرة
arrivare (di un treno)	waṣal	وصل
arrivo (m)	wuṣūl (m)	وصول
arrivare con il treno	waṣal bil qiṭār	وصل بالقطار
salire sul treno	rakib al qiṭār	ركب القطار
scendere dal treno	nazil min al qiṭār	نزل من القطار
deragliamento (m)	ḥiṭām qiṭār (m)	حطام قطار
deragliare (vi)	χaraʒ ʿan χaṭṭ sayrih	خرج عن خطّ سيره
locomotiva (f) a vapore	qāṭira buχāriyya (f)	قاطرة بخارية
fuochista (m)	ʿaṭaʃʒiy (m)	عطشجيّ
forno (m)	furn al muḥarrik (m)	فرن المحرّك
carbone (m)	faḥm (m)	فحم

171. Nave

nave (f)	safīna (f)	سفينة
imbarcazione (f)	safīna (f)	سفينة
piroscafo (m)	bāχira (f)	باخرة
barca (f) fluviale	bāχira nahriyya (f)	باخرة نهريّة
transatlantico (m)	bāχira siyaḥiyya (f)	باخرة سياحيّة
incrociatore (m)	ṭarrād (m)	طرّاد
yacht (m)	yaχt (m)	يخت
rimorchiatore (m)	qāṭira (f)	قاطرة
chiatta (f)	ṣandal (m)	صندل
traghetto (m)	'abbāra (f)	عبّارة
veliero (m)	safīna ʃirā'iyya (m)	سفينة شراعيّة
brigantino (m)	markab ʃirā'iy (m)	مركب شراعيّ
rompighiaccio (m)	muḥaṭṭimat ӡalīd (f)	محطّمة جليد
sottomarino (m)	ɣawwāṣa (f)	غوّاصة
barca (f)	markab (m)	مركب
scialuppa (f)	zawraq (m)	زورق
scialuppa (f) di salvataggio	qārib naӡāt (m)	قارب نجاة
motoscafo (m)	lanʃ (m)	لنش
capitano (m)	qubṭān (m)	قبطان
marittimo (m)	baḥḥār (m)	بحّار
marinaio (m)	baḥḥār (m)	بحّار
equipaggio (m)	ṭāqim (m)	طاقم
nostromo (m)	ra'īs al baḥḥāra (m)	رئيس البحّارة
mozzo (m) di nave	ṣabiy as safīna (m)	صبي السفينة
cuoco (m)	ṭabbāχ (m)	طبّاخ
medico (m) di bordo	ṭabīb as safīna (m)	طبيب السفينة
ponte (m)	saṭḥ as safīna (m)	سطح السفينة
albero (m)	sāriya (f)	سارية
vela (f)	ʃirā' (m)	شراع
stiva (f)	'ambar (m)	عنبر
prua (f)	muqaddama (m)	مقدّمة
poppa (f)	mu'aχirat as safīna (f)	مؤخّرة السفينة
remo (m)	miӡðāf (m)	مجذاف
elica (f)	mirwaḥa (f)	مروحة
cabina (f)	kabīna (f)	كابينة
quadrato (m) degli ufficiali	ɣurfat al istirāḥa (f)	غرفة الإستراحة
sala (f) macchine	qism al 'ālāt (m)	قسم الآلات
ponte (m) di comando	burӡ al qiyāda (m)	برج القيادة
cabina (f) radiotelegrafica	ɣurfat al lāsilkiy (f)	غرفة اللاسلكيّ
onda (f)	mawӡa (f)	موجة
giornale (m) di bordo	siӡil as safīna (m)	سجل السفينة
cannocchiale (m)	minẓār (m)	منظار
campana (f)	ӡaras (m)	جرس

bandiera (f)	'alam (m)	علم
cavo (m) (~ d'ormeggio)	ḥabl (m)	حبل
nodo (m)	'uqda (f)	عقدة
ringhiera (f)	drabizīn (m)	درابزين
passerella (f)	sullam (m)	سُلم
ancora (f)	mirsāt (f)	مرساة
levare l'ancora	rafa' mirsāt	رفع مرساة
gettare l'ancora	rasa	رسا
catena (f) dell'ancora	silsilat mirsāt (f)	سلسلة مرساة
porto (m)	mīnā' (m)	ميناء
banchina (f)	marsa (m)	مرسى
ormeggiarsi (vr)	rasa	رسا
salpare (vi)	aqla'	أقلع
viaggio (m)	riḥla (f)	رحلة
crociera (f)	riḥla baḥriyya (f)	رحلة بحرية
rotta (f)	masār (m)	مسار
itinerario (m)	ṭarīq (m)	طريق
tratto (m) navigabile	maʒra milāḥiy (m)	مجرى ملاحيّ
secca (f)	miyāh ḍaḥla (f)	مياه ضحلة
arenarsi (vr)	ʒanaḥ	جنح
tempesta (f)	'āṣifa (f)	عاصفة
segnale (m)	iʃāra (f)	إشارة
affondare (andare a fondo)	ɣariq	غرق
Uomo in mare!	saqaṭ raʒul min as safīna!	سقط رجل من السفينة!
SOS	nidā' iɣāθa (m)	نداء إغاثة
salvagente (m) anulare	ṭawq naʒāt (m)	طوق نجاة

172. Aeroporto

aeroporto (m)	maṭār (m)	مطار
aereo (m)	ṭā'ira (f)	طائرة
compagnia (f) aerea	ʃarikat ṭayarān (f)	شركة طيران
controllore (m) di volo	marāqib al ḥaraka al ʒawwiyya (pl)	مراقب الحركة الجويّة
partenza (f)	muɣādara (f)	مغادرة
arrivo (m)	wuṣūl (m)	وصول
arrivare (vi)	waṣal	وصل
ora (f) di partenza	waqt al muɣādara (m)	وقت المغادرة
ora (f) di arrivo	waqt al wuṣūl (m)	وقت الوصول
essere ritardato	ta'axxar	تأخّر
volo (m) ritardato	ta'axxur ar riḥla (m)	تأخّر الرحلة
tabellone (m) orari	lawḥat al ma'lūmāt (f)	لوحة المعلومات
informazione (f)	isti'lāmāt (pl)	إستعلامات
annunciare (vt)	a'lan	أعلن

volo (m)	riḥla (f)	رحلة
dogana (f)	ʒamārik (pl)	جمارك
doganiere (m)	muwaẓẓaf al ʒamārik (m)	موظّف الجمارك
dichiarazione (f)	taṣrīḥ ʒumrukiy (m)	تصريح جمركيّ
riempire	malaʼ	ملأ
(~ una dichiarazione)		
riempire una dichiarazione	malaʼ at taṣrīḥ	ملأ التصريح
controllo (m) passaporti	taftīʃ al ʒawāzāt (m)	تفتيش الجوازات
bagaglio (m)	aʃ ʃunaṭ (pl)	الشنط
bagaglio (m) a mano	ʃunaṭ al yad (pl)	شنط اليد
carrello (m)	ʻarabat ʃunaṭ (f)	عربة شنط
atterraggio (m)	hubūṭ (m)	هبوط
pista (f) di atterraggio	mamarr al hubūṭ (m)	ممرّ الهبوط
atterrare (vi)	habaṭ	هبط
scaletta (f) dell'aereo	sullam aṭ ṭāʼira (m)	سلّم الطائرة
check-in (m)	tasʒīl (m)	تسجيل
banco (m) del check-in	makān at tasʒīl (m)	مكان التسجيل
fare il check-in	saʒʒal	سجّل
carta (f) d'imbarco	biṭāqat ṣuʻūd (f)	بطاقة صعود
porta (f) d'imbarco	bawwābat al muɣādara (f)	بوّابة المغادرة
transito (m)	tranzīt (m)	ترانزيت
aspettare (vt)	intaẓar	إنتظر
sala (f) d'attesa	qāʻat al muɣādara (f)	قاعة المغادرة
accompagnare (vt)	waddaʻ	ودّع
congedarsi (vr)	waddaʻ	ودّع

173. Bicicletta. Motocicletta

bicicletta (f)	darrāʒa (f)	درّاجة
motorino (m)	skutir (m)	سكوتر
motocicletta (f)	darrāʒa nāriyya (f)	درّاجة ناريّة
andare in bicicletta	rakib ad darrāʒa	ركب الدرّاجة
manubrio (m)	miqwad (m)	مقود
pedale (m)	dawwāsa (f)	دوّاسة
freni (m pl)	farāmil (pl)	فرامل
sellino (m)	maqʻad (m)	مقعد
pompa (f)	ṭulumba (f)	طلمبة
portabagagli (m)	raff al amtiʻa (m)	رفّ الأمتعة
fanale (m) anteriore	miṣbāḥ (m)	مصباح
casco (m)	χūða (f)	خوذة
ruota (f)	ʻaʒala (f)	عجلة
parafango (m)	rafraf (m)	رفرف
cerchione (m)	iṭār (m)	إطار
raggio (m)	barmaq al ʻaʒala (m)	برمق العجلة

Automobili

174. Tipi di automobile

automobile (f)	sayyāra (f)	سيَّارة
auto (f) sportiva	sayyāra riyāḍiyya (f)	سيَّارة رياضيّة
limousine (f)	limuzīn (m)	ليموزين
fuoristrada (m)	sayyārat ṭuruq waʿra (f)	سيارة طرق وعرة
cabriolet (m)	kabriulīh (m)	كابريوليه
pulmino (m)	mikrubāṣ (m)	ميكروباص
ambulanza (f)	isʿāf (m)	إسعاف
spazzaneve (m)	ʒarrāfat θalʒ (f)	جرَّافة ثلج
camion (m)	ʃāḥina (f)	شاحنة
autocisterna (f)	nāqilat bitrūl (f)	ناقلة بترول
furgone (m)	ʿarabat naql (f)	عربة نقل
motrice (f)	ʒarrār (m)	جرَّار
rimorchio (m)	maqṭūra (f)	مقطورة
confortevole (agg)	murīḥ	مريح
di seconda mano	mustaʿmal	مستعمل

175. Automobili. Carrozzeria

cofano (m)	kabbūt (m)	كبّوت
parafango (m)	rafraf (m)	رفرف
tetto (m)	saqf (m)	سقف
parabrezza (m)	zuʒāʒ amāmiy (m)	زجاج أماميّ
retrovisore (m)	mirʾāt dāχiliyya (f)	مرآة داخليّة
lavacristallo (m)	munaẓẓif az zuʒāʒ (m)	منظّف الزجاج
tergicristallo (m)	massāḥāt (pl)	مسّاحات
finestrino (m) laterale	zuʒāʒ ʒānibiy (m)	زجاج جانبيّ
alzacristalli (m)	mākina zuʒāʒ (f)	ماكينة زجاج
antenna (f)	hawāʾiy (m)	هوائيّ
tettuccio (m) apribile	nāfiðat as saqf (f)	نافذة السقف
paraurti (m)	miṣadd as sayyāra (m)	مصدّ السيارة
bagagliaio (m)	ṣundūq as sayyāra (m)	صندوق السيّارة
portapacchi (m)	raff saqf as sayyāra (m)	رفّ سقف السيّارة
portiera (f)	bāb (m)	باب
maniglia (f)	ukrat al bāb (f)	أوكرة الباب
serratura (f)	qifl al bāb (m)	قفل الباب
targa (f)	lawḥat raqm as sayyāra (f)	لوحة رقم السيارة
marmitta (f)	kātim aṣ ṣawt (m)	كاتم الصوت

| serbatoio (m) della benzina | xazzān al banzīn (m) | خزّان البنزين |
| tubo (m) di scarico | umbūb al 'ādim (m) | أنبوب العادم |

acceleratore (m)	ɣāz (m)	غاز
pedale (m)	dawwāsa (f)	دوّاسة
pedale (m) dell'acceleratore	dawwāsat al wuqūd (f)	دوّاسة الوقود

freno (m)	farāmil (pl)	فرامل
pedale (m) del freno	dawwāsat al farāmil (m)	دوّاسة الفرامل
frenare (vi)	farmal	فرمل
freno (m) a mano	farmalat al yad (f)	فرملة اليد

frizione (f)	ta'ʃīq (m)	تعشيق
pedale (m) della frizione	dawwāsat at ta'ʃīq (f)	دوّاسة التعشيق
disco (m) della frizione	quṛṣ at ta'ʃīq (m)	قرص التعشيق
ammortizzatore (m)	mumtaṣṣ liṣ ṣadamāt (m)	ممتصّ الصدمات

ruota (f)	'aʒala (f)	عجلة
ruota (f) di scorta	'aʒala iḥtiyāṭiyya (f)	عجلة احتياطيّة
pneumatico (m)	iṭār (m)	إطار
copriruota (m)	ɣiṭā' miḥwar al 'aʒala (m)	غطاء محور العجلة

ruote (f pl) motrici	'aʒalāt al qiyāda (pl)	عجلات القيادة
a trazione anteriore	daf' amāmiy (m)	دفع أماميّ
a trazione posteriore	daf' xalfiy (m)	دفع خلفيّ
a trazione integrale	daf' rubā'iy (m)	دفع رباعيّ

scatola (f) del cambio	ṣundūq at turūs (m)	صندوق التروس
automatico (agg)	utumatīkiy	أوتوماتيكيّ
meccanico (agg)	yadawiy	يدويّ
leva (f) del cambio	nāqil as sur'a (m)	ناقل السرعة

| faro (m) | al miṣbāḥ al amāmiy (m) | المصباح الأماميّ |
| luci (f pl), fari (m pl) | al maṣābīḥ al amāmiyya (pl) | المصابيح الأمامية |

luci (f pl) anabbaglianti	al anwār al munxafiḍa (pl)	الأنوار المنخفضة
luci (f pl) abbaglianti	al anwār al 'āliya (m)	الأنوار العالية
luci (f pl) di arresto	ḍū' al farāmil (m)	ضوء الفرامل

luci (f pl) di posizione	aḍwā' ʒānibiyya (pl)	أضواء جانبيّة
luci (f pl) di emergenza	aḍwā' at taḥŏīr (pl)	أضواء التحذير
fari (m pl) antinebbia	aḍwā' aḍ ḍabāb (pl)	أضواء الضباب
freccia (f)	iʃārat al in'iṭāf (f)	إشارة الإنعطاف
luci (f pl) di retromarcia	miṣbāh ar ruʒū' lil xalf (m)	مصباح الرجوع للخلف

176. Automobili. Vano passeggeri

abitacolo (m)	ṣālūn as sayyāra (m)	صالون السيّارة
di pelle	min al ʒild	من الجلد
in velluto	min al muxmal	من المخمل
rivestimento (m)	tanʒīd (m)	تنجيد

| strumento (m) di bordo | ʒihāz (m) | جهاز |
| cruscotto (m) | lawḥat at taḥakkum (f) | لوحة التحكم |

tachimetro (m)	'addād sur'a (m)	عدّاد سرعة
lancetta (f)	mu'aʃʃir (m)	مؤشّر
contachilometri (m)	'addād al masāfāt (m)	عدّاد المسافات
indicatore (m)	'addād (m)	عدّاد
livello (m)	mustawa (m)	مستوى
spia (f) luminosa	lammbat inðār (f)	لمبة إنذار
volante (m)	miqwad (m)	مقود
clacson (m)	zāmūr (m)	زامور
pulsante (m)	zirr (m)	زرّ
interruttore (m)	nāqil, miftāḥ (m)	ناقل، مفتاح
sedile (m)	maqʻad (m)	مقعد
spalliera (f)	misnad aẓ ẓahr (m)	مسند الظهر
appoggiatesta (m)	masnad ar raʼs (m)	مسند الرأس
cintura (f) di sicurezza	ḥizām al amn (m)	حزام الأمن
allacciare la cintura	rabaṭ al ḥizām	ربط الحزام
regolazione (f)	ḍabṭ (m)	ضبط
airbag (m)	wisāda hawāʼiyya (f)	وسادة هوائيّة
condizionatore (m)	takyīf (m)	تكييف
radio (f)	iðāʻa (f)	إذاعة
lettore (m) CD	muʃayyil sidi (m)	مشغّل سي دي
accendere (vt)	fataḥ, ʃayyal	فتح، شغّل
antenna (f)	hawāʼiy (m)	هوائيّ
vano (m) portaoggetti	durʒ (m)	درج
portacenere (m)	ṭaqṭūqa (f)	طقطوقة

177. Automobili. Motore

motore (m)	muḥarrik (m)	محرّك
motore (m)	mutūr (m)	موتور
a diesel	dīzil	ديزل
a benzina	'alal banzīn	على البنزين
cilindrata (f)	siʻat al muḥarrik (f)	سعة المحرّك
potenza (f)	qudra (f)	قدرة
cavallo vapore (m)	ḥiṣān (m)	حصان
pistone (m)	mikbas (m)	مكبس
cilindro (m)	usṭuwāna (f)	أسطوانة
valvola (f)	ṣimām (m)	صمام
iniettore (m)	ʒihāz baxxāx (f)	جهاز بخّاخ
generatore (m)	muwallid (m)	مولّد
carburatore (m)	karburātir (m)	كاربراتير
olio (m) motore	zayt al muḥarrik (m)	زيت المحرّك
radiatore (m)	mubarrid al muḥarrik (m)	مبرّد المحرّك
liquido (m) di raffreddamento	mādda mubarrida (f)	مادّة مبرّدة
ventilatore (m)	mirwaḥa (f)	مروحة
batteria (m)	baṭṭāriyya (f)	بطّاريّة
motorino (m) d'avviamento	miftāḥ at taʃyīl (m)	مفتاح التشغيل

accensione (f)	niẓām taʃɣīl (m)	نظام تشغيل
candela (f) d'accensione	ʃam'at al iḥtirāq (f)	شمعة الاحتراق
morsetto (m)	ṭaraf tawṣīl (m)	طرف توصيل
più (m)	ṭaraf mūʒab (m)	طرف موجب
meno (m)	ṭaraf sālib (m)	طرف سالب
fusibile (m)	fāṣima (f)	فاصمة
filtro (m) dell'aria	miṣfāt al hawā' (f)	مصفاة الهواء
filtro (m) dell'olio	miṣfāt az zayt (f)	مصفاة الزيت
filtro (m) del carburante	miṣfāt al banzīn (f)	مصفاة البنزين

178. Automobili. Incidente. Riparazione

incidente (m)	ḥādiθ sayyāra (f)	حادث سيّارة
incidente (m) stradale	ḥādiθ murūriy (m)	حادث مروريّ
sbattere contro ...	iṣṭadam	إصطدم
avere un incidente	taḥaṭṭam	تحطّم
danno (m)	χasāra (f)	خسارة
illeso (agg)	salīm	سليم
essere rotto	ta'aṭṭal	تعطّل
cavo (m) di rimorchio	ḥabl as saḥb (m)	حبل السحب
foratura (f)	θuqb (m)	ثقب
essere a terra	faʃʃ	فشّ
gonfiare (vt)	nafaχ	نفخ
pressione (f)	ḍaɣṭ (m)	ضغط
controllare (verificare)	iχtabar	إختبر
riparazione (f)	iṣlāḥ (m)	إصلاح
officina (f) meccanica	warʃat iṣlāḥ as sayyārāt (f)	ورشة إصلاح السيّارات
pezzo (m) di ricambio	qiṭ'at ɣiyār (f)	قطعة غيار
pezzo (m)	qiṭ'a (f)	قطعة
bullone (m)	mismār qalāwūz (m)	مسمار قلاووظ
bullone (m) a vite	burɣiy (m)	برغيّ
dado (m)	ṣamūla (f)	صامولة
rondella (f)	ḥalqa (f)	حلقة
cuscinetto (m)	maḥmal (m)	محمل
tubo (m)	umbūba (f)	أنبوبة
guarnizione (f)	'azaqa (f)	عزقة
filo (m), cavo (m)	silk (m)	سلك
cric (m)	rāfi'at sayyāra (f)	رافعة سيّارة
chiave (f)	miftāḥ aṣ ṣawāmīl (m)	مفتاح الصواميل
martello (m)	miṭraqa (f)	مطرقة
pompa (f)	ṭulumba (f)	طلمبة
giravite (m)	mifakk (m)	مفكّ
estintore (m)	miṭfa'at ḥarīq (f)	مطفأة حريق
triangolo (m) di emergenza	muθallaθ taḥðīr (m)	مثلّث تحذير
spegnersi (vr)	tawaqqaf	توقّف

spegnimento (m) motore	tawaqquf (m)	توقّف
essere rotto	kān maksūran	كان مكسورًا
surriscaldarsi (vr)	saχan bi ʃidda	سخن بشدّة
intasarsi (vr)	kān masdūdan	كان مسدودًا
ghiacciarsi (di tubi, ecc.)	taʒammad	تجمّد
spaccarsi (vr)	infaʒar	إنفجر
pressione (f)	daγt (m)	ضغط
livello (m)	mustawa (m)	مستوى
lento (cinghia ~a)	daʿīf	ضعيف
ammaccatura (f)	baʿʒa (f)	بعجة
battito (m) (nel motore)	daqq (m)	دقّ
fessura (f)	ʃaqq (m)	شقّ
graffiatura (f)	χadʃ (m)	خدش

179. Automobili. Strada

strada (f)	tarīq (m)	طريق
autostrada (f)	tarīq sarīʿ (m)	طريق سريع
superstrada (f)	tarīq sarīʿ (m)	طريق سريع
direzione (f)	ittiʒāh (m)	إتجاه
distanza (f)	masāfa (f)	مسافة
ponte (m)	ʒisr (m)	جسر
parcheggio (m)	mawqif as sayyārāt (m)	موقف السيّارات
piazza (f)	maydān (m)	ميدان
svincolo (m)	taqātuʿ turuq (m)	تقاطع طرق
galleria (f), tunnel (m)	nafaq (m)	نفق
distributore (m) di benzina	mahattat banzīn (f)	محطّة بنزين
parcheggio (m)	mawqif as sayyārāt (m)	موقف السيّارات
pompa (f) di benzina	midaχχat banzīn (f)	مضخّة بنزين
officina (f) meccanica	warʃat iṣlāh as sayyārāt (f)	ورشة إصلاح السيّارات
fare benzina	malaʾ bil wuqūd	ملأ بالوقود
carburante (m)	wuqūd (m)	وقود
tanica (f)	ʒirikan (m)	جركن
asfalto (m)	asfalt (m)	أسفلت
segnaletica (f) stradale	ʿalāmāt at tarīq (pl)	علامات الطريق
cordolo (m)	hāffat ar raṣīf (f)	حافة الرصيف
barriera (f) di sicurezza	sūr (m)	سور
fosso (m)	qanāt (f)	قناة
ciglio (m) della strada	hāffat at tarīq (f)	حافة الطريق
lampione (m)	ʿamūd nūr (m)	عمود نور
guidare (~ un veicolo)	sāq	ساق
girare (~ a destra)	inʿataf	إنعطف
fare un'inversione a U	istadār lil χalf	إستدار للخلف
retromarcia (m)	haraka ilal warāʾ (f)	حركة إلى الوراء
suonare il clacson	zammar	زمّر
colpo (m) di clacson	ṣawt az zāmūr (m)	صوت الزامور

incastrarsi (vr)	waḥil	وحل
impantanarsi (vr)	dawwar al 'aʒala	دوّر العجلة
spegnere (~ il motore)	awqaf	أوقف

velocità (f)	sur'a (f)	سرعة
superare i limiti di velocità	taʒāwaz as sur'a al quṣwa	تجاوز السرعة القصوى
multare (vt)	faraḍ ɣarāma	فرض غرامة
semaforo (m)	iʃārāt al murūr (pl)	إشارات المرور
patente (f) di guida	ruxṣat al qiyāda (f)	رخصة قيادة

passaggio (m) a livello	ma'bar (m)	معبر
incrocio (m)	taqāṭu' (m)	تقاطع
passaggio (m) pedonale	ma'bar al muʃāt (m)	معبر المشاة
curva (f)	mun'aṭif (m)	منعطف
zona (f) pedonale	makān muxaṣṣaṣ lil muʃāt (f)	مكان مخصّص للمشاة

180. Segnaletica stradale

codice (m) stradale	qawā'id al murūr (pl)	قواعد المرور
segnale (m) stradale	'alāma (f)	علامة
sorpasso (m)	taʒāwuz (m)	تجاوز
curva (f)	mun'aṭif (m)	منعطف
inversione ad U	dawarān lil xalf (m)	دوران للخلف
rotatoria (f)	dawarān murūriy (m)	دوران مروري

divieto d'accesso	mamnū' ad duxūl	ممنوع الدخول
divieto di transito	mamnū' murūr as sayyārāt	ممنوع مرور السيارات
divieto di sorpasso	mamnū' at taʒāwuz	ممنوع التجاوز
divieto di sosta	mamnū' al wuqūf	ممنوع الوقوف
divieto di fermata	mamnū' al wuqūf	ممنوع الوقوف

curva (f) pericolosa	mun'aṭaf xaṭir (m)	منعطف خطر
discesa (f) ripida	munḥadar xaṭar (m)	منحدر خطر
senso (m) unico	ṭarīq ittiʒāh wāḥid (m)	طريق إتجاه واحد
passaggio (m) pedonale	ma'bar al muʃāt (m)	معبر المشاة
strada (f) scivolosa	ṭarīq zaliq (m)	طريق زلق
dare la precedenza	iʃārat waḍ'iyyat tark al awlawiyya	إشارة وضعيّة ترك الأولويّة

GENTE. SITUAZIONI QUOTIDIANE

Situazioni quotidiane

181. Vacanze. Evento

Italiano	Traslitterazione	Arabo
festa (f)	ʿīd (m)	عيد
festa (f) nazionale	ʿīd waṭaniy (m)	عيد وطنيّ
festività (f) civile	yawm al ʿuṭla ar rasmiyya (m)	يوم العطلة الرسمية
festeggiare (vt)	iḥtafal	إحتفل
avvenimento (m)	ḥadaθ (m)	حدث
evento (m) (organizzare un ~)	munasaba (f)	مناسبة
banchetto (m)	walīma (f)	وليمة
ricevimento (m)	ḥaflat istiqbāl (f)	حفلة إستقبال
festino (m)	walīma (f)	وليمة
anniversario (m)	ðikra sanawiyya (f)	ذكرى سنويّة
giubileo (m)	yubīl (m)	يوبيل
festeggiare (vt)	iḥtafal	إحتفل
Capodanno (m)	ra's as sana (m)	رأس السنة
Buon Anno!	kull sana wa anta ṭayyib!	كلّ سنة وأنت طيّب!
Babbo Natale (m)	baba nuwīl (m)	بابا نويل
Natale (m)	ʿīd al mīlād (m)	عيد الميلاد
Buon Natale!	ʿīd mīlād saʿīd!	عيد ميلاد سعيد!
Albero (m) di Natale	ʃaʒarat ra's as sana (f)	شجرة رأس السنة
fuochi (m pl) artificiali	alʿāb nāriyya (pl)	ألعاب ناريّة
nozze (f pl)	zifāf (m)	زفاف
sposo (m)	ʿarīs (m)	عريس
sposa (f)	ʿarūsa (f)	عروسة
invitare (vt)	daʿa	دعا
invito (m)	biṭāqat daʿwa (f)	بطاقة دعوة
ospite (m)	ḍayf (m)	ضيف
andare a trovare	zār	زار
accogliere gli invitati	istaqbal aḍ ḍuyūf	إستقبل الضيوف
regalo (m)	hadiyya (f)	هديّة
offrire (~ un regalo)	qaddam	قدّم
ricevere i regali	istalam al hadāya	إستلم الهدايا
mazzo (m) di fiori	bāqat zuhūr (f)	باقة زهور
auguri (m pl)	tahni'a (f)	تهنئة
augurare (vt)	hanna'	هنّأ
cartolina (f)	biṭāqat tahni'a (f)	بطاقة تهنئة

mandare una cartolina	arsal biṭāqat tahni'a	أرسل بطاقة تهنئة
ricevere una cartolina	istalam biṭāqat tahnī'a	إستلم بطاقة تهنئة
brindisi (m)	naχb (m)	نخب
offrire (~ qualcosa da bere)	ḍayyaf	ضيّف
champagne (m)	ʃambāniya (f)	شمبانيا
divertirsi (vr)	istamtaʿ	إستمتع
allegria (f)	faraḥ (m)	فرح
gioia (f)	saʿāda (f)	سعادة
danza (f), ballo (m)	rāqiṣa (f)	رقصة
ballare (vi, vt)	raqaṣ	رقص
valzer (m)	vāls (m)	فالس
tango (m)	tāngu (m)	تانجو

182. Funerali. Sepoltura

cimitero (m)	maqbara (f)	مقبرة
tomba (f)	qabr (m)	قبر
croce (f)	ṣalīb (m)	صليب
pietra (f) tombale	ʃāhid al qabr (m)	شاهد القبر
recinto (m)	sūr (m)	سور
cappella (f)	kanīsa saɣīra (f)	كنيسة صغيرة
morte (f)	mawt (m)	موت
morire (vi)	māt	مات
defunto (m)	al mutawaffi (m)	المتوفّي
lutto (m)	ḥidād (m)	حداد
seppellire (vt)	dafan	دفن
sede (f) di pompe funebri	bayt al ʒanāzāt (m)	بيت الجنازات
funerale (m)	ʒanāza (f)	جنازة
corona (f) di fiori	iklīl (m)	إكليل
bara (f)	tābūt (m)	تابوت
carro (m) funebre	sayyārat naql al mawta (f)	سيّارة نقل الموتى
lenzuolo (m) funebre	kafan (m)	كفن
corteo (m) funebre	ʒanāza (f)	جنازة
urna (f) funeraria	qārūra li ḥifz ramād al mawta (f)	قارورة لحفظ رماد الموتى
crematorio (m)	maḥraqat ʒuθaθ al mawta (f)	محرقة جثث الموتى
necrologio (m)	naʿiy (m)	نعيّ
piangere (vi)	baka	بكى
singhiozzare (vi)	naḥab	نحب

183. Guerra. Soldati

plotone (m)	faṣīla (f)	فصيلة
compagnia (f)	sariyya (f)	سريّة

reggimento (m)	fawʒ (m)	فوج
esercito (m)	ʒayʃ (m)	جيش
divisione (f)	firqa (f)	فرقة

| distaccamento (m) | waḥda (f) | وحدة |
| armata (f) | ʒayʃ (m) | جيش |

| soldato (m) | ʒundiy (m) | جنديّ |
| ufficiale (m) | ḍābiṭ (m) | ضابط |

soldato (m) semplice	ʒundiy (m)	جنديّ
sergente (m)	raqīb (m)	رقيب
tenente (m)	mulāzim (m)	ملازم
capitano (m)	naqīb (m)	نقيب
maggiore (m)	rā'id (m)	رائد
colonnello (m)	ʿaqīd (m)	عقيد
generale (m)	ʒinirāl (m)	جنرال

marinaio (m)	baḥḥār (m)	بحّار
capitano (m)	qubṭān (m)	قبطان
nostromo (m)	raʾīs al baḥḥāra (m)	رئيس البحّارة

artigliere (m)	madfaʿiy (m)	مدفعيّ
paracadutista (m)	ʒundiy al maẓallāt (m)	جنديّ المظلّات
pilota (m)	ṭayyār (m)	طيّار
navigatore (m)	mallāḥ (m)	ملّاح
meccanico (m)	mikanīkiy (m)	ميكانيكيّ

geniere (m)	muhandis ʿaskariy (m)	مهندس عسكريّ
paracadutista (m)	miẓalliy (m)	مظلّيّ
esploratore (m)	mustakʃif (m)	مستكشف
cecchino (m)	qannāṣ (m)	قنّاص

pattuglia (f)	dawriyya (f)	دوريّة
pattugliare (vt)	qām bi dawriyya	قام بدوريّة
sentinella (f)	ḥāris (m)	حارس

| guerriero (m) | muḥārib (m) | محارب |
| patriota (m) | waṭaniy (m) | وطنيّ |

| eroe (m) | baṭal (m) | بطل |
| eroina (f) | baṭala (f) | بطلة |

| traditore (m) | χāʾin (m) | خائن |
| tradire (vt) | χān | خان |

| disertore (m) | hārib min al ʒayʃ (m) | هارب من الجيش |
| disertare (vi) | harab min al ʒayʃ | هرب من الجيش |

mercenario (m)	maʾʒūr (m)	مأجور
recluta (f)	ʒundiy ʒadīd (m)	جنديّ جديد
volontario (m)	mutaṭawwiʿ (m)	متطوّع

ucciso (m)	qatīl (m)	قتيل
ferito (m)	ʒarīḥ (m)	جريح
prigioniero (m) di guerra	asīr (m)	أسير

184. Guerra. Azioni militari. Parte 1

Italiano	Traslitterazione	Arabo
guerra (f)	ḥarb (f)	حرب
essere in guerra	ḥārab	حارب
guerra (f) civile	ḥarb ahliyya (f)	حرب أهليّة
perfidamente	ɣadran	غدرًا
dichiarazione (f) di guerra	i'lān ḥarb (m)	إعلان حرب
dichiarare (~ guerra)	a'lan	أعلن
aggressione (f)	'udwān (m)	عدوان
attaccare (vt)	haʒam	هجم
invadere (vt)	iḥtall	إحتلّ
invasore (m)	muḥtall (m)	محتلّ
conquistatore (m)	fātiḥ (m)	فاتح
difesa (f)	difā' (m)	دفاع
difendere (~ un paese)	dāfa'	دافع
difendersi (vr)	dāfa' 'an nafsih	دافع عن نفسه
nemico (m)	'aduww (m)	عدوّ
avversario (m)	χaṣm (m)	خصم
ostile (agg)	'aduww	عدوّ
strategia (f)	istratiʒiyya (f)	إستراتيجيّة
tattica (f)	taktīk (m)	تكتيك
ordine (m)	amr (m)	أمر
comando (m)	amr (m)	أمر
ordinare (vt)	amar	أمر
missione (f)	muhimma (f)	مهمّة
segreto (agg)	sirriy	سرّيّ
battaglia (f)	ma'raka (f)	معركة
combattimento (m)	qitāl (m)	قتال
attacco (m)	huʒūm (m)	هجوم
assalto (m)	inqiḍāḍ (m)	إنقضاض
assalire (vt)	inqaḍḍ	إنقضّ
assedio (m)	ḥiṣār (m)	حصار
offensiva (f)	huʒūm (m)	هجوم
passare all'offensiva	haʒam	هجم
ritirata (f)	insiḥāb (m)	إنسحاب
ritirarsi (vr)	insaḥab	إنسحب
accerchiamento (m)	iḥāṭa (f)	إحاطة
accerchiare (vt)	aḥāṭ	أحاط
bombardamento (m)	qaṣf (m)	قصف
lanciare una bomba	asqaṭ qumbula	أسقط قنبلة
bombardare (vt)	qaṣaf	قصف
esplosione (f)	infiʒār (m)	إنفجار
sparo (m)	ṭalaqa (f)	طلقة

sparare un colpo	aṭlaq an nār	أطلق النار
sparatoria (f)	iṭlāq an nār (m)	إطلاق النار
puntare su ...	ṣawwab	صوّب
puntare (~ una pistola)	ṣawwab	صوّب
colpire (~ il bersaglio)	aṣāb al hadaf	أصاب الهدف
affondare (mandare a fondo)	aɣraq	أغرق
falla (f)	θuqb (m)	ثقب
affondare (andare a fondo)	ɣariq	غرق
fronte (m) (~ di guerra)	ʒabha (f)	جبهة
evacuazione (f)	iχlā' aṭ ṭawāri' (m)	إخلاء الطوارئ
evacuare (vt)	aχla	أخلى
trincea (f)	χandaq (m)	خندق
filo (m) spinato	aslāk ʃā'ika (pl)	أسلاك شائكة
sbarramento (m)	ḥāʒiz (m)	حاجز
torretta (f) di osservazione	burʒ muraqaba (m)	برج مراقبة
ospedale (m) militare	mustaʃfa 'askariy (m)	مستشفى عسكريّ
ferire (vt)	ʒaraḥ	جرح
ferita (f)	ʒurḥ (m)	جرح
ferito (m)	ʒarīḥ (m)	جريح
rimanere ferito	uṣīb bil ʒirāḥ	أصيب بالجراح
grave (ferita ~)	χaṭīr	خطير

185. Guerra. Azioni militari. Parte 2

prigionia (f)	asr (m)	أسر
fare prigioniero	asar	أسر
essere prigioniero	kān asīran	كان أسيرًا
essere fatto prigioniero	waqaʿ fil asr	وقع في الأسر
campo (m) di concentramento	muʿaskar iʿtiqāl (m)	معسكر إعتقال
prigioniero (m) di guerra	asīr (m)	أسير
fuggire (vi)	harab	هرب
tradire (vt)	χān	خان
traditore (m)	χā'in (m)	خائن
tradimento (m)	χiyāna (f)	خيانة
fucilare (vt)	aʿdam ramyan bir raṣāṣ	أعدم رميًا بالرصاص
fucilazione (f)	iʿdām ramyan bir raṣāṣ (m)	إعدام رميًا بالرصاص
divisa (f) militare	al 'itād al 'askariy (m)	العتاد العسكريّ
spallina (f)	katāfa (f)	كتافة
maschera (f) antigas	qināʿ al ɣāz (m)	قناع الغاز
radiotrasmettitore (m)	ʒihāz lāsilkiy (m)	جهاز لاسلكيّ
codice (m)	ʃifra (f)	شفرة
complotto (m)	sirriyya (f)	سرّية
parola (f) d'ordine	kalimat al murūr (f)	كلمة مرور
mina (f)	laɣm (m)	لغم

| minare (~ la strada) | layyam | لغّم |
| campo (m) minato | ḥaql alyām (m) | حقل ألغام |

allarme (m) aereo	inðār ʒawwiy (m)	إنذار جوّيّ
allarme (m)	inðār (m)	إنذار
segnale (m)	iʃāra (f)	إشارة
razzo (m) di segnalazione	iʃāra muḍīʾa (f)	إشارة مضيئة

quartier (m) generale	maqarr (m)	مقرّ
esplorazione (m)	kaʃʃāfat al istiṭlāʿ (f)	كشّافة الإستطلاع
situazione (f)	waḍʿ (m)	وضع
rapporto (m)	taqrīr (m)	تقرير
agguato (m)	kamīn (m)	كمين
rinforzo (m)	imdādāt ʿaskariyya (pl)	إمدادات عسكريّة

bersaglio (m)	hadaf (m)	هدف
terreno (m) di caccia	ḥaql taʒārib (m)	حقل تجارب
manovre (f pl)	munāwarāt ʿaskariyya (pl)	مناورات عسكريّة

panico (m)	ðuʿr (m)	ذعر
devastazione (f)	damār (m)	دمار
distruzione (m)	ḥiṭām (pl)	حطام
distruggere (vt)	dammar	دمّر

sopravvivere (vi, vt)	naʒa	نجا
disarmare (vt)	ʒarrad min as silāḥ	جرّد من السلاح
maneggiare (una pistola, ecc.)	istaʿmal	إستعمل

| Attenti! | intibāh! | إنتباه! |
| Riposo! | istariḥ! | إسترح! |

atto (m) eroico	maʾθara (f)	مأثرة
giuramento (m)	qasam (m)	قسم
giurare (vi)	aqsam	أقسم

decorazione (f)	wisām (m)	وسام
decorare (qn)	manaḥ	منح
medaglia (f)	midāliyya (f)	ميداليّة
ordine (m) (~ al Merito)	wisām ʿaskariy (m)	وسام عسكريّ

vittoria (f)	intiṣār - fawz (m)	إنتصار, فوز
sconfitta (m)	hazīma (f)	هزيمة
armistizio (m)	hudna (f)	هدنة

bandiera (f)	rāyat al maʿraka (f)	راية المعركة
gloria (f)	maʒd (m)	مجد
parata (f)	istiʿrāḍ ʿaskariy (m)	إستعراض عسكريّ
marciare (in parata)	sār	سار

186. Armi

| armi (f pl) | asliḥa (pl) | أسلحة |
| arma (f) da fuoco | asliḥa nāriyya (pl) | أسلحة ناريّة |

arma (f) bianca	asliḥa bayḍā' (pl)	أسلحة بيضاء
armi (f pl) chimiche	asliḥa kīmyā'iyya (pl)	أسلحة كيميائيّة
nucleare (agg)	nawawiy	نوويّ
armi (f pl) nucleari	asliḥa nawawiyya (pl)	أسلحة نوويّة
bomba (f)	qumbula (f)	قنبلة
bomba (f) atomica	qumbula nawawiyya (f)	قنبلة نوويّة
pistola (f)	musaddas (m)	مسدّس
fucile (m)	bunduqiyya (f)	بندقيّة
mitra (m)	bunduqiyya huǧūmiyya (f)	بندقيّة هجوميّة
mitragliatrice (f)	raʃʃāʃ (m)	رشّاش
bocca (f)	fūha (f)	فوهة
canna (f)	sabṭāna (f)	سبطانة
calibro (m)	ʿiyār (m)	عيار
grilletto (m)	zinād (m)	زناد
mirino (m)	muṣawwib (m)	مصوّب
caricatore (m)	maχzan (m)	مخزن
calcio (m)	ʿaqab al bunduqiyya (m)	عقب البندقيّة
bomba (f) a mano	qumbula yadawiyya (f)	قنبلة يدويّة
esplosivo (m)	mawādd mutafaǧǧira (pl)	موادّ متفجّرة
pallottola (f)	ruṣāṣa (f)	رصاصة
cartuccia (f)	χarṭūʃa (f)	خرطوشة
carica (f)	ḥaʃwa (f)	حشوة
munizioni (f pl)	ðaχā'ir (pl)	ذخائر
bombardiere (m)	qāðifat qanābil (f)	قاذفة قنابل
aereo (m) da caccia	ṭā'ira muqātila (f)	طائرة مقاتلة
elicottero (m)	hiliukūbtir (m)	هليكوبتر
cannone (m) antiaereo	madfaθ muḍādd liṭ ṭa'irāṭ (m)	مدفع مضادّ للطائرات
carro (m) armato	dabbāba (f)	دبّابة
cannone (m)	madfaʿ ad dabbāba (m)	مدفع الدبّابة
artiglieria (f)	madfaʿiyya (f)	مدفعيّة
cannone (m)	madfaʿ (m)	مدفع
mirare a ...	ṣawwab	صوّب
proiettile (m)	qaðīfa (f)	قذيفة
granata (f) da mortaio	qumbula hāwun (f)	قنبلة هاون
mortaio (m)	hāwun (m)	هاون
scheggia (f)	ʃaẓiyya (f)	شظيّة
sottomarino (m)	ɣawwāṣa (f)	غوّاصة
siluro (m)	ṭurbīd (m)	طوربيد
missile (m)	ṣārūχ (m)	صاروخ
caricare (~ una pistola)	ḥaʃa	حشا
sparare (vi)	aṭlaq an nār	أطلق النار
puntare su ...	ṣawwab	صوّب
baionetta (f)	ḥarba (f)	حربة
spada (f)	ʃīʃ (m)	شيش

sciabola (f)	sayf munḥani (m)	سيف منحن
lancia (f)	rumḥ (m)	رمح
arco (m)	qaws (m)	قوس
freccia (f)	sahm (m)	سهم
moschetto (m)	muskīt (m)	مسكيت
balestra (f)	qaws musta'raḍ (m)	قوس مستعرض

187. Gli antichi

primitivo (agg)	bidā'iy	بدائيّ
preistorico (agg)	ma qabl at tarīx	ما قبل التاريخ
antico (agg)	qadīm	قديم

Età (f) della pietra	al 'aṣr al ḥaʒariy (m)	العصر الحجريّ
Età (f) del bronzo	al 'aṣr al brunziy (m)	العصر البرونزيّ
epoca (f) glaciale	al 'aṣr al ʒalīdiy (m)	العصر الجليديّ

tribù (f)	qabīla (f)	قبيلة
cannibale (m)	'ākil laḥm al baʃar (m)	آكل لحم البشر
cacciatore (m)	ṣayyād (m)	صيّاد
cacciare (vt)	iṣṭād	إصطاد
mammut (m)	mamūθ (m)	ماموث

caverna (f), grotta (f)	kahf (m)	كهف
fuoco (m)	nār (f)	نار
falò (m)	nār muxayyam (m)	نار مخيّم
pittura (f) rupestre	rasm fil kahf (m)	رسم في الكهف

strumento (m) di lavoro	adāt (f)	أداة
lancia (f)	rumḥ (m)	رمح
ascia (f) di pietra	fa's ḥaʒariy (m)	فأس حجريّ
essere in guerra	ḥārab	حارب
addomesticare (vt)	daʒʒan	دجن

| idolo (m) | ṣanam (m) | صنم |
| idolatrare (vt) | 'abad | عبد |

| superstizione (f) | xurāfa (f) | خرافة |
| rito (m) | mansak (m) | منسك |

| evoluzione (f) | taṭawwur (m) | تطوّر |
| sviluppo (m) | numuww (m) | نمو |

| estinzione (f) | ixtifā' (m) | إختفاء |
| adattarsi (vr) | takayyaf | تكيّف |

archeologia (f)	'ilm al 'āθār (m)	علم الآثار
archeologo (m)	'ālim 'āθār (m)	عالم آثار
archeologico (agg)	aθariy	أثريّ

sito (m) archeologico	mawqi' ḥafr (m)	موقع حفر
scavi (m pl)	tanqīb (m)	تنقيب
reperto (m)	iktiʃāf (m)	إكتشاف
frammento (m)	qiṭ'a (f)	قطعة

188. Il Medio Evo

popolo (m)	ʃaʿb (m)	شعب
popoli (m pl)	ʃuʿūb (pl)	شعوب
tribù (f)	qabīla (f)	قبيلة
tribù (f pl)	qabā'il (pl)	قبائل
barbari (m pl)	al barābira (pl)	البرابرة
galli (m pl)	al ɣalyūn (pl)	الغاليون
goti (m pl)	al qūṭiyyūn (pl)	القوطيّون
slavi (m pl)	as silāf (pl)	السلاف
vichinghi (m pl)	al vaykinɣ (pl)	الفايكينغ
romani (m pl)	ar rūmān (pl)	الرومان
romano (agg)	rumāniy	رومانيّ
bizantini (m pl)	bizanṭiyyūn (pl)	بيزنطيّون
Bisanzio (m)	bīzanṭa (f)	بيزنطة
bizantino (agg)	bizanṭiy	بيزنطيّ
imperatore (m)	imbiraṭūr (m)	إمبراطور
capo (m)	zaʿīm (m)	زعيم
potente (un re ~)	qawiy	قويّ
re (m)	malik (m)	ملك
governante (m) (sovrano)	ḥākim (m)	حاكم
cavaliere (m)	fāris (m)	فارس
feudatario (m)	iqṭāʿiy (m)	إقطاعيّ
feudale (agg)	iqṭāʿiy	إقطاعيّ
vassallo (m)	muqṭaʿ (m)	مقطع
duca (m)	dūq (m)	دوق
conte (m)	īrl (m)	إيرل
barone (m)	barūn (m)	بارون
vescovo (m)	usquf (m)	أسقف
armatura (f)	dirʿ (m)	درع
scudo (m)	turs (m)	ترس
spada (f)	sayf (m)	سيف
visiera (f)	ḥāffa amāmiyya lil χūða (f)	حافّة أماميّة للخوذة
cotta (f) di maglia	dirʿ az zarad (m)	درع الزرد
crociata (f)	ḥamla ṣalībiyya (f)	حملة صليبيّة
crociato (m)	ṣalībiy (m)	صليبيّ
territorio (m)	arḍ (f)	أرض
attaccare (vt)	haʒam	هجم
conquistare (vt)	fataḥ	فتح
occupare (invadere)	iḥtall	إحتلّ
assedio (m)	ḥiṣār (m)	حصار
assediato (agg)	muḥāṣar	محاصر
assediare (vt)	ḥāṣar	حاصر
inquisizione (f)	maḥākim at taftīʃ (pl)	محاكم التفتيش
inquisitore (m)	mufattiʃ (m)	مفتش

tortura (f)	ta'ðīb (m)	تعذيب
crudele (agg)	qās	قاس
eretico (m)	harṭūqiy (m)	هرطوقيّ
eresia (f)	harṭaqa (f)	هرطقة

navigazione (f)	as safar bil baḥr (m)	السفر بالبحر
pirata (m)	qurṣān (m)	قرصان
pirateria (f)	qarṣana (f)	قرصنة
arrembaggio (m)	muhāʒmat safīna (f)	مهاجمة سفينة
bottino (m)	ɣanīma (f)	غنيمة
tesori (m)	kunūz (pl)	كنوز

scoperta (f)	iktiʃāf (m)	إكتشاف
scoprire (~ nuove terre)	iktaʃaf	إكتشف
spedizione (f)	ba'θa (f)	بعثة

moschettiere (m)	fāris (m)	فارس
cardinale (m)	kardināl (m)	كاردينال
araldica (f)	ʃi'ārāt an nabāla (pl)	شعارات النبالة
araldico (agg)	χāṣṣ bi ʃi'ārāt an nabāla	خاصّ بشعارات النبالة

189. Leader. Capo. Le autorità

re (m)	malik (m)	ملك
regina (f)	malika (f)	ملكة
reale (agg)	malakiy	ملكيّ
regno (m)	mamlaka (f)	مملكة

principe (m)	amīr (m)	أمير
principessa (f)	amīra (f)	أميرة

presidente (m)	ra'īs (m)	رئيس
vicepresidente (m)	nā'ib ar ra'īs (m)	نائب الرئيس
senatore (m)	'uḍw maʒlis aʃ ʃuyūχ (m)	عضو مجلس الشيوخ

monarca (m)	'āhil (m)	عاهل
governante (m) (sovrano)	ḥākim (m)	حاكم
dittatore (m)	diktatūr (m)	ديكتاتور
tiranno (m)	ṭāɣiya (f)	طاغية
magnate (m)	ra'smāliy kabīr (m)	رأسمالي كبير

direttore (m)	mudīr (m)	مدير
capo (m)	ra'īs (m)	رئيس
dirigente (m)	mudīr (m)	مدير
capo (m)	ra'īs (m), mudīr (m)	رئيس، مدير
proprietario (m)	ṣāḥib (m)	صاحب

leader (m)	za'īm (m)	زعيم
capo (m) (~ delegazione)	ra'īs (m)	رئيس
autorità (f pl)	suluṭāt (pl)	سلطات
superiori (m pl)	ru'asā' (pl)	رؤساء

governatore (m)	muḥāfiẓ (m)	محافظ
console (m)	qunṣul (m)	قنصل

diplomatico (m)	diblumāsiy (m)	دبلوماسيّ
sindaco (m)	ra'īs al baladiyya (m)	رئيس البلديّة
sceriffo (m)	ʃarīf (m)	شريف

imperatore (m)	imbiraṭūr (m)	إمبراطور
zar (m)	qayṣar (m)	قيصر
faraone (m)	fir'awn (m)	فرعون
khan (m)	χān (m)	خان

190. Strada. Via. Indicazioni

| strada (f) | ṭarīq (m) | طريق |
| cammino (m) | ṭarīq (m) | طريق |

superstrada (f)	ṭarīq sarī' (m)	طريق سريع
autostrada (f)	ṭarīq sarī' (m)	طريق سريع
strada (f) statale	ṭarīq waṭaniy (m)	طريق وطنيّ

| strada (f) principale | ṭarīq ra'īsiy (m) | طريق رئيسيّ |
| strada (f) sterrata | ṭarīq turābiy (m) | طريق ترابيّ |

| viottolo (m) | mamarr (m) | ممرّ |
| sentiero (m) | mamarr (m) | ممرّ |

Dove? (~ è?)	ayna?	أين؟
Dove? (~ vai?)	ila ayna?	إلى أين؟
Di dove?, Da dove?	min ayna?	من أين؟

| direzione (f) | ittiʒāh (m) | إتّجاه |
| indicare (~ la strada) | aʃār | أشار |

a sinistra (girare ~)	ilaʃ ʃimāl	إلى الشمال
a destra (girare ~)	ilal yamīn	إلى اليمين
dritto (avv)	ilal amām	إلى الأمام
indietro (tornare ~)	ilal warā'	إلى الوراء

curva (f)	mun'aṭif (m)	منعطف
girare (~ a destra)	in'aṭaf	إنعطف
fare un'inversione a U	istadār lil χalf	إستدار للخلف

| essere visibile | ẓahar | ظهر |
| apparire (vi) | ẓahar | ظهر |

sosta (f) (breve fermata)	istirāḥa (f)	إستراحة
riposarsi, fermarsi (vr)	istarāḥ	إستراح
riposo (m)	istirāḥa (f)	إستراحة

perdersi (vr)	tāh	تاه
portare verso ...	adda ila ...	أدّى إلى...
raggiungere (arrivare a)	waṣal ila ...	وصل إلى...
tratto (m) di strada	imtidād (m)	إمتداد

| asfalto (m) | asfalt (m) | اسفلت |
| cordolo (m) | ḥāffat ar raṣīf (f) | حافة الرصيف |

fosso (m)	χandaq (m)	خندق
tombino (m)	faṭḥat ad duχūl (f)	فتحة الدخول
ciglio (m) della strada	ḥāffat aṭ ṭarīq (f)	حافة الطريق
buca (f)	ḥufra (f)	حفرة
andare (a piedi)	maʃa	مشى
sorpassare (vt)	laḥiq bi	لحق بـ
passo (m)	χaṭwa (f)	خطوة
a piedi	māʃiyan	ماشياً
sbarrare (~ la strada)	sadd	سدّ
sbarra (f)	ḥāʒiz ṭarīq (m)	حاجز طريق
vicolo (m) cieco	ṭarīq masdūd (m)	طريق مسدود

191. Infrangere la legge. Criminali. Parte 1

bandito (m)	qāṭi' ṭarīq (m)	قاطع طريق
delitto (m)	ʒarīma (f)	جريمة
criminale (m)	muʒrim (m)	مجرم
ladro (m)	sāriq (m)	سارق
rubare (vi, vt)	saraq	سرق
furto (m), ruberia (f)	sirqa (f)	سرقة
rapire (vt)	χaṭaf	خطف
rapimento (m)	χaṭf (m)	خطف
rapitore (m)	χāṭif (m)	خاطف
riscatto (m)	fidya (f)	فدية
chiedere il riscatto	ṭalab fidya	طلب فدية
rapinare (vt)	nahab	نهب
rapina (f)	nahb (m)	نهب
rapinatore (m)	nahhāb (m)	نهّاب
estorcere (vt)	balṭaʒ	بلطج
estorsore (m)	balṭaʒiy (m)	بلطجيّ
estorsione (f)	balṭaʒa (f)	بلطجة
uccidere (vt)	qatal	قتل
assassinio (m)	qatl (m)	قتل
assassino (m)	qātil (m)	قاتل
sparo (m)	ṭalaqat nār (f)	طلقة نار
tirare un colpo	aṭlaq an nār	أطلق النار
abbattere (con armi da fuoco)	qatal bir ruṣāṣ	قتل بالرصاص
sparare (vi)	aṭlaq an nār	أطلق النار
sparatoria (f)	iṭlāq an nār (m)	إطلاق النار
incidente (m) (rissa, ecc.)	ḥādiθ (m)	حادث
rissa (f)	'irāk (m)	عراك
Aiuto!	sā'idni	ساعدني!
vittima (f)	ḍaḥiyya (f)	ضحيّة

danneggiare (vt)	atlaf	أتلف
danno (m)	χasāra (f)	خسارة
cadavere (m)	ʒuθθa (f)	جثّة
grave (reato ~)	'anīf	عنيف

aggredire (vt)	haʒam	هجم
picchiare (vt)	ḍarab	ضرب
malmenare (picchiare)	ḍarab	ضرب
sottrarre (vt)	salab	سلب
accoltellare a morte	ṭa'an ḥatta al mawt	طعن حتّى الموت
mutilare (vt)	ʃawwah	شوّه
ferire (vt)	ʒaraḥ	جرح

ricatto (m)	balṭaʒa (f)	بلطجة
ricattare (vt)	ibtazz	إبتزّ
ricattatore (m)	mubtazz (m)	مبتزّ

estorsione (f)	naṣb (m)	نصب
estortore (m)	naṣṣāb (m)	نصّاب
gangster (m)	raʒul 'iṣāba (m)	رجل عصابة
mafia (f)	māfia (f)	مافيا

borseggiatore (m)	naʃʃāl (m)	نشّال
scassinatore (m)	liṣṣ buyūt (m)	لصّ بيوت
contrabbando (m)	tahrīb (m)	تهريب
contrabbandiere (m)	muharrib (m)	مهرب

falsificazione (f)	tazwīr (m)	تزوير
falsificare (vt)	zawwar	زوّر
falso, falsificato (agg)	muzawwar	مزوّر

192. Infrangere la legge. Criminali. Parte 2

stupro (m)	iχtiṣāb (m)	إغتصاب
stuprare (vt)	iχtaṣab	إغتصب
stupratore (m)	muχtaṣib (m)	مغتصب
maniaco (m)	mahwūs (m)	مهووس

prostituta (f)	'āhira (f)	عاهرة
prostituzione (f)	da'āra (f)	دعارة
magnaccia (m)	qawwād (m)	قوّاد

drogato (m)	mudmin muχaddirāt (m)	مدمن مخدّرات
trafficante (m) di droga	tāʒir muχaddirāt (m)	تاجر مخدّرات

far esplodere	faʒʒar	فجّر
esplosione (f)	infiʒār (m)	إنفجار
incendiare (vt)	aʃ'al an nār	أشعل النار
incendiario (m)	muʃ'il ḥarīq (m)	مشعل حريق

terrorismo (m)	irhāb (m)	إرهاب
terrorista (m)	irhābiy (m)	إرهابيّ
ostaggio (m)	rahīna (m)	رهينة
imbrogliare (vt)	iḥtāl	إحتال

imbroglio (m)	iḥtiyāl (m)	إحتيال
imbroglione (m)	muḥtāl (m)	محتال
corrompere (vt)	raʃa	رشا
corruzione (f)	irtiʃāʾ (m)	إرتشاء
bustarella (f)	raʃwa (f)	رشوة
veleno (m)	samm (m)	سمّ
avvelenare (vt)	sammam	سمّم
avvelenarsi (vr)	sammam nafsahu	سمّم نفسه
suicidio (m)	intiḥār (m)	إنتحار
suicida (m)	muntaḥir (m)	منتحر
minacciare (vt)	haddad	هدّد
minaccia (f)	tahdīd (m)	تهديد
attentare (vi)	ḥāwal iɣtiyāl	حاول الإغتيال
attentato (m)	muḥāwalat iɣtiyāl (f)	محاولة إغتيال
rubare (~ una macchina)	saraq	سرق
dirottare (~ un aereo)	iɣtataf	إختطف
vendetta (f)	intiqām (m)	إنتقام
vendicare (vt)	intaqam	إنتقم
torturare (vt)	ʿaððab	عذّب
tortura (f)	taʿðīb (m)	تعذيب
maltrattare (vt)	ʿaððab	عذّب
pirata (m)	qurṣān (m)	قرصان
teppista (m)	wabaʃ (m)	وبش
armato (agg)	musallaḥ	مسلح
violenza (f)	ʿunf (m)	عنف
illegale (agg)	ɣayr qānūniy	غير قانونيّ
spionaggio (m)	taʒassas (m)	تجسّس
spiare (vi)	taʒassas	تجسّس

193. Polizia. Legge. Parte 1

giustizia (f)	qaḍāʾ (m)	قضاء
tribunale (m)	maḥkama (f)	محكمة
giudice (m)	qāḍi (m)	قاض
giurati (m)	muḥallafūn (pl)	محلّفون
processo (m) con giuria	qaḍāʾ al muḥallafīn (m)	قضاء المحلّفين
giudicare (vt)	ḥakam	حكم
avvocato (m)	muḥāmi (m)	محام
imputato (m)	muddaʿa ʿalayh (m)	مدّعى عليه
banco (m) degli imputati	qafṣ al ittihām (m)	قفص الإتّهام
accusa (f)	ittihām (m)	إتّهام
accusato (m)	muttaham (m)	متّهم

condanna (f)	ḥukm (m)	حكم
condannare (vt)	ḥakam	حكم
colpevole (m)	muðnib (m)	مذنب
punire (vt)	ʻāqab	عاقب
punizione (f)	ʻuqūba (f),ʻiqāb (m)	عقوبة, عقاب
multa (f), ammenda (f)	ɣarāma (f)	غرامة
ergastolo (m)	siʒn mada al ḥayāt (m)	سجن مدى الحياة
pena (f) di morte	ʻuqūbat ʼiʻdām (f)	عقوبة إعدام
sedia (f) elettrica	kursiy kaharabāʼiy (m)	كرسيّ كهربائيّ
impiccagione (f)	maʃnaqa (f)	مشنقة
giustiziare (vt)	aʻdam	أعدم
esecuzione (f)	iʻdām (m)	إعدام
prigione (f)	siʒn (m)	سجن
cella (f)	zinzāna (f)	زنزانة
scorta (f)	ḥirāsa (f)	حراسة
guardia (f) carceraria	ḥāris siʒn (m)	حارس سجن
prigioniero (m)	saʒīn (m)	سجين
manette (f pl)	aṣfād (pl)	أصفاد
mettere le manette	ṣaffad	صفّد
fuga (f)	hurūb min as siʒn (m)	هروب من السجن
fuggire (vi)	harab	هرب
scomparire (vi)	iχtafa	إختفى
liberare (vt)	aχla sabīl	أخلى سبيل
amnistia (f)	ʻafw ʻāmm (m)	عفو عامّ
polizia (f)	ʃurṭa (f)	شرطة
poliziotto (m)	ʃurṭiy (m)	شرطيّ
commissariato (m)	qism ʃurṭa (m)	قسم شرطة
manganello (m)	hirāwat aʃ ʃurṭiy (f)	هراوة الشرطيّ
altoparlante (m)	būq (m)	بوق
macchina (f) di pattuglia	sayyārat dawrīyyāt (f)	سيّارة دوريّات
sirena (f)	ṣaffārat inðār (f)	صفّارة إنذار
mettere la sirena	aṭlaq sirīna	أطلق سرينة
suono (m) della sirena	ṣawt sirīna (m)	صوت سرينة
luogo (m) del crimine	masraḥ al ʒarīma (m)	مسرح الجريمة
testimone (m)	ʃāhid (m)	شاهد
libertà (f)	ḥurriyya (f)	حرّية
complice (m)	ʃarīk fil ʒarīma (m)	شريك في الجريمة
fuggire (vi)	harab	هرب
traccia (f)	aθar (m)	أثر

194. Polizia. Legge. Parte 2

ricerca (f) (~ di un criminale)	baḥθ (m)	بحث
cercare (vt)	baḥaθ	بحث

sospetto (m)	ʃubha (f)	شبهة
sospetto (agg)	maʃbūh	مشبوه
fermare (vt)	awqaf	أوقف
arrestare (qn)	i'taqal	إعتقل
causa (f)	qaḍiyya (f)	قضيّة
inchiesta (f)	taḥqīq (m)	تحقيق
detective (m)	muḥaqqiq (m)	محقّق
investigatore (m)	mufattiʃ (m)	مفتّش
versione (f)	riwāya (f)	رواية
movente (m)	dāfi' (m)	دافع
interrogatorio (m)	istiʒwāb (m)	إستجواب
interrogare (sospetto)	istaʒwab	إستجوب
interrogare (vicini)	istanṭaq	إستنطق
controllo (m) (~ di polizia)	faḥṣ (m)	فحص
retata (f)	ʒam' (m)	جمع
perquisizione (f)	taftīʃ (m)	تفتيش
inseguimento (m)	muṭārada (f)	مطاردة
inseguire (vt)	ṭārad	طارد
essere sulle tracce	tāba'	تابع
arresto (m)	i'tiqāl (m)	إعتقال
arrestare (qn)	i'taqal	إعتقل
catturare (~ un ladro)	qabaḍ	قبض
cattura (f)	qabḍ (m)	قبض
documento (m)	waθīqa (f)	وثيقة
prova (f), reperto (m)	dalīl (m)	دليل
provare (vt)	aθbat	أثبت
impronta (f) del piede	baṣma (f)	بصمة
impronte (f pl) digitali	baṣamāt al aṣābi' (pl)	بصمات الأصابع
elemento (m) di prova	dalīl (m)	دليل
alibi (m)	daf' bil ɣayba (f)	دفع بالغيبة
innocente (agg)	barī'	بريء
ingiustizia (f)	ẓulm (m)	ظلم
ingiusto (agg)	ɣayr 'ādil	غير عادل
criminale (agg)	iʒrāmiy	إجراميّ
confiscare (vt)	ṣādar	صادر
droga (f)	muxaddirāt (pl)	مخدّرات
armi (f pl)	silāḥ (m)	سلاح
disarmare (vt)	ʒarrad min as silāḥ	جرّد من السلاح
ordinare (vt)	amar	أمر
sparire (vi)	ixtafa	إختفى
legge (f)	qānūn (m)	قانون
legale (agg)	qānūniy, ʃar'iy	قانونيّ، شرعيّ
illegale (agg)	ɣayr qanūniy, ɣayr ʃar'i	غير قانونيّ، غير شرعيّ
responsabilità (f)	mas'ūliyya (f)	مسؤوليّة
responsabile (agg)	mas'ūl (m)	مسؤول

LA NATURA

La Terra. Parte 1

195. L'Universo

cosmo (m)	faḍā' (m)	فضاء
cosmico, spaziale (agg)	faḍā'iy	فضائيّ
spazio (m) cosmico	faḍā' (m)	فضاء
mondo (m)	'ālam (m)	عالم
universo (m)	al kawn (m)	الكون
galassia (f)	al maʒarra (f)	المجرّة
stella (f)	naʒm (m)	نجم
costellazione (f)	burʒ (m)	برج
pianeta (m)	kawkab (m)	كوكب
satellite (m)	qamar ṣinā'iy (m)	قمر صناعيّ
meteorite (m)	haʒar nayzakiy (m)	حجر نيزكيّ
cometa (f)	muðannab (m)	مذنّب
asteroide (m)	kuwaykib (m)	كويكب
orbita (f)	madār (m)	مدار
ruotare (vi)	dār	دار
atmosfera (f)	al ɣilāf al ʒawwiy (m)	الغلاف الجوّيّ
il Sole	aʃ ʃams (f)	الشمس
sistema (m) solare	al maʒmū'a aʃ ʃamsiyya (f)	المجموعة الشمسيّة
eclisse (f) solare	kusūf aʃ ʃams (m)	كسوف الشمس
la Terra	al arḍ (f)	الأرض
la Luna	al qamar (m)	القمر
Marte (m)	al mirrīχ (m)	المرّيخ
Venere (f)	az zahra (f)	الزهرة
Giove (m)	al muʃtari (m)	المشتري
Saturno (m)	zuḥal (m)	زحل
Mercurio (m)	'aṭārid (m)	عطارد
Urano (m)	urānus (m)	اورانوس
Nettuno (m)	nibtūn (m)	نبتون
Plutone (m)	blūtu (m)	بلوتو
Via (f) Lattea	darb at tabbāna (m)	درب التبّانة
Orsa (f) Maggiore	ad dubb al akbar (m)	الدبّ الأكبر
Stella (f) Polare	naʒm al 'quṭb (m)	نجم القطب
marziano (m)	sākin al mirrīχ (m)	ساكن المرّيخ
extraterrestre (m)	faḍā'iy (m)	فضائيّ

alieno (m)	faḍā'iy (m)	فضائيّ
disco (m) volante	ṭabaq ṭā'ir (m)	طبق طائر
nave (f) spaziale	markaba faḍā'iyya (f)	مركبة فضائيّة
stazione (f) spaziale	maḥaṭṭat faḍā' (f)	محطّة فضاء
lancio (m)	intilāq (m)	إنطلاق
motore (m)	mutūr (m)	موتور
ugello (m)	manfaθ (m)	منفث
combustibile (m)	wuqūd (m)	وقود
cabina (f) di pilotaggio	kabīna (f)	كابينة
antenna (f)	hawā'iy (m)	هوائيّ
oblò (m)	kuwwa mustadīra (f)	كوّة مستديرة
batteria (f) solare	lawḥ ʃamsiy (m)	لوح شمسيّ
scafandro (m)	baðlat al faḍā' (f)	بذلة الفضاء
imponderabilità (f)	in'idām al wazn (m)	إنعدام الوزن
ossigeno (m)	uksiʒīn (m)	أكسجين
aggancio (m)	rasw (m)	رسو
agganciarsi (vr)	rasa	رسا
osservatorio (m)	marṣad (m)	مرصد
telescopio (m)	tiliskūp (m)	تلسكوب
osservare (vt)	rāqab	راقب
esplorare (vt)	istakʃaf	إستكشف

196. La Terra

la Terra	al arḍ (f)	الأرض
globo (m) terrestre	al kura al arḍiyya (f)	الكرة الأرضيّة
pianeta (m)	kawkab (m)	كوكب
atmosfera (f)	al ɣilāf al ʒawwiy (m)	الغلاف الجوّيّ
geografia (f)	ʒuɣrāfiya (f)	جغرافيا
natura (f)	ṭabī'a (f)	طبيعة
mappamondo (m)	namūðaʒ lil kura al arḍiyya (m)	نموذج للكرة الأرضيّة
carta (f) geografica	χarīṭa (f)	خريطة
atlante (m)	aṭlas (m)	أطلس
Europa (f)	urūbba (f)	أوروبّا
Asia (f)	'āsiya (f)	آسيا
Africa (f)	afrīqiya (f)	أفريقيا
Australia (f)	usturāliya (f)	أستراليا
America (f)	amrīka (f)	أمريكا
America (f) del Nord	amrīka aʃ ʃimāliyya (f)	أمريكا الشماليّة
America (f) del Sud	amrīka al ʒanūbiyya (f)	أمريكا الجنوبيّة
Antartide (f)	al quṭb al ʒanūbiy (m)	القطب الجنوبيّ
Artico (m)	al quṭb aʃ ʃimāliy (m)	القطب الشماليّ

197. Punti cardinali

nord (m)	ʃimāl (m)	شمال
a nord	ilaʃ ʃimāl	إلى الشمال
al nord	fiʃ ʃimāl	في الشمال
del nord (agg)	ʃimāliy	شماليّ
sud (m)	ʒanūb (m)	جنوب
a sud	ilal ʒanūb	إلى الجنوب
al sud	fil ʒanūb	في الجنوب
del sud (agg)	ʒanūbiy	جنوبيّ
ovest (m)	ɣarb (m)	غرب
a ovest	ilal ɣarb	إلى الغرب
all'ovest	fil ɣarb	في الغرب
dell'ovest, occidentale	ɣarbiy	غربيّ
est (m)	ʃarq (m)	شرق
a est	ilaʃ ʃarq	إلى الشرق
all'est	fiʃ ʃarq	في الشرق
dell'est, orientale	ʃarqiy	شرقيّ

198. Mare. Oceano

mare (m)	baḥr (m)	بحر
oceano (m)	muḥīṭ (m)	محيط
golfo (m)	χalīʒ (m)	خليج
stretto (m)	maḍīq (m)	مضيق
terra (f) (terra firma)	barr (m)	برّ
continente (m)	qārra (f)	قارّة
isola (f)	ʒazīra (f)	جزيرة
penisola (f)	ʃibh ʒazīra (f)	شبه جزيرة
arcipelago (m)	maʒmū'at ʒuzur (f)	مجموعة جزر
baia (f)	χalīʒ (m)	خليج
porto (m)	mīnā' (m)	ميناء
laguna (f)	buḥayra ʃāṭi'a (f)	بحيرة شاطئة
capo (m)	ra's (m)	رأس
atollo (m)	ʒazīra marʒāniyya istiwā'iyya (f)	جزيرة مرجانيّة إستوائيّة
scogliera (f)	ʃi'āb (pl)	شعاب
corallo (m)	murʒān (m)	مرجان
barriera (f) corallina	ʃi'āb marʒāniyya (pl)	شعاب مرجانيّة
profondo (agg)	'amīq	عميق
profondità (f)	'umq (m)	عمق
abisso (m)	mahwāt (f)	مهواة
fossa (f) (~ delle Marianne)	χandaq (m)	خندق
corrente (f)	tayyār (m)	تيّار
circondare (vt)	aḥāṭ	أحاط

litorale (m)	sāḥil (m)	ساحل
costa (f)	sāḥil (m)	ساحل
alta marea (f)	madd (m)	مدّ
bassa marea (f)	ʒazr (m)	جزر
banco (m) di sabbia	miyāh ḍaḥla (f)	مياه ضحلة
fondo (m)	qāʿ (m)	قاع
onda (f)	mawʒa (f)	موجة
cresta (f) dell'onda	qimmat mawʒa (f)	قمّة موجة
schiuma (f)	zabad al baḥr (m)	زبد البحر
tempesta (f)	ʿāṣifa (f)	عاصفة
uragano (m)	iʿṣār (m)	إعصار
tsunami (m)	tsunāmi (m)	تسونامي
bonaccia (f)	hudūʾ (m)	هدوء
tranquillo (agg)	hādiʾ	هادئ
polo (m)	quṭb (m)	قطب
polare (agg)	quṭby	قطبيّ
latitudine (f)	ʿarḍ (m)	عرض
longitudine (f)	ṭūl (m)	طول
parallelo (m)	mutawāzi (m)	متواز
equatore (m)	χaṭṭ al istiwāʾ (m)	خط الإستواء
cielo (m)	samāʾ (f)	سماء
orizzonte (m)	ufuq (m)	أفق
aria (f)	hawāʾ (m)	هواء
faro (m)	manāra (f)	منارة
tuffarsi (vr)	ɣāṣ	غاص
affondare (andare a fondo)	ɣariq	غرق
tesori (m)	kunūz (pl)	كنوز

199. Nomi dei mari e degli oceani

Oceano (m) Atlantico	al muḥīṭ al aṭlasiy (m)	المحيط الأطلسيّ
Oceano (m) Indiano	al muḥīṭ al hindiy (m)	المحيط الهنديّ
Oceano (m) Pacifico	al muḥīṭ al hādiʾ (m)	المحيط الهادئ
mar (m) Glaciale Artico	al muḥīṭ il mutaʒammid aʃ ʃimāliy (m)	المحيط المتجمّد الشماليّ
mar (m) Nero	al baḥr al aswad (m)	البحر الأسود
mar (m) Rosso	al baḥr al aḥmar (m)	البحر الأحمر
mar (m) Giallo	al baḥr al aṣfar (m)	البحر الأصفر
mar (m) Bianco	al baḥr al abyaḍ (m)	البحر الأبيض
mar (m) Caspio	baḥr qazwīn (m)	بحر قزوين
mar (m) Morto	al baḥr al mayyit (m)	البحر الميّت
mar (m) Mediterraneo	al baḥr al abyaḍ al mutawassiṭ (m)	البحر الأبيض المتوسّط
mar (m) Egeo	baḥr ʾiʒah (m)	بحر إيجة
mar (m) Adriatico	al baḥr al adriyatīkiy (m)	البحر الأدرياتيكيّ

mar (m) Arabico	baḥr al ʻarab (m)	بحر العرب
mar (m) del Giappone	baḥr al yabān (m)	بحر اليابان
mare (m) di Bering	baḥr birinʒ (m)	بحر بيرينغ
mar (m) Cinese meridionale	baḥr aṣ ṣīn al ʒanūbiy (m)	بحر الصين الجنويّ
mar (m) dei Coralli	baḥr al marʒān (m)	بحر المرجان
mar (m) di Tasman	baḥr tasmān (m)	بحر تسمان
mar (m) dei Caraibi	al baḥr al karībiy (m)	البحر الكاريبيّ
mare (m) di Barents	baḥr barints (m)	بحر بارينس
mare (m) di Kara	baḥr kara (m)	بحر كارا
mare (m) del Nord	baḥr aʃ ʃimāl (m)	بحر الشمال
mar (m) Baltico	al baḥr al balṭīq (m)	البحر البلطيق
mare (m) di Norvegia	baḥr an narwīʒ (m)	بحر النرويج

200. Montagne

monte (m), montagna (f)	ʒabal (m)	جبل
catena (f) montuosa	silsilat ʒibāl (f)	سلسلة جبال
crinale (m)	qimam ʒabaliyya (pl)	قمم جبليّة
cima (f)	qimma (f)	قمّة
picco (m)	qimma (f)	قمّة
piedi (m pl)	asfal (m)	أسفل
pendio (m)	munḥadar (m)	منحدر
vulcano (m)	burkān (m)	بركان
vulcano (m) attivo	burkān naʃiṭ (m)	بركان نشط
vulcano (m) inattivo	burkān χāmid (m)	بركان خامد
eruzione (f)	θawrān (m)	ثوران
cratere (m)	fūhat al burkān (f)	فوهة البركان
magma (m)	māγma (f)	ماغما
lava (f)	ḥumam burkāniyya (pl)	حمم بركانيّة
fuso (lava ~a)	munṣahira	منصهرة
canyon (m)	talʻa (m)	تلعة
gola (f)	wādi ḍayyiq (m)	واد ضيّق
crepaccio (m)	ʃaqq (m)	شقّ
precipizio (m)	hāwiya (f)	هاوية
passo (m), valico (m)	mamarr ʒabaliy (m)	ممرّ جبليّ
altopiano (m)	haḍba (f)	هضبة
falesia (f)	ʒurf (m)	جرف
collina (f)	tall (m)	تلّ
ghiacciaio (m)	nahr ʒalīdiy (m)	نهر جليديّ
cascata (f)	ʃallāl (m)	شلّال
geyser (m)	fawwāra ḥārra (m)	فوّارة حارّة
lago (m)	buḥayra (f)	بحيرة
pianura (f)	sahl (m)	سهل
paesaggio (m)	manẓar ṭabīʻiy (m)	منظر طبيعيّ

eco (f)	ṣada (m)	صدى
alpinista (m)	mutasalliq al ʒibāl (m)	متسلّق الجبال
scalatore (m)	mutasalliq ṣuxūr (m)	متسلّق صخور
conquistare (~ una cima)	taɣallab ʿala	تغلّب على
scalata (f)	tasalluq (m)	تسلّق

201. Nomi delle montagne

Alpi (f pl)	ʒibāl al alb (pl)	جبال الألب
Monte (m) Bianco	mūn blūn (m)	مون بلون
Pirenei (m pl)	ʒibāl al barānis (pl)	جبال البرانس
Carpazi (m pl)	ʒibāl al karbāt (pl)	جبال الكاربات
gli Urali (m pl)	ʒibāl al ʾūrāl (pl)	جبال الأورال
Caucaso (m)	ʒibāl al qawqāz (pl)	جبال القوقاز
Monte (m) Elbrus	ʒabal ilbrūs (m)	جبل إلبروس
Monti (m pl) Altai	ʒibāl altāy (pl)	جبال ألتاي
Tien Shan (m)	ʒibāl tian ʃan (pl)	جبال تيان شان
Pamir (m)	ʒibāl bamīr (pl)	جبال بامير
Himalaia (m)	himalāya (pl)	هيمالايا
Everest (m)	ʒabal ivirist (m)	جبل افرست
Ande (f pl)	ʒibāl al andīz (pl)	جبال الأنديز
Kilimangiaro (m)	ʒabal kilimanʒāru (m)	جبل كليمنجارو

202. Fiumi

fiume (m)	nahr (m)	نهر
fonte (f) (sorgente)	ʿayn (m)	عين
letto (m) (~ del fiume)	maʒra an nahr (m)	مجرى النهر
bacino (m)	ḥawḍ (m)	حوض
sfociare nel ...	ṣabb fi ...	صبّ في...
affluente (m)	rāfid (m)	رافد
riva (f)	ḍiffa (f)	ضفّة
corrente (f)	tayyār (m)	تيّار
a valle	f ittiʒāh maʒra an nahr	في إتجاه مجرى النهر
a monte	ḍidd at tayyār	ضد التيّار
inondazione (f)	ɣamr (m)	غمر
piena (f)	fayaḍān (m)	فيضان
straripare (vi)	fāḍ	فاض
inondare (vt)	ɣamar	غمر
secca (f)	miyāh ḍaḥla (f)	مياه ضحلة
rapida (f)	munḥadar an nahr (m)	منحدر النهر
diga (f)	sadd (m)	سدّ
canale (m)	qanāt (f)	قناة
bacino (m) di riserva	xazzān māʾiy (m)	خزّان مائيّ

chiusa (f)	hawīs (m)	هويس
specchio (m) d'acqua	masṭaḥ māʼiy (m)	مسطح مائيّ
palude (f)	mustanqaʻ (m)	مستنقع
pantano (m)	mustanqaʻ (m)	مستنقع
vortice (m)	dawwāma (f)	دوّامة
ruscello (m)	ӡadwal māʼiy (m)	جدول مائيّ
potabile (agg)	aʃ ʃurb	الشرب
dolce (di acqua ~)	ʻaðb	عذب
ghiaccio (m)	ӡalīd (m)	جليد
ghiacciarsi (vr)	taӡammad	تجمّد

203. Nomi dei fiumi

Senna (f)	nahr as sīn (m)	نهر السين
Loira (f)	nahr al lua:r (m)	نهر اللوار
Tamigi (m)	nahr at tīmz (m)	نهر التيمز
Reno (m)	nahr ar rayn (m)	نهر الراين
Danubio (m)	nahr ad danūb (m)	نهر الدانوب
Volga (m)	nahr al vulɣa (m)	نهر الفولغا
Don (m)	nahr ad dūn (m)	نهر الدون
Lena (f)	nahr līna (m)	نهر لينا
Fiume (m) Giallo	an nahr al aṣfar (m)	النهر الأصفر
Fiume (m) Azzurro	nahr al yanɣtsi (m)	نهر اليانغتسي
Mekong (m)	nahr al mikunɣ (m)	نهر الميكونغ
Gange (m)	nahr al ɣānӡ (m)	نهر الغانج
Nilo (m)	nahr an nīl (m)	نهر النيل
Congo (m)	nahr al kunɣu (m)	نهر الكونغو
Okavango	nahr ukavanӡu (m)	نهر اوكافانجو
Zambesi (m)	nahr az zambizi (m)	نهر الزمبيزي
Limpopo (m)	nahr limbubu (m)	نهر ليمبوبو
Mississippi (m)	nahr al mississibbi (m)	نهر الميسيسيبي

204. Foresta

foresta (f)	ɣāba (f)	غابة
forestale (agg)	ɣāba	غابة
foresta (f) fitta	ɣāba kaθīfa (f)	غابة كثيفة
boschetto (m)	ɣāba ṣaɣīra (f)	غابة صغيرة
radura (f)	minṭaqa uzīlat minha al aʃӡār (f)	منطقة أزيلت منها الأشجار
roveto (m)	aӡama (f)	أجمة
boscaglia (f)	ʃuӡayrāt (pl)	شجيرات
sentiero (m)	mamarr (m)	ممرّ
calanco (m)	wādi ḍayyiq (m)	واد ضيّق

albero (m)	ʃaʒara (f)	شجرة
foglia (f)	waraqa (f)	ورقة
fogliame (m)	waraq (m)	ورق
caduta (f) delle foglie	tasāquṭ al awrāq (m)	تساقط الأوراق
cadere (vi)	saqaṭ	سقط
cima (f)	ra's (m)	رأس
ramo (m), ramoscello (m)	ɣuṣn (m)	غصن
ramo (m)	ɣuṣn (m)	غصن
gemma (f)	burʿum (m)	برعم
ago (m)	ʃawka (f)	شوكة
pigna (f)	kūz aṣ ṣanawbar (m)	كوز الصنوبر
cavità (f)	ʒawf (m)	جوف
nido (m)	ʿuʃʃ (m)	عشّ
tana (f) (del fox, ecc.)	ʒuḥr (m)	جحر
tronco (m)	ʒiðʿ (m)	جذع
radice (f)	ʒiðr (m)	جذر
corteccia (f)	liḥā' (m)	لحاء
musco (m)	ṭuḥlub (m)	طحلب
sradicare (vt)	iqtalaʿ	إقتلع
abbattere (~ un albero)	qaṭaʿ	قطع
disboscare (vt)	azāl al ɣābāt	أزال الغابات
ceppo (m)	ʒiðʿ aʃ ʃaʒara (m)	جذع الشجرة
falò (m)	nār muxayyam (m)	نار مخيّم
incendio (m) boschivo	ḥarīq ɣāba (m)	حريق غابة
spegnere (vt)	aṭfa'	أطفأ
guardia (f) forestale	ḥāris al ɣāba (m)	حارس الغابة
protezione (f)	ḥimāya (f)	حماية
proteggere (~ la natura)	ḥama	حمى
bracconiere (m)	sāriq aṣ ṣayd (m)	سارق الصيد
tagliola (f) (~ per orsi)	maṣyada (f)	مصيدة
raccogliere (vt)	ʒamaʿ	جمع
perdersi (vr)	tāh	تاه

205. Risorse naturali

risorse (f pl) naturali	θarawāt ṭabīʿiyya (pl)	ثروات طبيعيّة
minerali (m pl)	maʿādin (pl)	معادن
deposito (m) (~ di carbone)	makāmin (pl)	مكامن
giacimento (m) (~ petrolifero)	ḥaql (m)	حقل
estrarre (vt)	istaxraʒ	إستخرج
estrazione (f)	istixrāʒ (m)	إستخراج
minerale (m) grezzo	xām (m)	خام
miniera (f)	manʒam (m)	منجم
pozzo (m) di miniera	manʒam (m)	منجم
minatore (m)	ʿāmil manʒam (m)	عامل منجم

gas (m)	ɣāz (m)	غاز
gasdotto (m)	χaṭṭ anābīb ɣāz (m)	خط أنابيب غاز
petrolio (m)	naft (m)	نفط
oleodotto (m)	anābīb an naft (pl)	أنابيب النفط
torre (f) di estrazione	bi'r an naft (m)	بئر النفط
torre (f) di trivellazione	ḥaffāra (f)	حفّارة
petroliera (f)	nāqilat an naft (f)	ناقلة النفط
sabbia (f)	raml (m)	رمل
calcare (m)	ḥaʒar kalsiy (m)	حجر كلسيّ
ghiaia (f)	ḥaṣa (m)	حصى
torba (f)	χaθθ faḥm nabātiy (m)	خثّ فحم نباتيّ
argilla (f)	ṭīn (m)	طين
carbone (m)	faḥm (m)	فحم
ferro (m)	ḥadīd (m)	حديد
oro (m)	ðahab (m)	ذهب
argento (m)	fiḍḍa (f)	فضّة
nichel (m)	nikil (m)	نيكل
rame (m)	nuḥās (m)	نحاس
zinco (m)	zink (m)	زنك
manganese (m)	manɣanīz (m)	منغنيز
mercurio (m)	zi'baq (m)	زئبق
piombo (m)	ruṣāṣ (m)	رصاص
minerale (m)	ma'dan (m)	معدن
cristallo (m)	ballūra (f)	بلّورة
marmo (m)	ruχām (m)	رخام
uranio (m)	yurānuim (m)	يورانيوم

La Terra. Parte 2

206. Tempo

tempo (m)	ṭaqs (m)	طقس
previsione (f) del tempo	naʃra ʒawwiyya (f)	نشرة جوّية
temperatura (f)	ḥarāra (f)	حرارة
termometro (m)	tirmūmitr (m)	ترمومتر
barometro (m)	barūmitr (m)	بارومتر
umido (agg)	raṭib	رطب
umidità (f)	ruṭūba (f)	رطوبة
caldo (m), afa (f)	ḥarāra (f)	حرارة
molto caldo (agg)	ḥārr	حارّ
fa molto caldo	al ʒaww ḥārr	الجوّ حارّ
fa caldo	al ʒaww dāfi'	الجوّ دافئ
caldo, mite (agg)	dāfi'	دافئ
fa freddo	al ʒaww bārid	الجوّ بارد
freddo (agg)	bārid	بارد
sole (m)	ʃams (f)	شمس
splendere (vi)	aḍā'	أضاء
di sole (una giornata ~)	muʃmis	مشمس
sorgere, levarsi (vr)	ʃaraq	شرق
tramontare (vi)	ɣarab	غرب
nuvola (f)	saḥāba (f)	سحابة
nuvoloso (agg)	ɣā'im	غائم
nube (f) di pioggia	saḥābat maṭar (f)	سحابة مطر
nuvoloso (agg)	ɣā'im	غائم
pioggia (f)	maṭar (m)	مطر
piove	innaha tamṭur	إنّها تمطر
piovoso (agg)	mumṭir	ممطر
piovigginare (vi)	raðð	رذّ
pioggia (f) torrenziale	maṭar munhamir (f)	مطر منهمر
acquazzone (m)	maṭar ɣazīr (m)	مطر غزير
forte (una ~ pioggia)	ʃadīd	شديد
pozzanghera (f)	birka (f)	بركة
bagnarsi (~ sotto la pioggia)	ibtall	إبتلّ
foschia (f), nebbia (f)	ḍabāb (m)	ضباب
nebbioso (agg)	muḍabbab	مضبّب
neve (f)	θalʒ (m)	ثلج
nevica	innaha taθluʒ	إنّها تثلج

207. Rigide condizioni metereologiche. Disastri naturali

temporale (m)	'āṣifa ra'diyya (f)	عاصفة رعديّة
fulmine (f)	barq (m)	برق
lampeggiare (vi)	baraq	برق
tuono (m)	ra'd (m)	رعد
tuonare (vi)	ra'ad	رعد
tuona	tar'ad as samā'	ترعد السماء
grandine (f)	maṭar bard (m)	مطر برد
grandina	tamṭur as samā' bardan	تمطر السماء بردًا
inondare (vt)	ɣamar	غمر
inondazione (f)	fayaḍān (m)	فيضان
terremoto (m)	zilzāl (m)	زلزال
scossa (f)	hazza arḍiyya (f)	هزّة أرضيّة
epicentro (m)	markaz az zilzāl (m)	مركز الزلزال
eruzione (f)	θawrān (m)	ثوران
lava (f)	ḥumam burkāniyya (pl)	حمم بركانيّة
tromba (f), tornado (m)	i'ṣār (m)	إعصار
tifone (m)	ṭūfān (m)	طوفان
uragano (m)	i'ṣār (m)	إعصار
tempesta (f)	'āṣifa (f)	عاصفة
tsunami (m)	tsunāmi (m)	تسونامي
ciclone (m)	i'ṣār (m)	إعصار
maltempo (m)	ṭaqs sayyi' (m)	طقس سيّء
incendio (m)	ḥarīq (m)	حريق
disastro (m)	kāriθa (f)	كارثة
meteorite (m)	ḥaʒar nayzakiy (m)	حجر نيزكيّ
valanga (f)	inhiyār θalʒiy (m)	إنهيار ثلجيّ
slavina (f)	inhiyār θalʒiy (m)	إنهيار ثلجيّ
tempesta (f) di neve	'āṣifa θalʒiyya (f)	عاصفة ثلجيّة
bufera (f) di neve	'āṣifa θalʒiyya (f)	عاصفة ثلجيّة

208. Rumori. Suoni

silenzio (m)	ṣamt (m)	صمت
suono (m)	ṣawt (m)	صوت
rumore (m)	ḍawḍā' (f)	ضوضاء
far rumore	'amal aḍ ḍawḍā'	عمل الضوضاء
rumoroso (agg)	muz'iʒ	مزعج
ad alta voce (parlare ~)	bi ṣawt 'āli	بصوت عال
alto (voce ~a)	'āli	عال
costante (agg)	mustamirr	مستمرّ
grido (m)	ṣarχa (f)	صرخة

187

gridare (vi)	ṣaraχ	صرخ
sussurro (m)	hamsa (f)	همسة
sussurrare (vi, vt)	hamas	همس
abbaiamento (m)	nubāḥ (m)	نباح
abbaiare (vi)	nabaḥ	نبح
gemito (m) (~ di dolore)	anīn (m)	أنين
gemere (vi)	anna	أنّ
tosse (f)	su'āl (m)	سعال
tossire (vi)	sa'al	سعل
fischio (m)	taṣfīr (m)	تصفير
fischiare (vi)	ṣaffar	صفّر
bussata (f)	ṭarq, daqq (m)	طرق، دقّ
bussare (vi)	daqq	دقّ
crepitare (vi)	farqa'	فرقع
crepitio (m)	farqa'a (f)	فرقعة
sirena (f)	ṣaffārat inðār (f)	صفّارة إنذار
sirena (f) (di fabbrica)	ṣafir (m)	صفير
emettere un fischio	ṣaffar	صفّر
colpo (m) di clacson	tazmīr (m)	تزمير
clacsonare (vi)	zammar	زمّر

209. Inverno

inverno (m)	ʃitā' (m)	شتاء
invernale (agg)	ʃitawiy	شتويّ
d'inverno	fiʃ ʃitā'	في الشتاء
neve (f)	θalʒ (m)	ثلج
nevica	innaha taθluʒ	إنّها تثلج
nevicata (f)	tasāquṭ aθ θulūʒ (m)	تساقط الثلوج
mucchio (m) di neve	rukma θalʒiyya (f)	ركمة ثلجيّة
fiocco (m) di neve	nudfat θalʒ (f)	ندفة ثلج
palla (f) di neve	kurat θalʒ (f)	كرة ثلج
pupazzo (m) di neve	raʒul θalʒ (m)	رجل ثلج
ghiacciolo (m)	qiṭ'at ʒalīd (f)	قطعة جليد
dicembre (m)	disimbar (m)	ديسمبر
gennaio (m)	yanāyir (m)	يناير
febbraio (m)	fibrāyir (m)	فبراير
gelo (m)	ṣaqī' (m)	صقيع
gelido (aria ~a)	ṣāqi'	صاقع
sotto zero	taḥt aṣ ṣifr	تحت الصفر
primi geli (m pl)	ṣaqī' (m)	صقيع
brina (f)	ṣaqī' (m)	صقيع
freddo (m)	bard (m)	برد
fa freddo	al ʒaww bārid	الجوّ بارد

| pelliccia (f) | mi'taf farw (m) | معطف فرو |
| manopole (f pl) | quffāz muɣlaq (m) | قفّاز مغلق |

ammalarsi (vr)	maraḍ	مرض
raffreddore (m)	bard (m)	برد
raffreddarsi (vr)	aṣābahu al bard	أصابه البرد

ghiaccio (m)	ʒalīd (m)	جليد
ghiaccio (m) trasparente	ʒalīd (m)	جليد
ghiacciarsi (vr)	taʒammad	تجمّد
banco (m) di ghiaccio	ṭāfiya ʒalīdiyya (f)	طافية جليديّة

sci (m pl)	zallāʒāt (pl)	زلّاجات
sciatore (m)	mutazalliʒ bil iski (m)	متزلّج بالإسكي
sciare (vi)	tazallaʒ	تزلّج
pattinare (vi)	tazaḥlaq 'alal ʒalīd	تزحلق على الجليد

Fauna

210. Mammiferi. Predatori

predatore (m)	ḥayawān muftaris (m)	حيوان مفترس
tigre (f)	namir (m)	نمر
leone (m)	asad (m)	أسد
lupo (m)	ði'b (m)	ذئب
volpe (m)	θa'lab (m)	ثعلب
giaguaro (m)	namir amrīkiy (m)	نمر أمريكيّ
leopardo (m)	fahd (m)	فهد
ghepardo (m)	namir ṣayyād (m)	نمر صيّاد
pantera (f)	namir aswad (m)	نمر أسود
puma (f)	būma (m)	بوما
leopardo (m) delle nevi	namir aθ θulūʒ (m)	نمر الثلوج
lince (f)	waʃaq (m)	وشق
coyote (m)	qayūṭ (m)	قيوط
sciacallo (m)	ibn 'āwa (m)	ابن آوى
iena (f)	ḍabu' (m)	ضبع

211. Animali selvatici

animale (m)	ḥayawān (m)	حيوان
bestia (f)	ḥayawān (m)	حيوان
scoiattolo (m)	sinʒāb (m)	سنجاب
riccio (m)	qumfuð (m)	قنفذ
lepre (f)	arnab barriy (m)	أرنب برّيّ
coniglio (m)	arnab (m)	أرنب
tasso (m)	ɣarīr (m)	غرير
procione (f)	rākūn (m)	راكون
criceto (m)	qidād (m)	قداد
marmotta (f)	marmuṭ (m)	مرموط
talpa (f)	χuld (m)	خلد
topo (m)	fa'r (m)	فأر
ratto (m)	ʒurað (m)	جرذ
pipistrello (m)	χuffāʃ (m)	خفاش
ermellino (m)	qāqum (m)	قاقم
zibellino (m)	sammūr (m)	سمّور
martora (f)	dalaq (m)	دلق
donnola (f)	ibn 'irs (m)	إبن عرس
visone (m)	mink (m)	منك

castoro (m)	qundus (m)	قندس
lontra (f)	quḍā‘a (f)	قضاعة
cavallo (m)	ḥiṣān (m)	حصان
alce (m)	mūz (m)	موظ
cervo (m)	ayyil (m)	أيّل
cammello (m)	ӡamal (m)	جمل
bisonte (m) americano	bisūn (m)	بيسون
bisonte (m) europeo	θawr barriy (m)	ثور بريّ
bufalo (m)	ӡāmūs (m)	جاموس
zebra (f)	ḥimār zarad (m)	حمار زرد
antilope (f)	ẓabiy (m)	ظبي
capriolo (m)	yaḥmūr (m)	يحمور
daino (m)	ayyil asmar urubbiy (m)	أيّل أسمر أوروبيّ
camoscio (m)	ʃamwāh (f)	شاموه
cinghiale (m)	xinzīr barriy (m)	خنزير بريّ
balena (f)	ḥūt (m)	حوت
foca (f)	fuqma (f)	فقمة
tricheco (m)	faẓẓ (m)	فظّ
otaria (f)	fuqmat al firā' (f)	فقمة الفراء
delfino (m)	dilfīn (m)	دلفين
orso (m)	dubb (m)	دبّ
orso (m) bianco	dubb quṭbiy (m)	دبّ قطبيّ
panda (m)	bānda (m)	باندا
scimmia (f)	qird (m)	قرد
scimpanzè (m)	ʃimbanzi (m)	شيمبانزي
orango (m)	urangutān (m)	أورنغوتان
gorilla (m)	ɣurīlla (f)	غوريلا
macaco (m)	qird al makāk (m)	قرد المكاك
gibbone (m)	ӡibbūn (m)	جيبون
elefante (m)	fīl (m)	فيل
rinoceronte (m)	xartīt (m)	خرتيت
giraffa (f)	zarāfa (f)	زرافة
ippopotamo (m)	faras an nahr (m)	فرس النهر
canguro (m)	kanɣar (m)	كنغر
koala (m)	kuala (m)	كوالا
mangusta (f)	nims (m)	نمس
cincillà (f)	ʃinʃīla (f)	شنشيلة
moffetta (f)	ẓaribān (m)	ظربان
istrice (m)	nīṣ (m)	نيص

212. Animali domestici

gatta (f)	qiṭṭa (f)	قطّة
gatto (m)	ðakar al qiṭṭ (m)	ذكر القطّ
cane (m)	kalb (m)	كلب

cavallo (m)	ḥiṣān (m)	حصان
stallone (m)	faḥl al xayl (m)	فحل الخيل
giumenta (f)	unθa al faras (f)	أنثى الفرس
mucca (f)	baqara (f)	بقرة
toro (m)	θawr (m)	ثور
bue (m)	θawr (m)	ثور
pecora (f)	xarūf (f)	خروف
montone (m)	kabʃ (m)	كبش
capra (f)	mā'iz (m)	ماعز
caprone (m)	ðakar al mā'ið (m)	ذكر الماعز
asino (m)	ḥimār (m)	حمار
mulo (m)	bayl (m)	بغل
porco (m)	xinzīr (m)	خنزير
porcellino (m)	xannūṣ (m)	خنّوص
coniglio (m)	arnab (m)	أرنب
gallina (f)	daʒāʒa (f)	دجاجة
gallo (m)	dīk (m)	ديك
anatra (f)	baṭṭa (f)	بطّة
maschio (m) dell'anatra	ðakar al baṭṭ (m)	ذكر البطّ
oca (f)	iwazza (f)	إوزّة
tacchino (m)	dīk rūmiy (m)	ديك روميّ
tacchina (f)	daʒāʒ rūmiy (m)	دجاج روميّ
animali (m pl) domestici	ḥayawānāt dawāʒin (pl)	حيوانات دواجن
addomesticato (agg)	alīf	أليف
addomesticare (vt)	allaf	ألف
allevare (vt)	rabba	ربّى
fattoria (f)	mazra'a (f)	مزرعة
pollame (m)	ṭuyūr dāʒina (pl)	طيور داجنة
bestiame (m)	māʃiya (f)	ماشية
branco (m), mandria (f)	qaṭī' (m)	قطيع
scuderia (f)	isṭabl xayl (m)	إسطبل خيل
porcile (m)	ḥaẓīrat al xanāzīr (f)	حظيرة الخنازير
stalla (f)	zirībat al baqar (f)	زريبة البقر
conigliera (f)	qunn al arānib (m)	قنّ الأرانب
pollaio (m)	qunn ad daʒāʒ (m)	قن الدجاج

213. Cani. Razze canine

cane (m)	kalb (m)	كلب
cane (m) da pastore	kalb ra'y (m)	كلب رعي
pastore (m) tedesco	kalb ar rā'i al almāniy (m)	كلب الراعي الألمانيّ
barbone (m)	būdli (m)	بودل
bassotto (m)	daʃhund (m)	دشهند
bulldog (m)	bulduy (m)	بلدغ

boxer (m)	buksir (m)	بوكسر
mastino (m)	mastīf (m)	ماستيف
rottweiler (m)	rut vāylir (m)	روت فايلر
dobermann (m)	dubirmān (m)	دوبرمان
bassotto (m)	bāsit (m)	باسيت
bobtail (m)	bubteyl (m)	بوبتيل
dalmata (m)	kalb dalmāsiy (m)	كلب دلماسي
cocker (m)	kukkir spaniil (m)	كوكر سبانييل
terranova (m)	nyu faundland (m)	نيوفاوندلاند
sanbernardo (m)	san birnār (m)	سنبرنار
husky (m)	haski (m)	هاسكي
chow chow (m)	tʃaw tʃaw (m)	تشاوتشاو
volpino (m)	ʃbītz (m)	شبيتز
carlino (m)	bāk (m)	باك

214. Versi emessi dagli animali

abbaiamento (m)	nubāḥ (m)	نباح
abbaiare (vi)	nabaḥ	نبح
miagolare (vi)	mā'	ماء
fare le fusa	xarxar	خرخر
muggire (vacca)	xār	خار
muggire (toro)	xār	خار
ringhiare (vi)	damdam	دمدم
ululato (m)	'uwā' (m)	عواء
ululare (vi)	'awa	عوى
guaire (vi)	'awa	عوى
belare (pecora)	ma'ma'	مأمأ
grugnire (maiale)	qaba'	قبع
squittire (vi)	ṣāḥ	صاح
gracidare (rana)	naqq	نقّ
ronzare (insetto)	ṭann	طنّ
frinire (vi)	zaqzaq	زقزق

215. Cuccioli di animali

cucciolo (m)	ʒarw (m)	جرو
micino (m)	qiṭṭa saɣīra (f)	قطة صغيرة
topolino (m)	fa'r ṣaɣīr (m)	فأر صغير
cucciolo (m) di cane	ʒarw (m)	جرو
leprotto (m)	xirniq (m)	خرنق
coniglietto (m)	arnab saɣīr (m)	أرنب صغير
cucciolo (m) di lupo	daɣfal ṣaɣīr að ðiʾab (m)	دغفل صغير الذئب
cucciolo (m) di volpe	haʒras ṣaɣīr aθ θaʿlab (m)	هجرس صغير الثعلب

cucciolo (m) di orso	daysam ṣaɣīr ad dubb (m)	ديسم صغير الدبّ
cucciolo (m) di leone	ʃibl al asad (m)	شبل الأسد
cucciolo (m) di tigre	ʃibl an namir (m)	شبل النمر
elefantino (m)	saɣīr al fīl (m)	صغير الفيل
porcellino (m)	χannūṣ (m)	خنوص
vitello (m)	'iʒl (m)	عجل
capretto (m)	ʒaday (m)	جدي
agnello (m)	ḥaml (m)	حمل
cerbiatto (m)	raʃa' ṣaɣīr al ayyil (m)	رشأ صغير الأيّل
cucciolo (m) di cammello	ṣaɣīr al ʒamal (m)	صغير الجمل
piccolo (m) di serpente	ṣaɣīr aθ θu'bān (m)	صغير الثعبان
piccolo (m) di rana	ḍifḍa' saɣīr (m)	ضفدع صغير
uccellino (m)	farχ (m)	فرخ
pulcino (m)	katkūt (m)	كتكوت
anatroccolo (m)	faraχ baṭṭ (m)	فرخ بطّ

216. Uccelli

uccello (m)	ṭā'ir (m)	طائر
colombo (m), piccione (m)	ḥamāma (f)	حمامة
passero (m)	'uṣfūr (m)	عصفور
cincia (f)	qurquf (m)	قرقف
gazza (f)	'aq'aq (m)	عقعق
corvo (m)	ɣurāb aswad (m)	غراب أسود
cornacchia (f)	ɣurāb (m)	غراب
taccola (f)	zāɣ (m)	زاغ
corvo (m) nero	ɣurāb al qayẓ (m)	غراب القيظ
anatra (f)	baṭṭa (f)	بطّة
oca (f)	iwazza (f)	إوزّة
fagiano (m)	tadarruʒ (m)	تدرج
aquila (f)	nasr (m)	نسر
astore (m)	bāz (m)	باز
falco (m)	ṣaqr (m)	صقر
grifone (m)	raχam (m)	رخم
condor (m)	kundūr (m)	كندور
cigno (m)	timma (m)	تمّة
gru (f)	kurkiy (m)	كركي
cicogna (f)	laqlaq (m)	لقلق
pappagallo (m)	babaɣā' (m)	ببغاء
colibrì (m)	ṭannān (m)	طنّان
pavone (m)	ṭāwūs (m)	طاووس
struzzo (m)	na'āma (f)	نعامة
airone (m)	balaʃūn (m)	بلشون
fenicottero (m)	nuḥām wardiy (m)	نحام وردي
pellicano (m)	baʒa'a (f)	بجعة

usignolo (m)	bulbul (m)	بلبل
rondine (f)	sunūnū (m)	سنونو
tordo (m)	sumna (m)	سمنة
tordo (m) sasello	summuna muɣarrida (m)	سمنة مغرّدة
merlo (m)	ʃaḥrūr aswad (m)	شحرور أسود
rondone (m)	samāma (m)	سمامة
allodola (f)	qubbara (f)	قبّرة
quaglia (f)	sammān (m)	سمّان
picchio (m)	naqqār al xaʃab (m)	نقّار الخشب
cuculo (m)	waqwāq (m)	وقواق
civetta (f)	būma (f)	بومة
gufo (m) reale	būm urāsiy (m)	بوم أوراسيّ
urogallo (m)	dīk il xalanʒ (m)	ديك الخلنج
fagiano (m) di monte	ṭayhūʒ aswad (m)	طيهوج أسود
pernice (f)	ḥaʒal (m)	حجل
storno (m)	zurzūr (m)	زرزور
canarino (m)	kanāriy (m)	كناريّ
francolino (m) di monte	ṭayhūʒ il bunduq (m)	طيهوج البندق
fringuello (m)	ʃurʃūr (m)	شرشور
ciuffolotto (m)	diɣnāʃ (m)	دغناش
gabbiano (m)	nawras (m)	نورس
albatro (m)	al qaṭras (m)	القطرس
pinguino (m)	biṭrīq (m)	بطريق

217. Uccelli. Cinguettio e versi

cantare (vi)	ɣanna	غنّى
gridare (vi)	nāda	نادى
cantare (gallo)	ṣāḥ	صاح
chicchirichì (m)	kukukuku	كوكوكوكو
chiocciare (gallina)	qaraq	قرق
gracchiare (vi)	na'aq	نعق
fare qua qua	baṭbaṭ	بطبط
pigolare (vi)	ṣa'ṣa'	صأصأ
cinguettare (vi)	zaqzaq	زقزق

218. Pesci. Animali marini

abramide (f)	abramīs (m)	أبراميس
carpa (f)	ʃabbūṭ (m)	شبّوط
perca (f)	farx (m)	فرخ
pesce (m) gatto	qarmūṭ (m)	قرموط
luccio (m)	samak al karāki (m)	سمك الكراكي
salmone (m)	salmūn (m)	سلمون
storione (m)	ḥaʃʃ (m)	حفش

aringa (f)	rinʒa (f)	رنجة
salmone (m)	salmūn aṭlasiy (m)	سلمون أطلسيّ
scombro (m)	usqumriy (m)	أسقمريّ
sogliola (f)	samak mufalṭaḥ (f)	سمك مفلطح
lucioperca (f)	samak sandar (m)	سمك سندر
merluzzo (m)	qudd (m)	قدّ
tonno (m)	tūna (m)	تونة
trota (f)	salmūn muraqqaṭ (m)	سلمون مرقط
anguilla (f)	ḥankalīs (m)	حنكليس
torpedine (f)	ra‘‘ād (m)	رعّاد
murena (f)	murāy (m)	موراي
piranha (f)	birāna (f)	بيرانا
squalo (m)	qirʃ (m)	قرش
delfino (m)	dilfīn (m)	دلفين
balena (f)	ḥūt (m)	حوت
granchio (m)	salṭa‘ūn (m)	سلطعون
medusa (f)	qindīl al baḥr (m)	قنديل البحر
polpo (m)	uxṭubūṭ (m)	أخطبوط
stella (f) marina	naʒmat al baḥr (f)	نجمة البحر
riccio (m) di mare	qumfuð al baḥr (m)	قنفذ البحر
cavalluccio (m) marino	ḥiṣān al baḥr (m)	فرس البحر
ostrica (f)	maḥār (m)	محار
gamberetto (m)	ʒambari (m)	جمبريّ
astice (m)	istakūza (f)	إستكوزا
aragosta (f)	karkand ʃāik (m)	كركند شائك

219. Anfibi. Rettili

serpente (m)	θu‘bān (m)	ثعبان
velenoso (agg)	sāmm	سامّ
vipera (f)	af‘a (f)	أفعى
cobra (m)	kūbra (m)	كوبرا
pitone (m)	biθūn (m)	بيثون
boa (m)	buwā’ (f)	بواء
biscia (f)	θu‘bān al ‘uʃb (m)	ثعبان العشب
serpente (m) a sonagli	af‘a al ʒalʒala (f)	أفعى الجلجلة
anaconda (f)	anakūnda (f)	أناكوندا
lucertola (f)	siḥliyya (f)	سحليّة
iguana (f)	iɣwāna (f)	إغوانة
varano (m)	waral (m)	ورل
salamandra (f)	samandar (m)	سمندر
camaleonte (m)	ḥirbā’ (f)	حرباء
scorpione (m)	‘aqrab (m)	عقرب
tartaruga (f)	sulaḥfāt (f)	سلحفاة
rana (f)	ḍifḍa‘ (m)	ضفدع

| rospo (m) | ḍifḍaʿ aṭ ṭīn (m) | ضفدع الطين |
| coccodrillo (m) | timsāḥ (m) | تمساح |

220. Insetti

insetto (m)	ḥaʃara (f)	حشرة
farfalla (f)	farāʃa (f)	فراشة
formica (f)	namla (f)	نملة
mosca (f)	ðubāba (f)	ذبابة
zanzara (f)	namūsa (f)	ناموسة
scarabeo (m)	χunfusa (f)	خنفسة

vespa (f)	dabbūr (m)	دبّور
ape (f)	naḥla (f)	نحلة
bombo (m)	naḥla ṭannāna (f)	نحلة طنّانة
tafano (m)	naʿra (f)	نعرة

| ragno (m) | ʿankabūt (m) | عنكبوت |
| ragnatela (f) | nasīʒ ʿankabūt (m) | نسيج عنكبوت |

libellula (f)	yaʿsūb (m)	يعسوب
cavalletta (f)	ʒarād (m)	جراد
farfalla (f) notturna	ʿitta (f)	عتّة

scarafaggio (m)	ṣurṣūr (m)	صرصور
zecca (f)	qurāda (f)	قرادة
pulce (f)	burɣūθ (m)	برغوث
moscerino (m)	baʿūḍa (f)	بعوضة

locusta (f)	ʒarād (m)	جراد
lumaca (f)	ḥalzūn (m)	حلزون
grillo (m)	ṣarrār al layl (m)	صرّار الليل
lucciola (f)	yarāʿa muḍīʿa (f)	يراعة مضيئة
coccinella (f)	daʿsūqa (f)	دعسوقة
maggiolino (m)	χunfusa kabīra (f)	خنفسة كبيرة

sanguisuga (f)	ʿalaqa (f)	علقة
bruco (m)	yasrūʿ (m)	يسروع
verme (m)	dūda (f)	دودة
larva (f)	yaraqa (f)	يرقة

221. Animali. Parti del corpo

becco (m)	minqār (m)	منقار
ali (f pl)	aʒniḥa (pl)	أجنحة
zampa (f)	riʒl (f)	رجل
piumaggio (m)	rīʃ (m)	ريش
penna (f), piuma (f)	rīʃa (f)	ريشة
cresta (f)	tāʒ (m)	تاج

| branchia (f) | χayāʃīm (pl) | خياشيم |
| uova (f pl) | bayḍ as samak (pl) | بيض السمك |

larva (f)	yaraqa (f)	يرقة
pinna (f)	zi'nifa (f)	زعنفة
squama (f)	ḥarāfiʃ (pl)	حرافش
zanna (f)	nāb (m)	ناب
zampa (f)	qadam (f)	قدم
muso (m)	χatm (m)	خطم
bocca (f)	fam (m)	فم
coda (f)	ðayl (m)	ذيل
baffi (m pl)	ʃawārib (pl)	شوارب
zoccolo (m)	ḥāfir (m)	حافر
corno (m)	qarn (m)	قرن
carapace (f)	dir' (m)	درع
conchiglia (f)	maḥāra (f)	محارة
guscio (m) dell'uovo	qiʃrat bayḍa (f)	قشرة بيضة
pelo (m)	ʃa'r (m)	شعر
pelle (f)	ʒild (m)	جلد

222. Azioni degli animali

volare (vi)	ṭār	طار
volteggiare (vi)	ḥallaq	حلّق
volare via	ṭār	طار
battere le ali	rafraf	رفرف
beccare (vi)	naqar	نقر
covare (vt)	qa'ad 'alal bayḍ	قعد على البيض
sgusciare (vi)	faqas	فقس
fare il nido	bana 'iʃʃa	بنى عشّة
strisciare (vi)	zaḥaf	زحف
pungere (insetto)	lasa'	لسع
mordere (vt)	'aḍḍ	عضّ
fiutare (vt)	taʃammam	تشمّم
abbaiare (vi)	nabaḥ	نبح
sibilare (vi)	hashas	هسهس
spaventare (vt)	χawwaf	خوّف
attaccare (vt)	haʒam	هجم
rodere (osso, ecc.)	qaraḍ	قرض
graffiare (vt)	χadaʃ	خدش
nascondersi (vr)	istaχba'	إختبأ
giocare (vi)	la'ib	لعب
cacciare (vt)	iṣṭād	إصطاد
ibernare (vi)	kān di subāt aʃ ʃitā'	كان في سبات الشتاء
estinguersi (vr)	inqaraḍ	إنقرض

223.   Animali. Ambiente naturale

ambiente (m) naturale	mawṭin (m)	موطن
migrazione (f)	hiʒra (f)	هجرة
monte (m), montagna (f)	ʒabal (m)	جبل
scogliera (f)	ʃiʿāb (pl)	شعاب
falesia (f)	ʒurf (m)	جرف
foresta (f)	ɣāba (f)	غابة
giungla (f)	adɣāl (pl)	أدغال
savana (f)	savānna (f)	سافانا
tundra (f)	tundra (f)	تندرا
steppa (f)	sahb (m)	سهب
deserto (m)	ṣaḥrāʾ (f)	صحراء
oasi (f)	wāḥa (f)	واحة
mare (m)	baḥr (m)	بحر
lago (m)	buḥayra (f)	بحيرة
oceano (m)	muḥīṭ (m)	محيط
palude (f)	mustanqaʿ (m)	مستنقع
di acqua dolce	al miyāh al ʿaðba	المياه العذبة
stagno (m)	birka (f)	بركة
fiume (m)	nahr (m)	نهر
tana (f) (dell'orso)	wakr (m)	وكر
nido (m)	ʿuʃʃ (m)	عش
cavità (f) (~ in un albero)	ʒawf (m)	جوف
tana (f) (del fox, ecc.)	ʒuḥr (m)	جحر
formicaio (m)	ʿuʃʃ naml (m)	عش نمل

224.   Cura degli animali

zoo (m)	ḥadīqat al ḥayawān (f)	حديقة حيوان
riserva (f) naturale	maḥmiyya ṭabiʿiyya (f)	محمية طبيعية
allevatore (m)	murabba (m)	مربى
gabbia (f) all'aperto	qafṣ fil hawāʾ aṭ ṭalq (m)	قفص في الهواء الطلق
gabbia (f)	qafṣ (m)	قفص
canile (m)	bayt al kalb (m)	بيت الكلب
piccionaia (f)	burʒ al ḥamām (m)	برج الحمام
acquario (m)	ḥawḍ samak (m)	حوض سمك
delfinario (m)	ḥawḍ dilfīn (m)	حوض دلفين
allevare (vt)	rabba	ربى
cucciolata (f)	ðurriyya (f)	ذرية
addomesticare (vt)	allaf	ألف
ammaestrare (vt)	darrab	درب
mangime (m)	ʿalaf (m)	علف
dare da mangiare	aṭʿam	أطعم

negozio (m) di animali	maḥall ḥayawānāt (m)	محلّ حيوانات
museruola (f)	kimāma (f)	كمامة
collare (m)	ṭawq (m)	طوق
nome (m) (di un cane, ecc.)	ism (m)	إسم
pedigree (m)	silsilat an nasab (f)	سلسلة النسب

225. Animali. Varie

branco (m)	qaṭī' (m)	قطيع
stormo (m)	sirb (m)	سرب
banco (m)	sirb (m)	سرب
mandria (f)	qaṭī' (m)	قطيع
maschio (m)	ðakar (m)	ذكر
femmina (f)	unθa (f)	أنثى
affamato (agg)	ӡaw'ān	جوعان
selvatico (agg)	barriy	برّيّ
pericoloso (agg)	xaṭīr	خطير

226. Cavalli

cavallo (m)	ḥiṣān (m)	حصان
razza (f)	sulāla (f)	سلالة
puledro (m)	muhr (m)	مهر
giumenta (f)	unθa al faras (f)	أنثى الفرس
mustang (m)	mustān (m)	موستان
pony (m)	ḥiṣān qazam (m)	حصان قزم
cavallo (m) da tiro pesante	ḥiṣān an naql (m)	حصان النقل
criniera (f)	'urf (m)	عرف
coda (f)	ðayl (m)	ذيل
zoccolo (m)	ḥāfir (m)	حافر
ferro (m) di cavallo	na'l (m)	نعل
ferrare (vt)	na"al	نعّل
fabbro (m)	ḥaddād (m)	حدّاد
sella (f)	sarӡ (m)	سرج
staffa (f)	rikāb (m)	ركاب
briglia (f)	liӡām (m)	لجام
redini (m pl)	'inān (m)	عنان
frusta (f)	kurbāӡ (m)	كرباج
fantino (m)	fāris (m)	فارس
sellare (vt)	asraӡ	أسرج
montare in sella	rakib ḥiṣān	جلس على سرج
galoppo (m)	rimāḥa (f)	رماحة
galoppare (vi)	'ada bil ḥiṣān	عدا بالحصان

trotto (m)	χabab (m)	خبب
al trotto	χābban	خَابًا
andare al trotto	inṭalaq rākiḍan	إنطلق راكضا
cavallo (m) da corsa	ḥiṣān sibāq (m)	حصان سباق
corse (f pl)	sibāq al χayl (m)	سباق الخيل
scuderia (f)	isṭabl χayl (m)	إسطبل خيل
dare da mangiare	aṭ'am	أطعم
fieno (m)	qaʃʃ (m)	قش
abbeverare (vt)	saqa	سقى
lavare (~ il cavallo)	nazẓaf	نظف
carro (m)	'arabat χayl (f)	عربة خيل
pascolare (vi)	irta'a	إرتعى
nitrire (vi)	ṣahal	صهل
dare un calcio	rafas	رفس

Flora

227. Alberi

albero (m)	ʃaӡara (f)	شجرة
deciduo (agg)	nafḍiyya	نفضيّة
conifero (agg)	ṣanawbariyya	صنوبرية
sempreverde (agg)	dā'imat al xuḍra	دائمة الخضرة
melo (m)	ʃaӡarat tuffāḥ (f)	شجرة تفّاح
pero (m)	ʃaӡarat kummaθra (f)	شجرة كمّثرى
ciliegio (m), amareno (m)	ʃaӡarat karaz (f)	شجرة كرز
prugno (m)	ʃaӡarat barqūq (f)	شجرة برقوق
betulla (f)	batūla (f)	بتولا
quercia (f)	ballūṭ (f)	بلّوط
tiglio (m)	ʃaӡarat zayzafūn (f)	شجرة زيزفون
pioppo (m) tremolo	ḥawr raӡrāӡ (m)	حور رجراج
acero (m)	qayqab (f)	قيقب
abete (m)	ratinaӡ (f)	راتينج
pino (m)	ṣanawbar (f)	صنوبر
larice (m)	arziyya (f)	أرزيّة
abete (m) bianco	tannūb (f)	تنّوب
cedro (m)	arz (f)	أرز
pioppo (m)	ḥawr (f)	حور
sorbo (m)	ɣubayrā' (f)	غبيراء
salice (m)	ṣafṣāf (f)	صفصاف
alno (m)	ӡār il mā' (m)	جار الماء
faggio (m)	zān (m)	زان
olmo (m)	dardār (f)	دردار
frassino (m)	marān (f)	مران
castagno (m)	kastanā' (f)	كستناء
magnolia (f)	maɣnūliya (f)	مغنوليا
palma (f)	naxla (f)	نخلة
cipresso (m)	sarw (f)	سرو
mangrovia (f)	ayka sāḥiliyya (f)	أيكة ساحليّة
baobab (m)	bāubāb (f)	باوباب
eucalipto (m)	ukaliptus (f)	أوكاليبتوس
sequoia (f)	siqūya (f)	سيكويا

228. Arbusti

cespuglio (m)	ʃuӡayra (f)	شجيرة
arbusto (m)	ʃuӡayrāt (pl)	شجيرات

Italiano	Traslitterazione	العربية
vite (f)	karma (f)	كرمة
vigneto (m)	karam (m)	كرم
lampone (m)	tūt al 'ullayq al aḥmar (m)	توت العليق الأحمر
ribes (m) rosso	kiʃmiʃ aḥmar (m)	كشمش أحمر
uva (f) spina	'inab aθ θa'lab (m)	عنب الثعلب
acacia (f)	sanṭ (f)	سنط
crespino (m)	amīr barīs (m)	أمير باريس
gelsomino (m)	yāsmīn (m)	ياسمين
ginepro (m)	'ar'ar (m)	عرعر
roseto (m)	ʃuӡayrat ward (f)	شجيرة ورد
rosa (f) canina	ward ӡabaliy (m)	ورد جبلي

229. Funghi

Italiano	Traslitterazione	العربية
fungo (m)	fuṭr (f)	فطر
fungo (m) commestibile	fuṭr ṣāliḥ lil akl (m)	فطر صالح للأكل
fungo (m) velenoso	fuṭr sāmm (m)	فطر سامّ
cappello (m)	ṭarbūʃ al fuṭr (m)	طربوش الفطر
gambo (m)	sāq al fuṭr (m)	ساق الفطر
porcino (m)	fuṭr bulīṭ ma'kūl (m)	فطر بوليط مأكول
boleto (m) rufo	fuṭr aḥmar (m)	فطر أحمر
porcinello (m)	fuṭr bulīṭ (m)	فطر بوليط
gallinaccio (m)	fuṭr kwīzi (m)	فطر كويزي
rossola (f)	fuṭr russūla (m)	فطر روسّولا
spugnola (f)	fuṭr al ɣūʃna (m)	فطر الغوشنة
ovolaccio (m)	fuṭr amānīt aṭ ṭā'ir as sāmm (m)	فطر أمانيت الطائر السامّ
fungo (m) moscario	fuṭr amānīt falusyāniy as sāmm (m)	فطر أمانيت فالوسياني السامّ

230. Frutti. Bacche

Italiano	Traslitterazione	العربية
frutto (m)	θamra (f)	ثمرة
frutti (m pl)	θamr (m)	ثمر
mela (f)	tuffāḥa (f)	تفّاحة
pera (f)	kummaθra (f)	كمّثرى
prugna (f)	barqūq (m)	برقوق
fragola (f)	farawla (f)	فراولة
amarena (f), ciliegia (f)	karaz (m)	كرز
uva (f)	'inab (m)	عنب
lampone (m)	tūt al 'ullayq al aḥmar (m)	توت العليق الأحمر
ribes (m) nero	'inab aθ θa'lab al aswad (m)	عنب الثعلب الأسود
ribes (m) rosso	kiʃmiʃ aḥmar (m)	كشمش أحمر
uva (f) spina	'inab aθ θa'lab (m)	عنب الثعلب
mirtillo (m) di palude	tūt aḥmar barriy (m)	توت أحمر برّيَ

arancia (f)	burtuqāl (m)	برتقال
mandarino (m)	yūsufiy (m)	يوسفي
ananas (m)	ananās (m)	أناناس
banana (f)	mawz (m)	موز
dattero (m)	tamr (m)	تمر
limone (m)	laymūn (m)	ليمون
albicocca (f)	miʃmiʃ (f)	مشمش
pesca (f)	durrāq (m)	دراق
kiwi (m)	kiwi (m)	كيوي
pompelmo (m)	zinbāʿ (m)	زنباع
bacca (f)	ḥabba (f)	حبّة
bacche (f pl)	ḥabbāt (pl)	حبّات
mirtillo (m) rosso	ʿinab aθ θawr (m)	عنب الثور
fragola (f) di bosco	farāwla barriyya (f)	فراولة برّية
mirtillo (m)	ʿinab al aḥrāʒ (m)	عنب الأحراج

231. Fiori. Piante

fiore (m)	zahra (f)	زهرة
mazzo (m) di fiori	bāqat zuhūr (f)	باقة زهور
rosa (f)	warda (f)	وردة
tulipano (m)	tulīb (f)	توليب
garofano (m)	qurumful (m)	قرنفل
gladiolo (m)	dalbūθ (f)	دلبوث
fiordaliso (m)	turunʃāh (m)	ترنشاه
campanella (f)	ʒarīs (m)	جريس
soffione (m)	hindibā' (f)	هندباء
camomilla (f)	babunʒ (m)	بابونج
aloe (m)	aluwwa (m)	ألوَة
cactus (m)	ṣabbār (m)	صبّار
ficus (m)	tīn (m)	تين
giglio (m)	sawsan (m)	سوسن
geranio (m)	ibrat ar rāʿi (f)	إبرة الراعي
giacinto (m)	zanbaq (f)	زنبق
mimosa (f)	mimūza (f)	ميموزا
narciso (m)	narʒis (f)	نرجس
nasturzio (m)	abu χanʒar (f)	أبو خنجر
orchidea (f)	saḥlab (m)	سحلب
peonia (f)	fawniya (f)	فاوانيا
viola (f)	banafsaʒ (f)	بنفسج
viola (f) del pensiero	banafsaʒ muθallaθ (m)	بنفسج مثلث
nontiscordardimé (m)	'āðān al fa'r (pl)	آذان الفأر
margherita (f)	uqhuwān (f)	أقحوان
papavero (m)	χaʃχāʃ (f)	خشخاش
canapa (f)	qinnab (m)	قنب

menta (f)	na'nā' (m)	نعناع
mughetto (m)	sawsan al wādi (m)	سوسن الوادي
bucaneve (m)	zahrat al laban (f)	زهرة اللبن
ortica (f)	qarrāṣ (m)	قرّاص
acetosa (f)	ḥammāḍ (m)	حمّاض
ninfea (f)	nilūfar (m)	نيلوفر
felce (f)	saraxs (m)	سرخس
lichene (m)	uʃna (f)	أشنة
serra (f)	daffa (f)	دفيئة
prato (m) erboso	'uʃb (m)	عشب
aiuola (f)	ʒunaynat zuhūr (f)	جنينة زهور
pianta (f)	nabāt (m)	نبات
erba (f)	'uʃb (m)	عشب
filo (m) d'erba	'uʃba (f)	عشبة
foglia (f)	waraqa (f)	ورقة
petalo (m)	waraqat az zahra (f)	ورقة الزهرة
stelo (m)	sāq (f)	ساق
tubero (m)	darnat nabāt (f)	درنة نبات
germoglio (m)	nabta sayīra (f)	نبتة صغيرة
spina (f)	ʃawka (f)	شوكة
fiorire (vi)	nawwar	نوّر
appassire (vi)	ðabal	ذبل
odore (m), profumo (m)	rā'iḥa (f)	رائحة
tagliare (~ i fiori)	qaṭa'	قطع
cogliere (vt)	qaṭaf	قطف

232. Cereali, granaglie

grano (m)	ḥubūb (pl)	حبوب
cereali (m pl)	maḥāṣīl al ḥubūb (pl)	محاصيل الحبوب
spiga (f)	sumbula (f)	سنبلة
frumento (m)	qamḥ (m)	قمح
segale (f)	ʒāwdār (m)	جاودار
avena (f)	ʃūfān (m)	شوفان
miglio (m)	duxn (m)	دخن
orzo (m)	ʃaʿīr (m)	شعير
mais (m)	ðura (f)	ذرة
riso (m)	urz (m)	أرز
grano (m) saraceno	ḥinṭa sawdā' (f)	حنطة سوداء
pisello (m)	bisilla (f)	بسلّة
fagiolo (m)	faṣūliya (f)	فاصوليا
soia (f)	fūl aṣ ṣūya (m)	فول الصويا
lenticchie (f pl)	'adas (m)	عدس
fave (f pl)	fūl (m)	فول

233. Ortaggi. Verdure

Italiano	Traslitterazione	Arabo
ortaggi (m pl)	χuḍār (pl)	خضار
verdura (f)	χuḍrawāt waraqiyya (pl)	خضروات ورقيّة
pomodoro (m)	ṭamāṭim (f)	طماطم
cetriolo (m)	χiyār (m)	خيار
carota (f)	ʒazar (m)	جزر
patata (f)	baṭāṭis (f)	بطاطس
cipolla (f)	baṣal (m)	بصل
aglio (m)	θūm (m)	ثوم
cavolo (m)	kurumb (m)	كرنب
cavolfiore (m)	qarnabīṭ (m)	قرنبيط
cavoletti (m pl) di Bruxelles	kurumb brūksil (m)	كرنب بروكسل
broccolo (m)	brūkuli (m)	بروكلي
barbabietola (f)	banʒar (m)	بنجر
melanzana (f)	bātinʒān (m)	باذنجان
zucchina (f)	kūsa (f)	كوسة
zucca (f)	qarʿ (m)	قرع
rapa (f)	lift (m)	لفت
prezzemolo (m)	baqdūnis (m)	بقدونس
aneto (m)	ʃabat (m)	شبت
lattuga (f)	χass (m)	خسّ
sedano (m)	karafs (m)	كرفس
asparago (m)	halyūn (m)	هليون
spinaci (m pl)	sabāniχ (m)	سبانخ
pisello (m)	bisilla (f)	بسلّة
fave (f pl)	fūl (m)	فول
mais (m)	ðura (f)	ذرّة
fagiolo (m)	faṣūliya (f)	فاصوليا
peperone (m)	filfil (m)	فلفل
ravanello (m)	fiʒl (m)	فجل
carciofo (m)	χurʃūf (m)	خرشوف

GEOGRAFIA REGIONALE

Paesi. Nazionalità

234. Europa occidentale

Italiano	Traslitterazione	Arabo
Europa (f)	urūbba (f)	أوروبا
Unione (f) Europea	al ittiḥād al urubbiy (m)	الإتّحاد الأوروبيّ
europeo (m)	urūbbiy (m)	أوروبيّ
europeo (agg)	urūbbiy	أوروبيّ
Austria (f)	an nimsa (f)	النمسا
austriaco (m)	nimsāwy (m)	نمساويّ
austriaca (f)	nimsāwiyya (f)	نمساويّة
austriaco (agg)	nimsāwiy	نمساويّ
Gran Bretagna (f)	briṭāniya al 'uẓma (f)	بريطانيا العظمى
Inghilterra (f)	inʒiltirra (f)	إنجلترا
britannico (m), inglese (m)	briṭāniy (m)	بريطانيّ
britannica (f), inglese (f)	briṭāniyya (f)	بريطانيّة
inglese (agg)	inʒlīziy	إنجليزيّ
Belgio (m)	balʒīka (f)	بلجيكا
belga (m)	balʒīkiy (m)	بلجيكيّ
belga (f)	balʒīkiyya (f)	بلجيكيّة
belga (agg)	balʒīkiy	بلجيكيّ
Germania (f)	almāniya (f)	ألمانيا
tedesco (m)	almāniy (m)	ألمانيّ
tedesca (f)	almāniyya (f)	ألمانيّة
tedesco (agg)	almāniy	ألمانيّ
Paesi Bassi (m pl)	hulanda (f)	هولندا
Olanda (f)	hulanda (f)	هولندا
olandese (m)	hulandiy (m)	هولنديّ
olandese (f)	hulandiyya (f)	هولنديّة
olandese (agg)	hulandiy	هولنديّ
Grecia (f)	al yūnān (f)	اليونان
greco (m)	yunāniy (m)	يونانيّ
greca (f)	yunāniyya (f)	يونانيّة
greco (agg)	yunāniy	يونانيّ
Danimarca (f)	ad danimārk (f)	الدانمارك
danese (m)	danimārkiy (m)	دانماركيّ
danese (f)	dānimarkiyya (f)	دانماركيّة
danese (agg)	danimārkiy	دانماركيّ
Irlanda (f)	irlanda (f)	أيرلندا
irlandese (m)	irlandiy (m)	أيرلنديّ

irlandese (f)	irlandiyya (f)	أيرلنديّة
irlandese (agg)	irlandiy	أيرلنديّ
Islanda (f)	'āyslanda (f)	آيسلندا
islandese (m)	'āyslandiy (m)	آيسلنديّ
islandese (f)	'āyslandiyya (f)	آيسلنديّة
islandese (agg)	'āyslandiy	آيسلنديّ
Spagna (f)	isbāniya (f)	إسبانيا
spagnolo (m)	isbāniy (m)	إسبانيّ
spagnola (f)	isbāniyya (f)	إسبانيّة
spagnolo (agg)	isbāniy	إسبانيّ
Italia (f)	iṭāliya (f)	إيطاليا
italiano (m)	iṭāliy (m)	إيطاليّ
italiana (f)	iṭāliyya (f)	إيطاليّة
italiano (agg)	iṭāliy	إيطاليّ
Cipro (m)	qubruṣ (f)	قبرص
cipriota (m)	qubruṣiy (m)	قبرصيّ
cipriota (f)	qubruṣiyya (f)	قبرصيّة
cipriota (agg)	qubruṣiy	قبرصيّ
Malta (f)	malṭa (f)	مالطا
maltese (m)	mālṭiy (m)	مالطيّ
maltese (f)	malṭiyya (f)	مالطيّة
maltese (agg)	mālṭiy	مالطيّ
Norvegia (f)	an nirwīʒ (f)	النرويج
norvegese (m)	nurwīʒiy (m)	نرويجيّ
norvegese (f)	nurwīʒiyya (f)	نرويجيّة
norvegese (agg)	nurwīʒiy	نرويجيّ
Portogallo (f)	al burtuɣāl (f)	البرتغال
portoghese (m)	burtuɣāliy (m)	برتغاليّ
portoghese (f)	burtuɣāliyya (f)	برتغاليّة
portoghese (agg)	burtuɣāliy	برتغاليّ
Finlandia (f)	finlanda (f)	فنلندا
finlandese (m)	finlandiy (m)	فنلنديّ
finlandese (f)	finlandiyya (f)	فنلنديّة
finlandese (agg)	finlandiy	فنلنديّ
Francia (f)	faransa (f)	فرنسا
francese (m)	faransiy (m)	فرنسيّ
francese (f)	faransiyya (f)	فرنسيّة
francese (agg)	faransiy	فرنسيّ
Svezia (f)	as suwayd (f)	السويد
svedese (m)	suwaydiy (m)	سويديّ
svedese (f)	suwaydiyya (f)	سويديّة
svedese (agg)	suwaydiy	سويديّ
Svizzera (f)	swīsra (f)	سويسرا
svizzero (m)	swisriy (m)	سويسريّ
svizzera (f)	swisriyya (f)	سويسرية

svizzero (agg)	swisriy	سويسري
Scozia (f)	iskutlanda (f)	اسكتلندا
scozzese (m)	iskutlandiy (m)	اسكتلندي
scozzese (f)	iskutlandiyya (f)	اسكتلندية
scozzese (agg)	iskutlandiy	اسكتلندي
Vaticano (m)	al vatikān (m)	الفاتيكان
Liechtenstein (m)	liʃtinʃtāyn (m)	ليشتنشتاين
Lussemburgo (m)	luksimburɣ (f)	لوكسمبورغ
Monaco (m)	munāku (f)	موناكو

235. Europa centrale e orientale

Albania (f)	albāniya (f)	ألبانيا
albanese (m)	albāniy (m)	ألباني
albanese (f)	albāniyya (f)	ألبانية
albanese (agg)	albāniy	ألباني
Bulgaria (f)	bulɣāriya (f)	بلغاريا
bulgaro (m)	bulɣāriy (m)	بلغاري
bulgara (f)	bulɣāriyya (f)	بلغارية
bulgaro (agg)	bulɣāriy	بلغاري
Ungheria (f)	al maʒar (f)	المجر
ungherese (m)	maʒariy (m)	مجري
ungherese (f)	maʒariyya (f)	مجرية
ungherese (agg)	maʒariy	مجري
Lettonia (f)	lātviya (f)	لاتفيا
lettone (m)	lātviy (m)	لاتفي
lettone (f)	lātviyya (f)	لاتفية
lettone (agg)	lātviy	لاتفي
Lituania (f)	litwāniya (f)	ليتوانيا
lituano (m)	litwāniy (m)	ليتواني
lituana (f)	litwāniyya (f)	ليتوانية
lituano (agg)	litwāny	ليتواني
Polonia (f)	bulanda (f)	بولندا
polacco (m)	bulandiy (m)	بولندي
polacca (f)	bulandiyya (f)	بولندية
polacco (agg)	bulandiy	بولندي
Romania (f)	rumāniya (f)	رومانيا
rumeno (m)	rumāniy (m)	روماني
rumena (f)	rumāniyya (f)	رومانية
rumeno (agg)	rumāniy	روماني
Serbia (f)	ṣirbiya (f)	صربيا
serbo (m)	ṣirbiy (m)	صربي
serba (f)	ṣirbiyya (f)	صربية
serbo (agg)	ṣirbiy	صربي
Slovacchia (f)	sluvākiya (f)	سلوفاكيا
slovacco (m)	sluvākiy (m)	سلوفاكي

slovacca (f)	sluvākiyya (f)	سلوفاكية
slovacco (agg)	sluvākiy	سلوفاكي
Croazia (f)	kruātiya (f)	كرواتيا
croato (m)	kruātiy (m)	كرواتي
croata (f)	kruātiyya (f)	كرواتية
croato (agg)	kruātiy	كرواتي
Repubblica (f) Ceca	atʃ tʃīk (f)	التشيك
ceco (m)	tʃīkiy (m)	تشيكي
ceca (f)	tʃīkiyya (f)	تشيكية
ceco (agg)	tʃīkiy	تشيكي
Estonia (f)	istūniya (f)	إستونيا
estone (m)	istūniy (m)	إستوني
estone (f)	istūniyya (f)	إستونية
estone (agg)	istūniy	إستوني
Bosnia-Erzegovina (f)	al busna wal hirsuk (f)	البوسنة والهرسك
Macedonia (f)	maqdūniya (f)	مقدونيا
Slovenia (f)	sluvīniya (f)	سلوفينيا
Montenegro (m)	al ʒabal al aswad (m)	الجبل الأسود

236. Paesi dell'ex Unione Sovietica

Azerbaigian (m)	aðarbiʒān (m)	أذربيجان
azerbaigiano (m)	aðarbiʒāniy (m)	أذربيجاني
azerbaigiana (f)	aðarbiʒāniyya (f)	أذربيجانية
azerbaigiano (agg)	aðarbiʒāniy	أذربيجاني
Armenia (f)	armīniya (f)	أرمينيا
armeno (m)	armaniy (m)	أرمني
armena (f)	armaniyya (f)	أرمنية
armeno (agg)	armaniy	أرمني
Bielorussia (f)	bilarūs (f)	بيلاروس
bielorusso (m)	bilarūsiy (m)	بيلاروسي
bielorussa (f)	bilārūsiyya (f)	بيلاروسية
bielorusso (agg)	bilarūsiy	بيلاروسي
Georgia (f)	ʒūrʒiya (f)	جورجيا
georgiano (m)	ʒurʒiy (m)	جورجي
georgiana (f)	ʒurʒiyya (f)	جورجية
georgiano (agg)	ʒurʒiy	جورجي
Kazakistan (m)	kazaxstān (f)	كازاخستان
kazaco (m)	kazaxstāniy (m)	كازاخستاني
kazaca (f)	kazaxstāniyya (f)	كازاخستانية
kazaco (agg)	kazaxstāniy	كازاخستاني
Kirghizistan (m)	qirɣizistān (f)	قيرغيزستان
kirghiso (m)	qirɣizistāny (m)	قيرغيزستاني
kirghisa (f)	qirɣizistāniyya (f)	قيرغيزستانية
kirghiso (agg)	qirɣizistāniy	قيرغيزستاني

Moldavia (f)	muldāviya (f)	مولدافيا
moldavo (m)	muldāviy (m)	مولدافيّ
moldava (f)	muldāviyya (f)	مولدافيّة
moldavo (agg)	muldāviy	مولدافيّ
Russia (f)	rūsiya (f)	روسيا
russo (m)	rūsiy (m)	روسيّ
russa (f)	rūsiyya (f)	روسيّة
russo (agg)	rūsiy	روسيّ
Tagikistan (m)	ṭaǧīkistān (f)	طاجيكستان
tagico (m)	ṭaǧīkiy (m)	طاجيكيّ
tagica (f)	ṭaǧīkiyya (f)	طاجيكيّة
tagico (agg)	ṭaǧīkiy	طاجيكيّ
Turkmenistan (m)	turkmānistān (f)	تركمانستان
turkmeno (m)	turkmāniy (m)	تركمانيّ
turkmena (f)	turkmāniyya (f)	تركمانيّة
turkmeno (agg)	turkmāniy	تركمانيّ
Uzbekistan (m)	uzbikistān (f)	أوزبكستان
usbeco (m)	uzbikiy (m)	أوزبكيّ
usbeca (f)	uzbikiyya (f)	أوزبكيّة
usbeco (agg)	uzbikiy	أوزبكيّ
Ucraina (f)	ukrāniya (f)	أوكرانيا
ucraino (m)	ukrāniy (m)	أوكرانيّ
ucraina (f)	ukrāniyya (f)	أوكرانيّة
ucraino (agg)	ukrāniy	أوكرانيّ

237. Asia

Asia (f)	'āsiya (f)	آسيا
asiatico (agg)	'āsyawiy	آسيويّ
Vietnam (m)	vitnām (f)	فيتنام
vietnamita (m)	vitnāmiy (m)	فيتناميّ
vietnamita (f)	vitnāmiyya (f)	فيتناميّة
vietnamita (agg)	vitnāmiy	فيتناميّ
India (f)	al hind (f)	الهند
indiano (m)	hindiy (m)	هنديّ
indiana (f)	hindiyya (f)	هنديّة
indiano (agg)	hindiy	هنديّ
Israele (m)	isrā'īl (f)	إسرائيل
israeliano (m)	isrā'īliy (m)	إسرائيليّ
israeliana (f)	isrā'īliyya (f)	إسرائيليّة
israeliano (agg)	isrā'īliy	إسرائيليّ
ebreo (m)	yahūdiy (m)	يهوديّ
ebrea (f)	yahūdiyya (f)	يهوديّة
ebraico (agg)	yahūdiy	يهوديّ
Cina (f)	aṣ ṣīn (f)	الصين

cinese (m)	ṣīniy (m)	صينيّ
cinese (f)	ṣīniyya (f)	صينيّة
cinese (agg)	ṣīniy	صينيّ
coreano (m)	kūriy (m)	كوريّ
coreana (f)	kuriyya (f)	كوريّة
coreano (agg)	kūriy	كوريّ
Libano (m)	lubnān (f)	لبنان
libanese (m)	lubnāniy (m)	لبنانيّ
libanese (f)	lubnāniyya (f)	لبنانيّة
libanese (agg)	lubnāniy	لبنانيّ
Mongolia (f)	manɣūliya (f)	منغوليا
mongolo (m)	manɣūliy (m)	منغوليّ
mongola (f)	manɣūliyya (f)	منغوليّة
mongolo (agg)	manɣūliy	منغوليّ
Malesia (f)	malīziya (f)	ماليزيا
malese (m)	malīziy (m)	ماليزيّ
malese (f)	malīziyya (f)	ماليزيّة
malese (agg)	malīziy	ماليزيّ
Pakistan (m)	bakistān (f)	باكستان
pakistano (m)	bakistāniy (m)	باكستانيّ
pakistana (f)	bakistāniyya (f)	باكستانيّة
pakistano (agg)	bakistāniy	باكستانيّ
Arabia Saudita (f)	as sa'ūdiyya (f)	السعوديّة
arabo (m), saudita (m)	'arabiy (m)	عربيّ
araba (f), saudita (f)	'arabiyya (f)	عربيّة
arabo (agg)	'arabiy	عربيّ
Tailandia (f)	taylānd (f)	تايلند
tailandese (m)	taylāndiy (m)	تايلنديّ
tailandese (f)	taylandiyya (f)	تايلنديّة
tailandese (agg)	taylāndiy	تايلنديّ
Taiwan (m)	taywān (f)	تايوان
taiwanese (m)	taywāniy (m)	تايوانيّ
taiwanese (f)	taywāniyya (f)	تايوانيّة
taiwanese (agg)	taywāniy	تايوانيّ
Turchia (f)	turkiya (f)	تركيا
turco (m)	turkiy (m)	تركيّ
turca (f)	turkiyya (f)	تركيّة
turco (agg)	turkiy	تركيّ
Giappone (m)	al yabān (f)	اليابان
giapponese (m)	yabāniy (m)	يابانيّ
giapponese (f)	yabāniyya (f)	يابانيّة
giapponese (agg)	yabāniy	يابانيّ
Afghanistan (m)	afɣanistān (f)	أفغانستان
Bangladesh (m)	banʒladīʃ (f)	بنجلاديش
Indonesia (f)	indunīsiya (f)	إندونيسيا

Giordania (f)	al urdun (m)	الأردن
Iraq (m)	al 'irāq (m)	العراق
Iran (m)	'īrān (f)	إيران
Cambogia (f)	kambūdya (f)	كمبوديا
Kuwait (m)	al kuwayt (f)	الكويت

Laos (m)	lawus (f)	لاوس
Birmania (f)	myanmār (f)	ميانمار
Nepal (m)	nibāl (f)	نيبال
Emirati (m pl) Arabi	al imārāt al 'arabiyya al muttahida (pl)	الإمارات العربيّة المتّحدة

Siria (f)	sūriya (f)	سوريا
Palestina (f)	filistīn (f)	فلسطين
Corea (f) del Sud	kuriya al ʒanūbiyya (f)	كوريا الجنوبيّة
Corea (f) del Nord	kūria aʃʃimāliyya (f)	كوريا الشماليّة

238. America del Nord

Stati (m pl) Uniti d'America	al wilāyāt al muttahida al amrīkiyya (pl)	الولايات المتّحدة الأمريكيّة
americano (m)	amrīkiy (m)	أمريكيّ
americana (f)	amrīkiyya (f)	أمريكيّة
americano (agg)	amrīkiy	أمريكيّ

Canada (m)	kanada (f)	كندا
canadese (m)	kanadiy (m)	كنديّ
canadese (f)	kanadiyya (f)	كنديّة
canadese (agg)	kanadiy	كنديّ

Messico (m)	al maksīk (f)	المكسيك
messicano (m)	maksīkiy (m)	مكسيكيّ
messicana (f)	maksīkiyya (f)	مكسيكيّة
messicano (agg)	maksīkiy	مكسيكيّ

239. America centrale e America del Sud

Argentina (f)	arʒantīn (f)	الأرجنتين
argentino (m)	arʒantīniy (m)	أرجنتينيّ
argentina (f)	arʒantīniyya (f)	أرجنتينيّة
argentino (agg)	arʒantīniy	أرجنتينيّ

Brasile (m)	al brazīl (f)	البرازيل
brasiliano (m)	brazīliy (m)	برازيليّ
brasiliana (f)	brazīliyya (f)	برازيليّة
brasiliano (agg)	brazīliy	برازيليّ

Colombia (f)	kulumbiya (f)	كولومبيا
colombiano (m)	kulumbiy (m)	كولومبيّ
colombiana (f)	kulumbiyya (f)	كولومبيّة
colombiano (agg)	kulumbiy	كولومبيّ
Cuba (f)	kūba (f)	كوبا

cubano (m)	kūbiy (m)	كوبيّ
cubana (f)	kūbiyya (f)	كوبيّة
cubano (agg)	kūbiy	كوبيّ
Cile (m)	tʃīli (f)	تشيلي
cileno (m)	tʃīliy (m)	تشيليّ
cilena (f)	tʃīliyya (f)	تشيليّة
cileno (agg)	tʃīliy	تشيليّ
Bolivia (f)	bulīviya (f)	بوليفيا
Venezuela (f)	vinizwiyla (f)	فنزويلا
Paraguay (m)	baraɣwāy (f)	باراغواي
Perù (m)	biru (f)	بيرو
Suriname (m)	surinām (f)	سورينام
Uruguay (m)	uruɣwāy (f)	الأوروغواي
Ecuador (m)	al iqwadūr (f)	الإكوادور
Le Bahamas	ʒuzur bahāmas (pl)	جزر باهاماس
Haiti (m)	haīti (f)	هايتي
Repubblica (f) Dominicana	ʒumhūriyyat ad duminikan (f)	جمهوريّة الدومينيكان
Panama (m)	banama (f)	بنما
Giamaica (f)	ʒamāyka (f)	جامايكا

240. Africa

Egitto (m)	miṣr (f)	مصر
egiziano (m)	miṣriy (m)	مصريّ
egiziana (f)	miṣriyya (f)	مصريّة
egiziano (agg)	miṣriy	مصريّ
Marocco (m)	al maɣrib (m)	المغرب
marocchino (m)	maɣribiy (m)	مغربيّ
marocchina (f)	maɣribiyya (f)	مغربيّة
marocchino (agg)	maɣribiy	مغربيّ
Tunisia (f)	tūnis (f)	تونس
tunisino (m)	tūnisiy (m)	تونسيّ
tunisina (f)	tūnisiyya (f)	تونسيّة
tunisino (agg)	tūnisiy	تونسيّ
Ghana (m)	ɣāna (f)	غانا
Zanzibar	zanʒibār (f)	زنجبار
Kenya (m)	kiniya (f)	كينيا
Libia (f)	līibya (f)	ليبيا
Madagascar (m)	madaɣaʃqar (f)	مدغشقر
Namibia (f)	namībiya (f)	ناميبيا
Senegal (m)	as siniɣāl (f)	السنغال
Tanzania (f)	tanzāniya (f)	تنزانيا
Repubblica (f) Sudafricana	ʒumhūriyyat afrīqiya al ʒanūbiyya (f)	جمهوريّة أفريقيا الجنوبيّة
africano (m)	afrīqiy (m)	أفريقيّ
africana (f)	afrīqiyya (f)	أفريقيّة
africano (agg)	afrīqiy	أفريقيّ

241. Australia. Oceania

Australia (f)	usturāliya (f)	أستراليا
australiano (m)	usturāliy (m)	أسترالي
australiana (f)	usturāliyya (f)	أسترالية
australiano (agg)	usturāliy	أسترالي
Nuova Zelanda (f)	nyu zilanda (f)	نيوزيلندا
neozelandese (m)	nyu zilandiy (m)	نيوزيلندي
neozelandese (f)	nyu zilandiyya (f)	نيوزيلندية
neozelandese (agg)	nyu zilandiy	نيوزيلندي
Tasmania (f)	tasmāniya (f)	تاسمانيا
Polinesia (f) Francese	bulinīziya al faransiyya (f)	بولينزيا الفرنسيّة

242. Città

L'Aia	lahāy (f)	لاهاى
Amburgo	hamburɣ (m)	هامبورغ
Amsterdam	amstirdām (f)	أمستردام
Ankara	anqara (f)	أنقرة
Atene	aθīna (f)	أثينا
L'Avana	havāna (f)	هافانا
Baghdad	baɣdād (f)	بغداد
Bangkok	bankūk (f)	بانكوك
Barcellona	barʃalūna (f)	برشلونة
Beirut	bayrūt (f)	بيروت
Berlino	birlīn (f)	برلين
Bombay, Mumbai	bumbāy (f)	بومباى
Bonn	būn (f)	بون
Bordeaux	burdu (f)	بوردو
Bratislava	bratislāva (f)	براتيسلافا
Bruxelles	brūksil (f)	بروكسل
Bucarest	buχarist (f)	بوخارست
Budapest	budabist (f)	بودابست
Il Cairo	al qāhira (f)	القاهرة
Calcutta	kalkutta (f)	كلكتا
Chicago	ʃikāɣu (f)	شيكاغو
Città del Messico	madīnat maksiku (f)	مدينة مكسيكو
Copenaghen	kubinhāʒin (f)	كوبنهاجن
Dar es Salaam	dar as salām (f)	دار السلام
Delhi	dilhi (f)	دلهي
Dubai	dibay (f)	دبي
Dublino	dablin (f)	دبلن
Düsseldorf	dusildurf (f)	دوسلدورف
Firenze	flurinsa (f)	فلورنسا
Francoforte	frankfurt (f)	فرانكفورت
Gerusalemme	al quds (f)	القدس

Ginevra	ʒinīv (f)	جنيف
Hanoi	hanuy (f)	هانوى
Helsinki	hilsinki (f)	هلسنكي
Hiroshima	hiruʃīma (f)	هيروشيما
Hong Kong	hunɣ kunɣ (f)	هونغ كونغ
Istanbul	isṭanbūl (f)	إسطنبول
Kiev	kiyiv (f)	كييف
Kuala Lumpur	kuala lumpur (f)	كوالالمبور

Lione	liyūn (f)	ليون
Lisbona	liʃbūna (f)	لشبونة
Londra	lundun (f)	لندن
Los Angeles	lus anʒilis (f)	لوس أنجلوس

Madrid	madrīd (f)	مدريد
Marsiglia	marsīliya (f)	مرسيليا
Miami	mayāmi (f)	ميامي
Monaco di Baviera	myūniҳ (f)	ميونخ
Montreal	muntriyāl (f)	مونتريال
Mosca	musku (f)	موسكو

Nairobi	nayrūbi (f)	نيروبي
Napoli	nabuli (f)	نابولي
New York	nyu yūrk (f)	نيويورك
Nizza	nīs (f)	نيس

Oslo	uslu (f)	أوسلو
Ottawa	uttawa (f)	أوتاوا
Parigi	barīs (f)	باريس
Pechino	bikīn (f)	بيكين
Praga	brāɣ (f)	براغ
Rio de Janeiro	riu di ʒaniyru (f)	ريو دي جانيرو
Roma	rūma (f)	روما

San Pietroburgo	sant bitirsburɣ (f)	سانت بطرسبرغ
Seoul	siūl (f)	سيول
Shanghai	ʃanɣhāy (f)	شانغهاي
Sidney	sidniy (f)	سيدني
Singapore	sinɣafūra (f)	سنغافورة
Stoccolma	stukhūlm (f)	ستوكهولم

Taipei	taybay (f)	تايبيه
Tokio	ṭukyu (f)	طوكيو
Toronto	turūntu (f)	تورونتو

Varsavia	warsaw (f)	وارسو
Venezia	al bunduqiyya (f)	البندقيّة
Vienna	vyīna (f)	فيينا
Washington	wāʃinṭun (f)	واشنطن

243. Politica. Governo. Parte 1

politica (f)	siyāsa (f)	سياسة
politico (agg)	siyāsiy	سياسيّ

politico (m)	siyāsiy (m)	سياسيّ
stato (m) (nazione, paese)	dawla (f)	دولة
cittadino (m)	muwāṭin (m)	مواطن
cittadinanza (f)	ʒinsiyya (f)	جنسيّة
emblema (m) nazionale	ʃiʿār waṭaniy (m)	شعار وطنيّ
inno (m) nazionale	naʃīd waṭaniy (m)	نشيد وطنيّ
governo (m)	ḥukūma (f)	حكومة
capo (m) di Stato	raʾs ad dawla (m)	رأس الدولة
parlamento (m)	barlamān (m)	برلمان
partito (m)	ḥizb (m)	حزب
capitalismo (m)	raʾsmāliyya (f)	رأسماليّة
capitalistico (agg)	raʾsmāliy	رأسماليّ
socialismo (m)	iʃtirākiyya (f)	إشتراكيّة
socialista (agg)	iʃtirākiy	إشتراكيّ
comunismo (m)	ʃuyūʿiyya (f)	شيوعيّة
comunista (agg)	ʃuyūʿiy	شيوعيّ
comunista (m)	ʃuyūʿiy (m)	شيوعيّ
democrazia (f)	dimuqraṭiyya (f)	ديموقراطيّة
democratico (m)	dimuqrāṭiy (m)	ديموقراطيّ
democratico (agg)	dimuqrāṭiy	ديموقراطيّ
partito (m) democratico	al ḥizb ad dimukrāṭiy (m)	الحزب الديموقراطيّ
liberale (m)	libirāliy (m)	ليبراليّ
liberale (agg)	libirāliy	ليبراليّ
conservatore (m)	muḥāfiẓ (m)	محافظ
conservatore (agg)	muḥāfiẓ	محافظ
repubblica (f)	ʒumhūriyya (f)	جمهوريّة
repubblicano (m)	ʒumhūriy (m)	جمهوريّ
partito (m) repubblicano	al ḥizb al ʒumhūriy (m)	الحزب الجمهوريّ
elezioni (f pl)	intiχābāt (pl)	إنتخابات
eleggere (vt)	intaχab	إنتخب
elettore (m)	nāχib (m)	ناخب
campagna (f) elettorale	ḥamla intiχābiyya (f)	حملة إنتخابيّة
votazione (f)	taṣwīt (m)	تصويت
votare (vi)	ṣawwat	صوّت
diritto (m) di voto	ḥaqq al intiχāb (m)	حقّ الإنتخاب
candidato (m)	muraʃʃaḥ (m)	مرشّح
candidarsi (vr)	raʃʃaḥ nafsahu	رشّح نفسه
campagna (f)	ḥamla (f)	حملة
d'opposizione (agg)	muʿāriḍ	معارض
opposizione (f)	muʿāraḍa (f)	معارضة
visita (f)	ziyāra (f)	زيارة
visita (f) ufficiale	ziyāra rasmiyya (f)	زيارة رسميّة
internazionale (agg)	duwaliy	دوليّ

trattative (f pl)	mubāhaθāt (pl)	مباحثات
negoziare (vi)	aʒra mubāhaθāt	أجرى مباحثات

244. Politica. Governo. Parte 2

società (f)	muʒtama' (m)	مجتمع
costituzione (f)	dustūr (m)	دستور
potere (m) (~ politico)	sulṭa (f)	سلطة
corruzione (f)	fasād (m)	فساد
legge (f)	qānūn (m)	قانون
legittimo (agg)	qānūniy	قانونيّ
giustizia (f)	'adāla (f)	عدالة
giusto (imparziale)	'ādil	عادل
comitato (m)	laʒna (f)	لجنة
disegno (m) di legge	maʃrū' qānūn (m)	مشروع قانون
bilancio (m)	mīzāniyya (f)	ميزانيّة
politica (f)	siyāsa (f)	سياسة
riforma (f)	iṣlāḥ (m)	إصلاح
radicale (agg)	radikāliy	راديكاليّ
forza (f) (potenza)	quwwa (f)	قوّة
potente (agg)	qawiy	قويّ
sostenitore (m)	mu'ayyid (m)	مؤيّد
influenza (f)	ta'θīr (m)	تأثير
regime (m) (~ militare)	niẓām ḥukm (m)	نظام حكم
conflitto (m)	χilāf (m)	خلاف
complotto (m)	mu'āmara (f)	مؤامرة
provocazione (f)	istifzāz (m)	إستفزاز
rovesciare (~ un regime)	asqaṭ	أسقط
rovesciamento (m)	isqāṭ (m)	إسقاط
rivoluzione (f)	θawra (f)	ثورة
colpo (m) di Stato	inqilāb (m)	إنقلاب
golpe (m) militare	inqilāb 'askariy (m)	انقلاب عسكريّ
crisi (f)	azma (f)	أزمة
recessione (f) economica	rukūd iqtiṣādiy (m)	ركود إقتصاديّ
manifestante (m)	mutaẓāhir (m)	متظاهر
manifestazione (f)	muẓāhara (f)	مظاهرة
legge (f) marziale	al aḥkām al 'urfiyya (pl)	الأحكام العرفيّة
base (f) militare	qa'ida 'askariyya (f)	قاعدة عسكريّة
stabilità (f)	istiqrār (m)	إستقرار
stabile (agg)	mustaqirr	مستقرّ
sfruttamento (m)	istiɣlāl (m)	إستغلال
sfruttare (~ i lavoratori)	istaɣall	إستغلّ
razzismo (m)	'unṣuriyya (f)	عنصريّة
razzista (m)	'unṣuriy (m)	عنصريّ

fascismo (m)	fāʃiyya (f)	فاشيّة
fascista (m)	fāʃiy (m)	فاشيّ

245. Paesi. Varie

straniero (m)	aʒnabiy (m)	أجنبيّ
straniero (agg)	aʒnabiy	أجنبيّ
all'estero	fil χāriʒ	في الخارج
emigrato (m)	nāziḥ (m)	نازح
emigrazione (f)	nuziḥ (m)	نزوح
emigrare (vi)	nazūḥ	نزح
Ovest (m)	al ɣarb (m)	الغرب
Est (m)	aʃ ʃarq (m)	الشرق
Estremo Oriente (m)	aʃ ʃarq al aqṣa (m)	الشرق الأقصى
civiltà (f)	ḥaḍāra (f)	حضارة
umanità (f)	al baʃariyya (f)	البشريّة
mondo (m)	al ʿālam (m)	العالم
pace (f)	salām (m)	سلام
mondiale (agg)	ʿālamiy	عالميّ
patria (f)	waṭan (m)	وطن
popolo (m)	ʃaʿb (m)	شعب
popolazione (f)	sukkān (pl)	سكّان
gente (f)	nās (pl)	ناس
nazione (f)	umma (f)	أمّة
generazione (f)	ʒīl (m)	جيل
territorio (m)	arḍ (f)	أرض
regione (f)	mintaqa (f)	منطقة
stato (m)	wilāya (f)	ولاية
tradizione (f)	taqlīd (m)	تقليد
costume (m)	ʿāda (f)	عادة
ecologia (f)	ʿilm al bīʾa (m)	علم البيئة
indiano (m)	hindiy aḥmar (m)	هنديّ أحمر
zingaro (m)	ɣaʒariy (m)	غجريّ
zingara (f)	ɣaʒariyya (f)	غجريّة
di zingaro	ɣaʒariy	غجريّ
impero (m)	imbiraṭuriyya (f)	امبراطوريّة
colonia (f)	mustaʿmara (f)	مستعمرة
schiavitù (f)	ʿubūdiyya (f)	عبوديّة
invasione (f)	ɣazw (m)	غزو
carestia (f)	maʒāʿa (f)	مجاعة

246. Principali gruppi religiosi. Credi religiosi

religione (f)	dīn (m)	دين
religioso (agg)	dīniy	دينيّ

fede (f)	ʾīmān (m)	إيمان
credere (vi)	ʾāman	آمن
credente (m)	muʾmin (m)	مؤمن
ateismo (m)	al ilḥād (m)	الإلحاد
ateo (m)	mulḥid (m)	ملحد
cristianesimo (m)	al masīḥiyya (f)	المسيحيّة
cristiano (m)	masīḥiy (m)	مسيحيّ
cristiano (agg)	masīḥiy	مسيحيّ
cattolicesimo (m)	al kaθūlikiyya (f)	الكاثوليكيّة
cattolico (m)	kaθulīkiy (m)	كاثوليكيّ
cattolico (agg)	kaθulīkiy	كاثوليكيّ
Protestantesimo (m)	al brutistantiyya (f)	البروتستانتية
Chiesa (f) protestante	al kanīsa al brutistantiyya (f)	الكنيسة البروتستانتيّة
protestante (m)	brutistantiy (m)	بروتستانتي
Ortodossia (f)	urθuðuksiyya (f)	الأرثوذكسيّة
Chiesa (f) ortodossa	al kanīsa al urθuðuksiyya (f)	الكنيسة الأرثوذكسيّة
ortodosso (m)	urθuðuksiy (m)	أرثوذكسيّ
Presbiterianesimo (m)	maʃīχiyya (f)	المشيخيّة
Chiesa (f) presbiteriana	al kanīsa al maʃīχiyya (f)	الكنيسة المشيخيّة
presbiteriano (m)	maʃīχiy (m)	مشيخيّ
Luteranesimo (m)	al kanīsa al luθiriyya (f)	الكنيسة اللوثريّة
luterano (m)	luθiriy (m)	لوثريّ
confessione (f) battista	al kanīsa al maʿmadāniyya (f)	الكنيسة المعمدانيّة
battista (m)	maʿmadāniy (m)	معمداني
Chiesa (f) anglicana	al kanīsa al anʒlikāniyya (f)	الكنيسة الإنجليكانيّة
anglicano (m)	anʒlikāniy (m)	أنجليكانيّ
mormonismo (m)	al murumūniyya (f)	المورمونيّة
mormone (m)	masīḥiy murmūn (m)	مسيحيّ مرمون
giudaismo (m)	al yahūdiyya (f)	اليهودية
ebreo (m)	yahūdiy (m)	يهوديّ
buddismo (m)	al būðiyya (f)	البوذيّة
buddista (m)	būðiy (m)	بوذيّ
Induismo (m)	al hindūsiyya (f)	الهندوسيّة
induista (m)	hindūsiy (m)	هندوسيّ
Islam (m)	al islām (m)	الإسلام
musulmano (m)	muslim (m)	مسلم
musulmano (agg)	islāmiy	إسلاميّ
sciismo (m)	al maðhab aʃʃīʿiy (m)	المذهب الشيعيّ
sciita (m)	ʃīʿiy (m)	شيعيّ
sunnismo (m)	al maðhab as sunniy (m)	المذهب السنّيّ
sunnita (m)	sunniy (m)	سنّيّ

247. Religioni. Sacerdoti

prete (m)	qissīs (m), kāhin (m)	قسّيس, كاهن
Papa (m)	al bāba (m)	البابا
monaco (m)	rāhib (m)	راهب
monaca (f)	rāhiba (f)	راهبة
pastore (m)	qissīs (m)	قسّيس
abate (m)	ra'īs ad dayr (m)	رئيس الدير
vicario (m)	viqār (m)	فيقار
vescovo (m)	usquf (m)	أسقف
cardinale (m)	kardināl (m)	كاردينال
predicatore (m)	tabʃīr (m)	تبشير
predica (f)	xutba (f)	خطبة
parrocchiani (m)	ra'iyyat al abraʃiyya (f)	رعية الأبرشيّة
credente (m)	mu'min (m)	مؤمن
ateo (m)	mulḥid (m)	ملحد

248. Fede. Cristianesimo. Islam

Adamo	'ādam (m)	آدم
Eva	ḥawā' (f)	حوّاء
Dio (m)	allah (m)	الله
Signore (m)	ar rabb (m)	الربّ
Onnipotente (m)	al qadīr (m)	القدير
peccato (m)	ðamb (m)	ذنب
peccare (vi)	aðnab	أذنب
peccatore (m)	muðnib (m)	مذنب
peccatrice (f)	muðniba (f)	مذنبة
inferno (m)	al ʒaḥīm (f)	الجحيم
paradiso (m)	al ʒanna (f)	الجنّة
Gesù	yasū' (m)	يسوع
Gesù Cristo	yasū' al masīḥ (m)	يسوع المسيح
Spirito (m) Santo	ar rūḥ al qudus (m)	الروح القدس
Salvatore (m)	al masīḥ (m)	المسيح
Madonna	maryam al 'aðrā' (f)	مريم العذراء
Diavolo (m)	aʃ ʃayṭān (m)	الشيطان
del diavolo	ʃayṭāniy	شيطانيّ
Satana (m)	aʃ ʃayṭān (m)	الشيطان
satanico (agg)	ʃayṭāniy	شيطاني
angelo (m)	malāk (m)	ملاك
angelo (m) custode	malāk ḥāris (m)	ملاك حارس
angelico (agg)	malā'ikiy	ملائكيّ

apostolo (m)	rasūl (m)	رسول
arcangelo (m)	al malak ar ra'īsiy (m)	الملك الرئيسي
Anticristo (m)	al masīḥ ad daʒʒāl (m)	المسيح الدجّال
Chiesa (f)	al kanīsa (f)	الكنيسة
Bibbia (f)	al kitāb al muqaddas (m)	الكتاب المقدّس
biblico (agg)	tawrātiy	توراتيّ
Vecchio Testamento (m)	al ʿahd al qadīm (m)	العهد القديم
Nuovo Testamento (m)	al ʿahd al ʒadīd (m)	العهد الجديد
Vangelo (m)	inʒīl (m)	إنجيل
Sacra Scrittura (f)	al kitāb al muqaddas (m)	الكتاب المقدّس
Il Regno dei Cieli	al ʒanna (f)	الجنّة
comandamento (m)	waṣiyya (f)	وصيّة
profeta (m)	nabiy (m)	نبيّ
profezia (f)	nubū'a (f)	نبوءة
Allah	allah (m)	الله
Maometto	muḥammad (m)	محمّد
Corano (m)	al qur'ān (m)	القرآن
moschea (f)	masʒid (m)	مسجد
mullah (m)	mulla (m)	مُلَا
preghiera (f)	ṣalāt (f)	صلاة
pregare (vi, vt)	ṣalla	صلّى
pellegrinaggio (m)	ḥaʒʒ (m)	حجّ
pellegrino (m)	ḥāʒʒ (m)	حاجّ
La Mecca (f)	makka al mukarrama (f)	مكة المكرّمة
chiesa (f)	kanīsa (f)	كنيسة
tempio (m)	maʿbad (m)	معبد
cattedrale (f)	katidrā'iyya (f)	كاتدرائيّة
gotico (agg)	qūṭiy	قوطيّ
sinagoga (f)	kanīs maʿbad yahūdiy (m)	كنيس معبد يهوديّ
moschea (f)	masʒid (m)	مسجد
cappella (f)	kanīsa saɣīra (f)	كنيسة صغيرة
abbazia (f)	dayr (m)	دير
convento (m) di suore	dayr (m)	دير
monastero (m)	dayr (m)	دير
campana (f)	ʒaras (m)	جرس
campanile (m)	burʒ al ʒaras (m)	برج الجرس
suonare (campane)	daqq	دقّ
croce (f)	ṣalīb (m)	صليب
cupola (f)	qubba (f)	قبّة
icona (f)	'īkūna (f)	ايقونة
anima (f)	nafs (f)	نفس
destino (m), sorte (f)	maṣīr (m)	مصير
male (m)	ʃarr (m)	شرّ
bene (m)	χayr (m)	خير
vampiro (m)	maṣṣāṣ dimā' (m)	مصّاص دماء

strega (f)	sāḥira (f)	ساحرة
demone (m)	ʃayṭān (m)	شيطان
spirito (m)	rūḥ (m)	روح
redenzione (f)	takfīr (m)	تكفير
redimere (vt)	kaffar ʿan	كفّر عن
messa (f)	qaddās (m)	قدّاس
dire la messa	alqa xuṭba bil kanīsa	ألقى خطبة بالكنيسة
confessione (f)	iʿtirāf (m)	إعتراف
confessarsi (vr)	iʿtaraf	إعترف
santo (m)	qiddīs (m)	قدّيس
sacro (agg)	muqaddas (m)	مقدّس
acqua (f) santa	māʾ muqaddas (m)	ماء مقدّس
rito (m)	ṭuqūs (pl)	طقوس
rituale (agg)	ṭuqūsiy	طقوسيّ
sacrificio (m) (offerta)	ðabīḥa (f)	ذبيحة
superstizione (f)	xurāfa (f)	خرافة
superstizioso (agg)	muʾmin bil xurāfāt (m)	مؤمن بالخرافات
vita (f) dell'oltretomba	al ʾāxira (f)	الآخرة
vita (f) eterna	al ḥayāt al abadiyya (f)	الحياة الأبدية

VARIE

249. Varie parole utili

aiuto (m)	musā'ada (f)	مساعدة
barriera (f) (ostacolo)	ḥāʒiz (m)	حاجز
base (f)	asās (m)	أساس
bilancio (m) (equilibrio)	tawāzun (m)	توازن
categoria (f)	fi'a (f)	فئة
causa (f) (ragione)	sabab (m)	سبب
coincidenza (f)	ṣudfa (f)	صدفة
comodo (agg)	murīḥ	مريح
compenso (m)	ta'wīḍ (m)	تعويض
confronto (m)	muqārana (f)	مقارنة
cosa (f) (oggetto, articolo)	ʃay' (m)	شيء
crescita (f)	numuww (m)	نمو
differenza (f)	farq (m)	فرق
effetto (m)	ta'θīr (m)	تأثير
elemento (m)	'unṣur (m)	عنصر
errore (m)	xaṭa' (m)	خطأ
esempio (m)	miθāl (m)	مثال
fatto (m)	ḥaqīqa (f)	حقيقة
forma (f) (aspetto)	ʃakl (m)	شكل
frequente (agg)	mutakarrir (m)	متكرّر
genere (m) (tipo, sorta)	naw' (m)	نوع
grado (m) (livello)	daraʒa (f)	درجة
ideale (m)	miθāl (m)	مثال
inizio (m)	bidāya (f)	بداية
labirinto (m)	tayh (m)	تيه
modo (m) (maniera)	ṭarīqa (f)	طريقة
momento (m)	laḥza (f)	لحظة
oggetto (m) (cosa)	mawḍū' (m)	موضوع
originale (m) (non è una copia)	aṣl (m)	أصل
ostacolo (m)	'aqba (f)	عقبة
parte (f) (~ di qc)	ʒuz' (m)	جزء
particella (f)	ʒuz' (m)	جزء
pausa (f)	istirāḥa (f)	إستراحة
pausa (f) (sosta)	istirāḥa (f)	إستراحة
posizione (f)	mawqif (m)	موقف
principio (m)	mabda' (m)	مبدأ
problema (m)	muʃkila (f)	مشكلة
processo (m)	'amaliyya (f)	عمليّة
progresso (m)	taqaddum (m)	تقدّم

| proprietà (f) (qualità) | xaṣṣa (f) | خاصّة |
| reazione (f) | radd fi'l (m) | ردّ فعل |

rischio (m)	muxāṭara (f)	مخاطرة
ritmo (m)	sur'a (f)	سرعة
scelta (f)	ixtiyār (m)	إختيار
segreto (m)	sirr (m)	سرّ
serie (f)	silsila (f)	سلسلة

sfondo (m)	xalfiyya (f)	خلفيّة
sforzo (m) (fatica)	ʒuhd (m)	جهد
sistema (m)	niẓām (m)	نظام
situazione (f)	ḥāla (f), waḍ' (m)	حالة, وضع
soluzione (f)	ḥall (m)	حلّ

standard (agg)	qiyāsiy	قياسيّ
standard (m)	qiyās (m)	قياس
stile (m)	uslūb (m)	أسلوب
sviluppo (m)	tanmiya (f)	تنمية
tabella (f) (delle calorie, ecc.)	ʒadwal (m)	جدول

termine (m)	nihāya (f)	نهاية
termine (m) (parola)	muṣṭalaḥ (m)	مصطلح
tipo (m)	naw' (m)	نوع
turno (m) (aspettare il proprio ~)	dawr (m)	دور
urgente (agg)	'āʒil	عاجل

urgentemente	'āʒilan	عاجلًا
utilità (f)	manfa'a (f)	منفعة
variante (f)	ʃakl muxtalif (m)	شكل مختلف
verità (f)	ḥaqīqa (f)	حقيقة
zona (f)	mintaqa (f)	منطقة

250. Modificatori. Aggettivi. Parte 1

a buon mercato	raxīṣ	رخيص
abbronzato (agg)	asmar	أسمر
acido, agro (sapore)	ḥāmiḍ	حامض
affamato (agg)	ʒaw'ān	جوعان
affilato (coltello ~)	ḥādd	حادّ

allegro (agg)	farḥān	فرحان
alto (voce ~a)	'āli	عال
amaro (sapore)	murr	مرّ
antico (civiltà, ecc.)	qadīm	قديم
aperto (agg)	maftūḥ	مفتوح

artificiale (agg)	ṣinā'iy	صناعيّ
bagnato (vestiti ~i)	mablūl	مبلول
basso (~a voce)	munxafiḍ	منخفض
bello (agg)	ʒamīl	جميل
breve (di breve durata)	qaṣīr	قصير
bruno (agg)	asmar	أسمر

buio, scuro (stanza ~a)	muẓlim	مظلم
buono (un libro, ecc.)	ʒayyid	جيّد
buono, gentile	ṭayyib	طيّب
buono, gustoso	laðīð	لذيذ
caldo (agg)	sāxin	ساخن
calmo (agg)	hādi'	هادئ
caro (agg)	ɣāli	غال
cattivo (agg)	sayyi'	سيّئ
centrale (agg)	markaziy	مركزيّ
chiaro (un significato ~)	wāḍiḥ	واضح
chiaro, tenue (un colore ~)	fātiḥ	فاتح
chiuso (agg)	muɣlaq	مغلق
cieco (agg)	a'ma	أعمى
civile (società ~)	madaniy	مدنيّ
clandestino (agg)	sirriy	سرّيَ
collegiale (decisione ~)	muʃtarak	مشترك
compatibile (agg)	mutawāfiq	متوافق
complicato (progetto, ecc.)	ṣa'b	صعب
contento (agg)	rāḍi	راض
continuo (agg)	mumtadd	ممتدّ
continuo (ininterrotto)	mutawāṣil	متواصل
cortese (gentile)	laṭīf	لطيف
corto (non lungo)	qaṣīr	قصير
crudo (non cotto)	nayy	نيّ
denso (fumo ~)	kaθīf	كثيف
destro (lato ~)	al yamīn	اليمين
di seconda mano	musta'mal	مستعمل
di sole (una giornata ~)	muʃmis	مشمس
differente (agg)	muxtalif	مختلف
difficile (decisione)	ṣa'b	صعب
distante (agg)	ba'īd	بعيد
diverso (agg)	muxtalif	مختلف
dolce (acqua ~)	'aðb	عذب
dolce (gusto)	musakkar	مسكّر
dolce, tenero	ḥanūn	حنون
dritto (linea, strada ~a)	mustaqīm	مستقيم
duro (non morbido)	ʒāmid	جامد
eccellente (agg)	mumtāz	ممتاز
eccessivo (esagerato)	mufriṭ	مفرط
enorme (agg)	ḍaxm	ضخم
esterno (agg)	xāriʒiy	خارجيّ
facile (agg)	sahl	سهل
faticoso (agg)	mut'ib	متعب
felice (agg)	sa'īd	سعيد
fertile (terreno)	xaṣib	خصب
fioco, soffuso (luce ~a)	bāhit	باهت
fitto (nebbia ~a)	kaθīf	كثيف

forte (una persona ~)	qawiy	قَوِيّ
fosco (oscuro)	muẓlim	مظلم
fragile (porcellana, vetro)	haʃʃ	هشّ
freddo (bevanda, tempo)	bārid	بارد

fresco (freddo moderato)	qarīr	قرير
fresco (pane ~)	ṭāziȝ	طازج
gentile (agg)	mu'addab	مؤدّب
giovane (agg)	ʃābb	شابّ
giusto (corretto)	ṣaḥīḥ	صحيح

gradevole (voce ~)	laṭīf	لطيف
grande (agg)	kabīr	كبير
grasso (cibo ~)	dasim	دسم
grato (agg)	ʃākir	شاكر

gratuito (agg)	maȝȝāniy	مجّانيّ
idoneo (adatto)	ṣāliḥ	صالح
il più alto	a'la	أعلى
il più importante	ahamm	أهمّ
il più vicino	aqrab	أقرب

immobile (agg)	θābit	ثابت
importante (agg)	muhimm	مهمّ
impossibile (agg)	mustaḥīl	مستحيل
incomprensibile (agg)	ɣayr wāḍiḥ	غير واضح
indispensabile	ḍarūriy	ضروريّ

inesperto (agg)	qalīl al xibra	قليل الخبرة
insignificante (agg)	ɣayr muhimm	غير مهمّ
intelligente (agg)	ðakiy	ذكيّ
interno (agg)	dāxiliy	داخليّ

intero (agg)	kāmil	كامل
largo (strada ~a)	wāsi'	واسع
legale (agg)	qānūniy, ʃar'iy	قانونيّ، شرعيّ
leggero (che pesa poco)	xafīf	خفيف
libero (agg)	ḥurr	حرّ

limitato (agg)	maḥdūd	محدود
liquido (agg)	sā'il	سائل
liscio (superficie ~a)	amlas	أملس
lontano (agg)	ba'īd	بعيد
lungo (~a strada, ecc.)	ṭawīl	طويل

251. Modificatori. Aggettivi. Parte 2

magnifico (agg)	ȝamīl	جميل
magro (uomo ~)	naḥīf	نحيف
malato (agg)	marīḍ	مريض
maturo (un frutto ~)	nāḍiȝ	ناضج
meticoloso, accurato	mutqan	متقن
miope (agg)	qaṣīr an naẓar	قصير النظر
misterioso (agg)	ɣarīb	غريب

molto magro (agg)	naḥīf	نحيف
molto povero (agg)	mu'dim	معدم
morbido (~ al tatto)	ṭariy	طري

morto (agg)	mayyit	ميّت
nativo (paese ~)	aṣliy	أصليّ
necessario (agg)	lāzim	لازم
negativo (agg)	salbiy	سلبيّ
nervoso (agg)	'aṣabiy	عصبيّ

non difficile	ɣayr ṣa'b	غير صعب
non molto grande	ɣayr kabīr	غير كبير
noncurante (negligente)	muhmil	مهمل
normale (agg)	'ādiy	عاديّ
notevole (agg)	muhimm	مهم

nuovo (agg)	ӡadīd	جديد
obbligatorio (agg)	ḍarūriy	ضروريّ
opaco (colore)	munṭafi'	منطفئ
opposto (agg)	muqābil	مقابل

ordinario (comune)	'ādiy	عاديّ
originale (agg)	aṣliy	أصليّ
ostile (agg)	mu'ādin	معاد
passato (agg)	māḍi	ماض
per bambini	lil aṭfāl	للأطفال

perfetto (agg)	mumtāz	ممتاز
pericoloso (agg)	xaṭīr	خطير
permanente (agg)	dā'im	دائم
personale (agg)	ʃaxṣiy	شخصيّ
pesante (agg)	taqīl	ثقيل

piatto (schermo ~)	musaṭṭaḥ	مسطّح
piatto, piano (superficie ~a)	musaṭṭaḥ	مسطّح
piccolo (agg)	ṣaɣīr	صغير
pieno (bicchiere, ecc.)	malyān	مليان

poco chiaro (agg)	ɣayr wāḍiḥ	غير واضح
poco profondo (agg)	ḍaḥl	ضحل
possibile (agg)	mumkin	ممكن
posteriore (agg)	xalfiy	خلفيّ
povero (agg)	faqīr	فقير

precedente (agg)	māḍi	ماض
preciso, esatto	daqīq	دقيق
premuroso (agg)	muhtamm	مهتمّ
presente (agg)	ḥāḍir	حاضر

principale (più importante)	ra'īsi	رئيسي
principale (primario)	asāsiy	أساسيّ
privato (agg)	ʃaxṣiy	شخصيّ
probabile (agg)	muḥtamal	محتمل
prossimo (spazio)	qarīb	قريب
pubblico (agg)	'āmm	عام
pulito (agg)	naẓīf	نظيف

puntuale (una persona ~)	daqīq	دقيق
raro (non comune)	nādir	نادر
rischioso (agg)	χaṭir	خطر
salato (cibo)	māliḥ	مالح
scorso (il mese ~)	māḍi	ماض
secco (asciutto)	ӡāff	جاف
semplice (agg)	basīṭ	بسيط
sereno (agg)	ṣāfi	صاف
sicuro (non pericoloso)	'āmin	آمن
simile (agg)	ʃabīh	شبيه
sinistro (agg)	al yasār	اليسار
soddisfatto (agg)	rāḍi	راض
solido (parete ~a)	matīn	متين
spazioso (stanza ~a)	wāsiʻ	واسع
speciale (agg)	χāṣṣ	خاص
spesso (un muro ~)	θaχīn	ثخين
sporco (agg)	wasiχ	وسخ
stanco (esausto)	taʻbān	تعبان
straniero (studente ~)	aӡnabiy	أجنبي
stretto (scarpe ~e)	ḍayyiq	ضيق
stretto (un vicolo ~)	ḍayyiq	ضيق
stupido (agg)	yabiy	غبي
successivo, prossimo	muqbil	مقبل
supplementare (agg)	iḍāfiy	إضافي
surgelato (cibo ~)	muӡammad	مجمد
tiepido (agg)	dāfi'	دافئ
tranquillo (agg)	hādi'	هادئ
trasparente (agg)	ʃaffāf	شفاف
triste (infelice)	ḥazīn	حزين
triste, mesto	ḥazīn	حزين
uguale (identico)	mumāθil	مماثل
ultimo (agg)	'āχir	آخر
umido (agg)	raṭib	رطب
unico (situazione ~a)	farīd	فريد
vecchio (una casa ~a)	qadīm	قديم
veloce, rapido	sarīʻ	سريع
vicino, accanto (avv)	qarīb	قريب
vicino, prossimo	muӡāwir	مجاور
vuoto (un bicchiere ~)	χāli	خال

I 500 VERBI PRINCIPALI

252. Verbi A-C

abbagliare (vt)	a'ma	أعمى
abbassare (vt)	anzal	أنزل
abbracciare (vt)	'ānaq	عانق
abitare (vi)	sakan	سكن
accarezzare (vt)	masaḥ	مسح
accendere (~ la tv, ecc.)	fataḥ, ʃaɣɣal	فتح، شغّل
accendere (con una fiamma)	aʃʿal	أشعل
accompagnare (vt)	rāfaq	رافق
accorgersi (vr)	lāḥaẓ	لاحظ
accusare (vt)	ittaham	إتّهم
aderire a ...	inḍamm ila	إنضمّ إلى
adulare (vt)	ʒāmal	جامل
affermare (vt)	aṣarr	أصرّ
afferrare (la palla, ecc.)	amsak	أمسك
affittare (dare in affitto)	ista'ʒar	إستأجر
aggiungere (vt)	aḍāf	أضاف
agire (Come intendi ~?)	'amal	عمل
agitare (scuotere)	hazz	هزّ
agitare la mano	lawwaḥ	لوّح
aiutare (vt)	sā'ad	ساعد
alleggerire (~ la vita)	sahhal	سهّل
allenare (vt)	darrab	درّب
allenarsi (vr)	tadarrab	تدرّب
alludere (vi)	lamaḥ	لمح
alzarsi (dal letto)	qām	قام
amare (qn)	aḥabb	أحبّ
ammaestrare (vt)	darrab	درّب
ammettere (~ qc)	i'taraf	إعترف
ammirare (vi)	u'ʒab bi	أعجب بـ
amputare (vt)	batar	بتر
andare (in macchina)	sāfar	سافر
andare a letto	nām	نام
annegare (vi)	ɣariq	غرق
annoiarsi (vr)	ʃa'ar bil malal	شعر بالملل
annotare (vt)	katab	كتب
annullare (vt)	alɣa	ألغى
apparire (vi)	ẓahar	ظهر
appartenere (vi)	xaṣṣ	خصّ

appendere (~ le tende)	'allaq	علّق
applaudire (vi, vt)	ṣaffaq	صفّق
aprire (vt)	fataḥ	فتح
arrendersi (vr)	istaslam	إستسلم
arrivare (di un treno)	waṣal	وصل
arrossire (vi)	iḥmarr	إحمرّ
asciugare (~ i capelli)	ӡaffaf	جفّف
ascoltare (vi)	istama'	إستمع
aspettare (vt)	intazar	إنتظر
aspettarsi (vr)	tawaqqa'	توقّع
aspirare (vi)	sa'a	سعى
assistere (vt)	sā'ad	ساعد
assomigliare a ...	kān ʃabīhan	كان شبيهًا
assumere (~ personale)	wazzaf	وظّف
attaccare (vt)	haӡam	هجم
aumentare (vi)	izdād	إزداد
aumentare (vt)	zayyad	زيّد
autorizzare (vt)	samaḥ	سمح
avanzare (vi)	taqaddam	تقدّم
avere (vt)	malak	ملك
avere fretta	ista'ӡal	إستعجل
avere paura	χāf	خاف
avvertire (vt)	haððar	حذّر
avviare (un progetto)	aṭlaq	أطلق
avvicinarsi (vr)	iqtarab	إقترب
basarsi su ...	i'tamad	إعتمد
bastare (vi)	kafa	كفى
battersi (~ contro il nemico)	qātal	قاتل
bere (vi, vt)	ʃarib	شرب
bruciare (vt)	ḥaraq	حرق
bussare (alla porta)	daqq	دقّ
cacciare (vt)	iṣṭād	إصطاد
cacciare via	ṭarad	طرد
calmare (vt)	ṭam'an	طمأن
cambiare (~ opinione)	ɣayyar	غيّر
camminare (vi)	maʃa	مشى
cancellare (gomma per ~)	masaḥ	مسح
canzonare (vt)	saχar	سخر
capeggiare (vt)	ra's	رأس
capire (vt)	fahim	فهم
capovolgere (~ qc)	qalab	قلب
caricare (~ un camion)	ʃaḥan	شحن
caricare (~ una pistola)	ḥaʃa	حشا
cenare (vi)	ta'aʃʃa	تعشّى
cercare (vt)	baḥaθ	بحث
cessare (vt)	tawaqqaf	توقّف

chiamare (nominare)	samma	سمّى
chiamare (rivolgersi a)	nāda	نادى
chiedere (~ aiuto)	istayāθ	إستغاث
chiedere (domandare)	ṭalab	طلب
chiudere (~ la finestra)	aɣlaq	أغلق
citare (vt)	istaʃhad	إستشهد
cogliere (fiori, ecc.)	qaṭaf	قطف
collaborare (vi)	taʿāwan	تعاون
collocare (vt)	waḍaʿ	وضع
coltivare (vt)	anbat	أنبت
combattere (vi)	qātal	قاتل
cominciare (vt)	badaʾ	بدأ
compensare (vt)	ʿawwaḍ	عوّض
competere (vi)	nāfas	نافس
compilare (vt)	ʒammaʿ	جمّع
complicare (vt)	ʿaqqad	عقّد
comporre (~ un brano musicale)	laḥḥan	لحّن
comportarsi (vr)	taṣarraf	تصرّف
comprare (vt)	iʃtara	إشترى
compromettere (vt)	faḍah	فضح
concentrarsi (vr)	tarakkaz	تركّز
condannare (vt)	ḥakam	حكم
confessarsi (vr)	iʿtaraf	إعترف
confondere (vt)	iχtalaṭ	إختلط
confrontare (vt)	qāran	قارن
congratularsi (con qn per qc)	hannaʾ	هنّأ
conoscere (qn)	ʿaraf	عرف
consigliare (vt)	naṣaḥ	نصح
consultare (medico, ecc.)	istaʃār ...	إستشار...
contagiare (vt)	aʿda	أعدى
contagiarsi (vr)	inʿada	إنعدى
contare (calcolare)	ʿadd	عدّ
contare su ...	iʿtamad ʿala ...	إعتمد على...
continuare (vt)	istamarr	إستمرّ
controllare (vt)	taḥakkam	تحكّم
convincere (vt)	aqnaʿ	أقنع
convincersi (vr)	iqtanaʿ	إقتنع
coordinare (vt)	nassaq	نسّق
correggere (vt)	ṣaḥḥaḥ	صحّح
correre (vi)	ʒara	جرى
costare (vt)	kallaf	كلّف
costringere (vt)	aʒbar	أجبر
creare (vt)	χalaq	خلق
credere (vt)	iʿtaqad	إعتقد
curare (vt)	ʿālaʒ	عالج

253. Verbi D-G

dare (vt)	a'ṭa	أعطى
dare da mangiare	aṭ'am	أطعم
dare istruzioni	'allam	علّم
decidere (~ di fare qc)	qarrar	قرّر
decollare (vi)	aqla'	أقلع
decorare (adornare)	zayyan	زيّن
decorare (qn)	manaḥ	منح
dedicare (~ un libro)	karras	كرّس
denunciare (vt)	waʃa	وشى
desiderare (vt)	raɣib	رغب
difendere (~ un paese)	dāfa'	دافع
difendersi (vr)	dāfa' 'an nafsih	دافع عن نفسه
dimenticare (vt)	nasiy	نسي
dipendere da ...	ta'allaq bi ...	تعلّق بـ....
dire (~ la verità)	qāl	قال
dirigere (~ un'azienda)	adār	أدار
discutere (vt)	nāqaʃ	ناقش
disprezzare (vt)	iḥtaqar	إحتقر
distribuire (~ volantini, ecc.)	wazza'	وزّع
distribuire (vt)	wazza' 'ala	وزّع على
distruggere (~ documenti)	atlaf	أتلف
disturbare (vt)	az'aʒ	أزعج
diventare pensieroso	ʃaṭaḥ bi muxayyilatih	شطح بمخيّلته
diventare, divenire	aṣbaḥ	أصبح
divertire (vt)	salla	سلّى
divertirsi (vr)	istamta'	إستمتع
dividere (vt)	qasam	قسم
dovere (v aus)	kān yaʒib 'alayh	كان يجب عليه
dubitare (vi)	ʃakk fi	شكّ في
eliminare (un ostacolo)	azāl	أزال
emanare (~ odori)	fāḥ	فاح
emanare odore	fāḥ	فاح
emergere (sommergibile)	ṣa'id ilas saṭḥ	صعد إلى السطح
entrare (vi)	daxal	دخل
equipaggiare (vt)	ʒahhaz	جهّز
ereditare (vt)	wariθ	ورث
esaminare (~ una proposta)	baḥas fi	بحث في
escludere (vt)	faṣal	فصل
esigere (vt)	ṭālib	طالب
esistere (vi)	kān mawʒūd	كان موجودًا
esprimere (vt)	'abbar	عبّر
essere (vi)	kān	كان
essere arrabbiato con ...	za'al	زعل
essere causa di ...	sabbab	سبّب

essere conservato	baqiya	بقي
essere d'accordo	ittafaq	إتفق
essere diverso da ...	ixtalaf	إختلف
essere in guerra	ḥārab	حارب
essere necessario	kānat hunāk ḥāʒa ila	كانت هناك حاجة إلى
essere perplesso	iḥtār	إحتار
essere preoccupato	qalaq	قلق
essere sdraiato	raqad	رقد
estinguere (~ un incendio)	atfa'	أطفأ
evitare (vt)	taʒannab	تجنب
far arrabbiare	az'al	أزعل
far conoscere	'arraf	عرّف
far fare il bagno	ḥammam	حمّم
fare (vt)	'amal	عمل
fare colazione	aftar	أفطر
fare copie	ṣawwar	صوّر
fare foto	ṣawwar	صوّر
fare il bagno	sabaḥ	سبح
fare il bucato	yasal	غسل
fare la conoscenza di ...	ta'arraf	تعرّف
fare le pulizie	rattab	رتّب
fare un bagno	istaḥamm	إستحمّ
fare un rapporto	qaddam taqrīr	قدّم تقريرًا
fare un tentativo	ḥāwal	حاول
fare, preparare	ḥaḍḍar	حضّر
fermarsi (vr)	waqaf	وقف
fidarsi (vt)	waθiq	وثق
finire, terminare (vt)	atamm	أتمّ
firmare (~ un documento)	waqqa'	وقّع
formare (vt)	ʃakkal	شكّل
garantire (vt)	ḍaman	ضمن
gettare (~ il sasso, ecc.)	rama	رمى
giocare (vi)	la'ib	لعب
girare (~ a destra)	in'ataf	إنعطف
girare lo sguardo	a'raḍ 'an	أعرض عن
gradire (vt)	aḥabb	أحبّ
graffiare (vt)	xadaʃ	خدش
gridare (vi)	ṣarax	صرخ
guardare (~ fisso, ecc.)	naẓar	نظر
guarire (vi)	ʃufiy	شفي
guidare (~ un veicolo)	qād sayyāra	قاد سيّارة

254. Verbi I-O

illuminare (vt)	aḍā'	أضاء
imballare (vt)	laff	لفّ

imitare (vt)	qallad	قلّد
immaginare (vt)	taṣawwar	تصوّر
importare (vt)	istawrad	إستورد
incantare (vt)	fatan	فتن
indicare (~ la strada)	aʃār	أشار
indignarsi (vr)	istā'	إستاء
indirizzare (vt)	waʒʒah	وجّه
indovinare (vt)	χamman	خمّن
influire (vt)	aθθar	أثّر
informare (vt)	aχbar	أخبر
informare di ...	aχbar	أخبر
ingannare (vt)	χadaʿ	خدع
innaffiare (vt)	saqa	سقى
innamorarsi di ...	aḥabb	أحبّ
insegnare (qn)	ʿallam	علّم
inserire (vt)	adχal	أدخل
insistere (vi)	aṣarr	أصرّ
insultare (vt)	ahān	أهان
interessare (vt)	hamm	همّ
interessarsi di ...	ihtamm	إهتمّ
intervenire (vi)	tadaχχal	تدخّل
intraprendere (vt)	qām bi	قام بـ
intravedere (vt)	lamaḥ	لمح
inventare (vt)	iχtaraʿ	إخترع
inviare (~ una lettera)	arsal	أرسل
invidiare (vt)	ḥasad	حسد
invitare (vt)	daʿa	دعا
irritare (vt)	azʿaʒ	أزعج
irritarsi (vr)	inzaʿaʒ	إنزعج
iscrivere (su una lista)	saʒʒal	سجّل
isolare (vt)	ʿazal	عزل
ispirare (vt)	alham	ألهم
lamentarsi (vr)	ʃaka	شكا
lasciar cadere	awqaʿ	أوقع
lasciare (abbandonare)	tarak	ترك
lasciare (ombrello, ecc.)	nasiya	نسي
lavare (vt)	γasal	غسل
lavorare (vi)	ʿamal	عمل
legare (~ qn a un albero)	rabaṭ bi ...	ربط بـ....
legare (~ un prigioniero)	rabaṭ	ربط
leggere (vi, vt)	qara'	قرأ
liberare (vt)	ḥarrar	حرّر
liberarsi (~ di qn, qc)	taχallaṣ min ...	تخلّص من...
limitare (vt)	ḥaddad	حدّد
lottare (sport)	ṣāraʿ	صارع
mancare le lezioni	γāb	غاب

mangiare (vi, vt)	akal	أكل
memorizzare (vt)	ḥafaẓ	حفظ
mentire (vi)	kaðib	كذب
menzionare (vt)	ðakar	ذكر
meritare (vt)	istaḥaqq	إستحقّ
mescolare (vt)	xalaṭ	خلط
mettere fretta a ...	a'ʒʒal	عجّل
mettere in ordine	naẓẓam	نظّم
mettere via	ʃāl	شال
mettere, collocare	waḍa'	وضع
minacciare (vt)	haddad	هدّد
mirare, puntare su ...	ṣawwab	صوّب
moltiplicare (vt)	ḍarab	ضرب
mostrare (vt)	'araḍ	عرض
nascondere (vt)	xaba'	خبأ
negare (vt)	ankar	أنكر
negoziare (vi)	aʒra mubāḥaθāt	أجرى مباحثات
noleggiare (~ una barca)	ista'ʒar	إستأجر
nominare (incaricare)	'ayyan	عيّن
nuotare (vi)	sabaḥ	سبح
obbedire (vi)	ṭā'	طاع
obiettare (vt)	i'taraḍ	إعترض
occorrere (vi)	kān maṭlūb	كان مطلوبًا
odorare (sentire odore)	iʃtamm	إشتمّ
offendere (qn)	asā'	أساء
omettere (vt)	ḥaðaf	حذف
ordinare (~ il pranzo)	ṭalab	طلب
ordinare (mil.)	amar	أمر
organizzare (vt)	naẓẓam	نظّم
origliare (vi)	tanaṣṣat	تنصّت
ormeggiarsi (vr)	rasa	رسا
osare (vt)	aqdam	أقدم
osservare (vt)	rāqab	راقب

255. Verbi P-R

pagare (vi, vt)	dafa'	دفع
parlare con ...	takallam ma'a ...	تكلّم مع...
partecipare (vi)	iʃtarak	إشترك
partire (vi)	ɣādar	غادر
peccare (vi)	aðnab	أذنب
penetrare (vi)	daxal	دخل
pensare (credere)	i'taqad	إعتقد
pensare (vi, vt)	ẓann	ظنّ
perdere (ombrello, ecc.)	faqad	فقد
perdonare (vt)	'afa	عفا

permettere (vt)	samaḥ	سمح
pesare (~ molto)	wazan	وزن
pescare (vi)	iṣṭād as samak	إصطاد السمك
pettinarsi (vr)	tamaʃʃaṭ	تمشط
piacere (vi)	aʻʒab	أعجب
piangere (vi)	baka	بكى
pianificare (~ di fare qc)	xaṭṭaṭ	خطّط
picchiare (vt)	ḍarab	ضرب
picchiarsi (vr)	taʻārak	تعارك
portare (qc a qn)	ata bi	أتى بـ
portare via	ðahab bi	ذهب بـ
possedere (vt)	malak	ملك
potere (vi)	istaṭāʻ	إستطاع
pranzare (vi)	taɣadda	تغدّى
preferire (vt)	faḍḍal	فضّل
pregare (vi, vt)	ṣalla	صلّى
prendere (vt)	axað	أخذ
prendere in prestito	istalaf	إستلف
prendere nota	katab mulāḥaza	كتب ملاحظة
prenotare (~ un tavolo)	ḥaʒaz	حجز
preoccupare (vt)	aqlaq	أقلق
preoccuparsi (vr)	qalaq	قلق
preparare (~ un piano)	aʻadd	أعدّ
presentare (~ qn)	qaddam	قدّم
preservare (~ la pace)	ḥafaẓ	حفظ
prevalere (vi)	ɣalab	غلب
prevedere (vt)	tanabba'	تنبّأ
privare (vt)	ḥaram	حرم
progettare (edificio, ecc.)	ṣammam	صمّم
promettere (vt)	waʻad	وعد
pronunciare (vt)	naṭaq	نطق
proporre (vt)	iqtaraḥ, ʻaraḍ	إقترح , عرض
proteggere (vt)	ḥama	حمى
protestare (vi)	iḥtaʒʒ	إحتجّ
provare (vt)	aθbat	أثبت
provocare (vt)	istafazz	إستفزّ
pubblicizzare (vt)	aʻlan	أعلن
pulire (vt)	naẓẓaf	نظّف
pulirsi (vr)	naẓẓaf	نظّف
punire (vt)	ʻāqab	عاقب
raccomandare (vt)	naṣaḥ	نصح
raccontare (~ una storia)	ḥaddaθ	حدّث
raddoppiare (vt)	ḍāʻaf	ضاعف
rafforzare (vt)	ʻazzaz	عزّز
raggiungere (arrivare a)	waṣal	وصل

| raggiungere (obiettivo) | balaɣ | بلغ |
| rammaricarsi (vr) | nadim | ندم |

rasarsi (vr)	ḥalaq	حلق
realizzare (vt)	ḥaqqaq	حقّق
recitare (~ un ruolo)	maθθal	مثّل
regolare (~ un conflitto)	sawwa	سوّى

respirare (vi)	tanaffas	تنفّس
riconoscere (~ qn)	'araf	عرف
ricordare (a qn di fare qc)	ðakkar	ذكّر
ricordare (vt)	taðakkar	تذكّر
ricordarsi di (~ qn)	taðakkar	تذكّر

ridere (vi)	ḍaḥik	ضحك
ridurre (vt)	qallal	قلّل
riempire (vt)	mala'	ملأ
rifare (vt)	a'ād	أعاد

rifiutare (vt)	rafaḍ	رفض
rimandare (vt)	a'ād	أعاد
rimproverare (vt)	lām	لام
rimuovere (~ una macchia)	azāl	أزال

ringraziare (vt)	ʃakar	شكر
riparare (vt)	aṣlaḥ	أصلح
ripetere (ridire)	karrar	كرّر
riposarsi (vr)	istarāḥ	إستراح
risalire a (data, periodo)	raӡa' tarīχuhu ila	رجع تاريخه إلى

rischiare (vi, vt)	χāṭar	خاطر
risolvere (~ un problema)	ḥall	حلّ
rispondere (vi, vt)	aӡāb	أجاب
ritornare (vi)	'ād	عاد

rivolgersi a ...	χāṭab	خاطب
rompere (~ un oggetto)	kasar	كسر
rovesciare (~ il vino, ecc.)	dalaq	دلق
rubare (~ qc)	saraq	سرق

256. Verbi S-V

salpare (vi)	aqla'	أقلع
salutare (vt)	sallam 'ala	سلّم على
salvare (~ la vita a qn)	anqað	أنقذ
sapere (qc)	'araf	عرف

sbagliare (vi)	aχṭa'	أخطأ
scaldare (vt)	saχχan	سخّن
scambiare (vt)	ṣaraf	صرف
scambiarsi (vr)	tabādal	تبادل

| scavare (~ un tunnel) | ḥafar | حفر |
| scegliere (vt) | iχtār | إختار |

scendere (~ per le scale)	nazil	نزل
scherzare (vi)	mazaḥ	مزح
schiacciare (~ un insetto)	fa'aṣ	فعص
scoppiare (vi)	inqaṭa'	إنقطع
scoprire (vt)	istafsar	إستفسر
scoprire (vt)	iktaʃaf	إكتشف
screpolarsi (vr)	taʃaqqaq	تشقّق
scrivere (vi, vt)	katab	كتب
scusare (vt)	'aðar	عذر
scusarsi (vr)	i'taðar	إعتذر
sedere (vi)	ʒalas	جلس
sedersi (vr)	ʒalas	جلس
segnare (~ con una croce)	'allam	علّم
seguire (vt)	taba'	تبع
selezionare (vt)	iχtār	إختار
seminare (vt)	baðar	بذر
semplificare (vt)	bassaṭ	بسّط
sentire (percepire)	ʃa'r bi	شعر بـ
servire (~ al tavolo)	χadam	خدم
sgridare (vt)	wabbaχ	وبّخ
significare (vt)	'ana	عنى
slegare (vt)	fakk	فكّ
smettere di parlare	sakat	سكت
soddisfare (vt)	arḍa	أرضى
soffiare (vento, ecc.)	habb	هبّ
soffrire (provare dolore)	'āna	عانى
sognare (fantasticare)	ḥalam	حلم
sognare (fare sogni)	ḥalam	حلم
sopportare (~ il freddo)	taḥammal	تحمّل
sopravvalutare (vt)	bāliɣ fit taqdīr	بالغ في التقدير
sorpassare (vt)	marr bi	مرّ بـ
sorprendere (stupire)	adhaʃ	أدهش
sorridere (vi)	ibtasam	إبتسم
sospettare (vt)	iʃtabah fi	إشتبه في
sospirare (vi)	tanahhad	تنهّد
sostenere (~ una causa)	ayyad	أيّد
sottolineare (vt)	waḍa' χaṭṭ taḥt	وضع خطّا تحت
sottovalutare (vt)	istaχaff	إستخفّ
sovrastare (vi)	irtafa'	إرتفع
sparare (vi)	aṭlaq an nār	أطلق النار
spargersi (zucchero, ecc.)	saqaṭ	سقط
sparire (vi)	iχtafa	إختفى
spegnere (~ la luce)	aṭfa'	أطفأ
sperare (vi, vt)	tamanna	تمنّى
spiare (vt)	waṣwaṣ	وصوص
spiegare (vt)	ʃaraḥ	شرح

spingere (~ la porta)	dafa'	دفع
splendere (vi)	lam'	لمع
sporcarsi (vr)	tawassax	توسخ
sposarsi (vr)	tazawwaʒ	تزوج
spostare (~ i mobili)	ḥarrak	حرّك
sputare (vi)	bazaq	بزق
staccare (vt)	qaṭa'	قطع
stancare (vt)	at'ab	أتعب
stancarsi (vr)	ta'ib	تعب
stare (sul tavolo)	kān mawʒūdan	كان موجودًا
stare bene (vestito)	nāsab	ناسب
stirare (con ferro da stiro)	kawa	كوى
strappare (vt)	qaṭa'	قطع
studiare (vt)	daras	درس
stupirsi (vr)	indahaʃ	إندهش
supplicare (vt)	tawassal	توسّل
supporre (vt)	iftaraḍ	إفترض
sussultare (vi)	irta'aʃ	إرتعش
svegliare (vt)	ayqaẓ	أيقظ
tacere (vi)	sakat	سكت
tagliare (vt)	qaṭa'	قطع
tenere (conservare)	iḥtafaẓ	إحتفظ
tentare (vt)	ḥāwal	حاول
tirare (~ la corda)	ʃadd	شدّ
toccare (~ il braccio)	lamas	لمس
togliere (rimuovere)	naza'	نزع
tradurre (vt)	tarʒam	ترجم
trarre una conclusione	istantaʒ	إستنتج
trasformare (vt)	ḥawwal	حوّل
trattenere (vt)	mana'	منع
tremare (~ dal freddo)	irta'aʃ	إرتعش
trovare (vt)	waʒad	وجد
tuffarsi (vr)	ɣāṣ	غاص
uccidere (vt)	qatal	قتل
udire (percepire suoni)	sami'	سمع
unire (vt)	waḥḥad	وحّد
usare (vt)	istanfa'	إستنفع
uscire (andare fuori)	xaraʒ	خرج
uscire (libro)	ṣadar	صدر
utilizzare (vt)	istaxdam	إستخدم
vaccinare (vt)	laqqaḥ	لقّح
vantarsi (vr)	tabāha	تباهى
vendere (vt)	bā'	باع
vendicare (vt)	intaqam	إنتقم
versare (~ l'acqua, ecc.)	ṣabb	صبّ

| vietare (vt) | manaʻ | منع |
| vivere (vi) | ʻāʃ | عاش |

volare (vi)	ṭār	طار
voler dire (significare)	ʻana	عنى
volere (desiderare)	arād	أراد
votare (vi)	ṣawwat	صوّت

www.ingramcontent.com/pod-product-compliance
Lightning Source LLC
Chambersburg PA
CBHW071331090426
42738CB00012B/2854